国家出版基金项目
NATIONAL PUBLICATION FOUNDATION

『十三五』国家重点出版物出版规划项目

抗日复台档案选编

第一册

福建省档案馆 编著

北京师范大学出版集团
BEIJING NORMAL UNIVERSITY PUBLISHING GROUP
安徽大学出版社

图书在版编目(CIP)数据

抗日复台档案选编/福建省档案馆编著. —合肥:安徽大学出版社,2020.11
ISBN 978-7-5664-2159-3

Ⅰ. ①抗… Ⅱ. ①福… Ⅲ. ①抗日战争—史料—台湾 Ⅳ. ①K265.06

中国版本图书馆 CIP 数据核字(2020)第 228379 号

抗日复台档案选编
KangRi FuTai DangAn XuanBian

福建省档案馆 **编著**

出版发行:北京师范大学出版集团
安徽大学出版社
(安徽省合肥市肥西路 3 号 邮编 230039)
www.bnupg.com.cn
www.ahupress.com.cn
印　　刷:合肥远东印务有限责任公司
经　　销:全国新华书店
开　　本:210 mm×285 mm
印　　张:201.5
字　　数:2030 千字
版　　次:2020 年 11 月第 1 版
印　　次:2020 年 11 月第 1 次印刷
定　　价:2388.00 元
ISBN 978-7-5664-2159-3

策划编辑:陈　来　齐宏亮　吴泽宇
责任编辑:李　健　李　晴　吴泽宇　李　军
责任校对:范文娟　钱翠翠
装帧设计:李　军　孟献辉
美术编辑:李　军
责任印制:陈　如　孟献辉

编委会

前言

今年是抗日战争胜利暨台湾光复75周年。

1937年7月7日，卢沟桥的枪声拉开了中华民族全民族抗战的序幕。在全民族抗战中，台湾同胞没有缺席。早在1895年，清政府被迫签订《马关条约》，日本强行割占台湾之时，台湾同胞就开展了前仆后继、可歌可泣的抗日斗争。『七七事变』爆发后，许多台湾同胞本着『保卫祖国，收复台湾』的信念，奔赴大陆积极投身于全民族抗战的洪流，为中华民族赢得抗日战争的最终胜利和台湾光复做出了不可磨灭的贡献。

闽台一水相连，两地血缘相亲，语言相通，历史渊源深厚。1683年，清政府平定台湾后，其行政管理一直隶属于福建省，到1885年，台湾建省后仍称为『福建台湾省』，与福建保持着特殊的紧密关系。1895年，日本割占台湾后，即将福建作为其势力范围，从台湾西进福建是日本大陆政策既定的内容，也是其进攻华南的战略支点。因而相对其他省份，福建是台胞抗日复台的前线，正如台湾义勇队总队长李友邦所说的：『台湾与福建，我们从任何角度来看实在都是一而二，二而一的东西，它们早已成为不可分离，离则双枯，必须合，合则并荣。』『因而收复台湾的问题，又与福建有着密切的关系……这工作的完成，有待于一切台湾革命者合力同心，精诚团结以奋斗，更有待于福建同胞的切实的协援』。

全民族抗战爆发后，许多台湾抗日组织以福建为基地，在东南沿海开展抗日复台斗争，军委会、中央警官学校等有关单位也在福建培训台湾警察干部，为收复台湾作准备。而福建各界则始终将抗日复台视为自己责无旁贷的『先天义务』，不仅对在闽台湾抗日组织的抗日复台斗争给予组织上、军事上、财力物力上的支持，而且积极为收复台湾向台湾调查委员会提供台情资料、向国民政府建言献策，为接收台湾选派输送了大量的各类人才，在抗日复台中发挥了独特的作用与贡献。

为纪念抗日战争胜利暨台湾光复75周年，缅怀台湾同胞可歌可泣的抗日复台事迹，见证台湾同胞爱国主义光荣传统，展现福建在光复台湾中的特殊作用和贡献，我馆组织编纂了《抗日复台档案选编》一书。本书遴选了中国第二历史档案馆、福建省档案馆、武夷山市档案馆、龙海市档案馆、莆田市档案馆、晋江市档案馆、新罗区档案馆、福州市档案馆、厦门市档案馆馆藏抗日复台档案六百七十多件，内容涵盖台湾义勇队、国民党中央直属台湾党部、台湾革命同盟会南方执行部、闽粤台湾归侨协会及台湾革命青年团等抗日组织的抗日复台活动，以及为接收台湾，中央警官学校在闽举办台湾警察干部训练班、闽台各界人士关于收复台湾的建议提案、收集提供台情资料等方面。

用档案讲述历史，鉴历史感悟未来。本书的编纂出版，对于重温海峡两岸为捍卫国家主权与领土完整同仇敌忾、共御外侮的历史，体认两岸同胞是血脉相连的一家人和不可分割的命运共同体，从而弘扬伟大的抗战精神，携手推进两岸关系和平发展，同心致力于实现中华民族的伟大复兴具有重要的学术价值与现实意义。

《抗日复台档案选编》编委会

二〇二〇年七月

编辑凡例

一、全书分台湾义勇队、国民党中央直属台湾党部、台湾革命同盟会南方执行部、中央警官学校台湾警察干部训练班、闽台关于收复台湾的建议提案、闽粤台湾归侨协会及台湾革命青年团、收集提供台情资料、福建宪特部队赴台担任警卫、部分台籍抗日志士简历表等九个部分。各部分下分若干小类，各类目下一般以一份档案为一题，但同属一事，彼此有直接联系的则以一组为一题。全书总目汇于首册，各分册不再列目录。

二、全书档案按时间顺序排列，每组档案以组内首份档案形成时间为序。

三、档案形成时间以其正式发文时间（发文字号）为准，若发文字号与文末监印日期不一致，以监印时间为准；无发文时间的，录其拟稿时间；未见发文及拟稿时间的，则录其收文时间。图书、期刊以出版时间为准。个别档案时间不清者，按编者考订时间为准。

四、本书所辑档案资料标题，除资料照录原标题外，其余档案标题为编者所拟。标题由责任者、受文者、事由、文种、时间等部分构成。责任者或受文者为两个以上者，只标注第一、第二责任者，并加注『等』字。

五、本书档案原件中有附件的，附件不另拟标题，以其主要内容前加『附』字列于原件标题后。

六、机构名称原则上照录原文，但由于民国时期机构名称多有变化且较为冗长，为便于阅读，部分机构名称采用规范性简称，如『国民政府军事委员会』简称『军委会』、『福建省政府民政厅』简称『福建省民政厅』等。

七、为保持档案原貌，本书所辑档案资料，均照原件翻拍；档案原件有模糊、残缺者，一仍其旧。对少量涉及隐私等不宜公布的内容，由编者对档案图片作处理。

八、本书在编纂过程中得到中国第二历史档案馆、武夷山市档案馆、龙海市档案馆、莆田市档案馆、晋江市档案馆、新罗区档案馆、福州市档案馆、厦门市档案馆的大力支持，在此一并诚致谢意。

由于编者学识浅陋及时间所限，疏漏和不妥之处，在所难免，敬祈方家识者，不吝赐教，补益斧正。

《抗日复台档案选编》编委会

二〇二〇年七月

目录

第一册

第二册

福建省政府关于台湾义勇队队员眷属迁离崇安等事与崇安县政府等的来往文电

第三册

台湾义勇总队吴青东的委任文件

第四册

国民党中央直属台湾党部……三〇七

福建省政府、厦门市政府关于翁俊明呈请恢复中华民国国籍的相关文电

国民党福建省执委会、台湾党部关于检送工作联系办法意见草案等的来往函电

第五册

中央警官学校、福建省政府等关于举办台湾警察干部训练班等事宜的来往文电 一九四四年十二月—一九四五年十月……四一七

闽台关于收复台湾的建议提案

部分台籍抗日志士简历表（按姓氏笔画排列）

军事委员会政治部直属台湾义勇队

台湾义勇队队员申请恢复国籍

一九三八年三月—五月

福建省政府、晋江县政府关于黄国瑞申请恢复国籍的呈、令

一九三八年三月—五月

為聲請許可回復國籍事茲依中華民國國籍法第十六条呈請許可回復中華民國國籍理合另具願書及保證書並開明應行呈報事項謹呈

晉江縣政府轉請

内政部鑒核施行

謹将應行呈報事項開明如左

一、回復國籍人姓名　黃國瑞（别號黃錫侯）

二、性別　男

三、年齡　三十八歲

四、籍貫　日本國台灣台南州祖籍中國福建省晉江縣民國前五年九月喪失中國國籍取得日本國籍

五、住居所　現住居中國福建省晉江縣城内中山南路門牌三一五号　南薰鎮第六十六保四甲一户

六、住居年限　七年

七、職業　牙醫

八、財産　壹千元

九、品行　不敢非為守己安分

十、藝能　牙科口腔外科以及一般醫學常識

十一、隨同回復國籍人取得國籍者　妻張氏約年三十一歲　長子黃鍾靈年九歲　長女黃月華年十三歲　次子黃鍾亮年五歲　次女黃月娟年十一歲　四女黃月端年二歲　三女黃月仙年七歲

十二、其他事項　無

具聲請書人　黃國瑞（别號黃錫侯）

中華民國二十七年三月十八日

黄国瑞为请准恢复国籍并列具事项的声请书　　一九三八年三月十八日

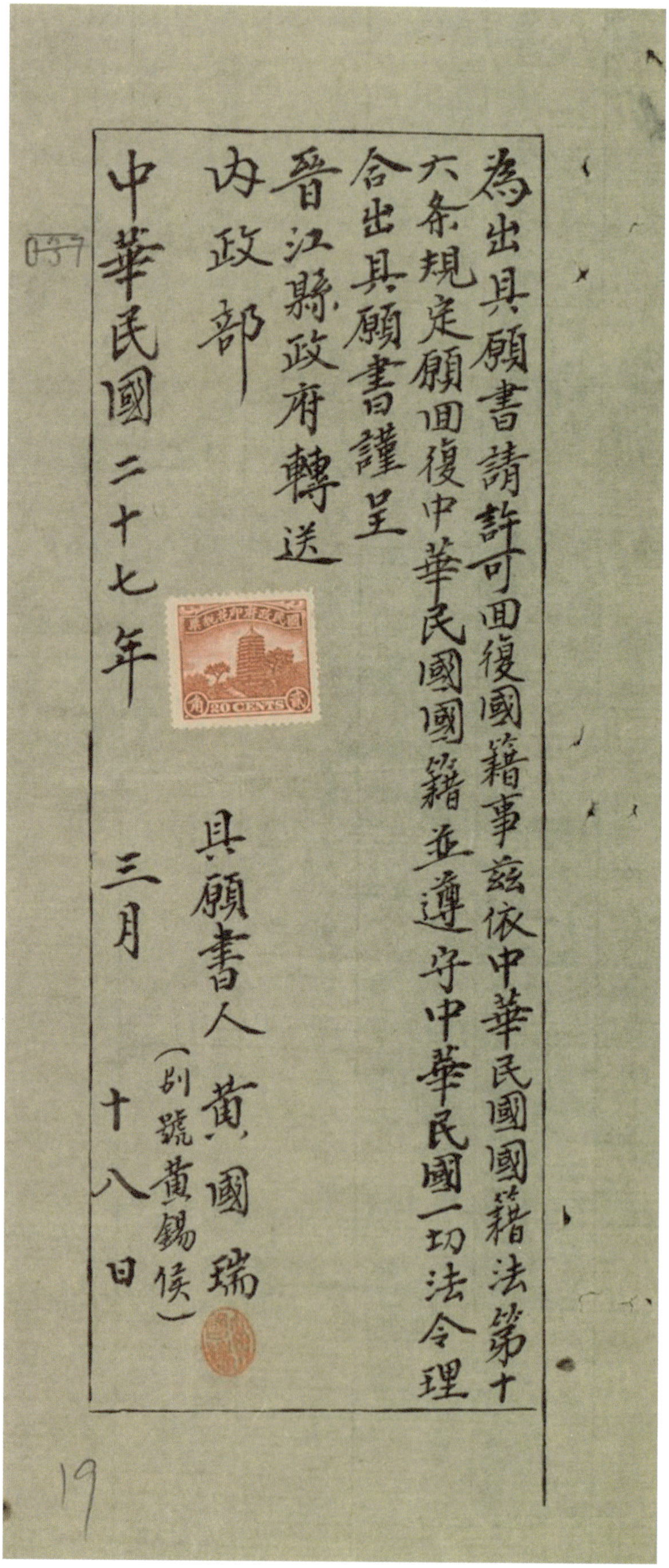

為出具願書請許可回復國籍事茲依中華民國國籍法第十六条規定願回復中華民國國籍並遵守中華民國一切法令理合出具願書謹呈

晉江縣政府轉送

内政部

具願書人 黃國瑞（別號黃錫侯）

中華民國二十七年三月十八日

黄国瑞为请准恢复国籍给晋江县政府的愿书　　一九三八年三月十八日

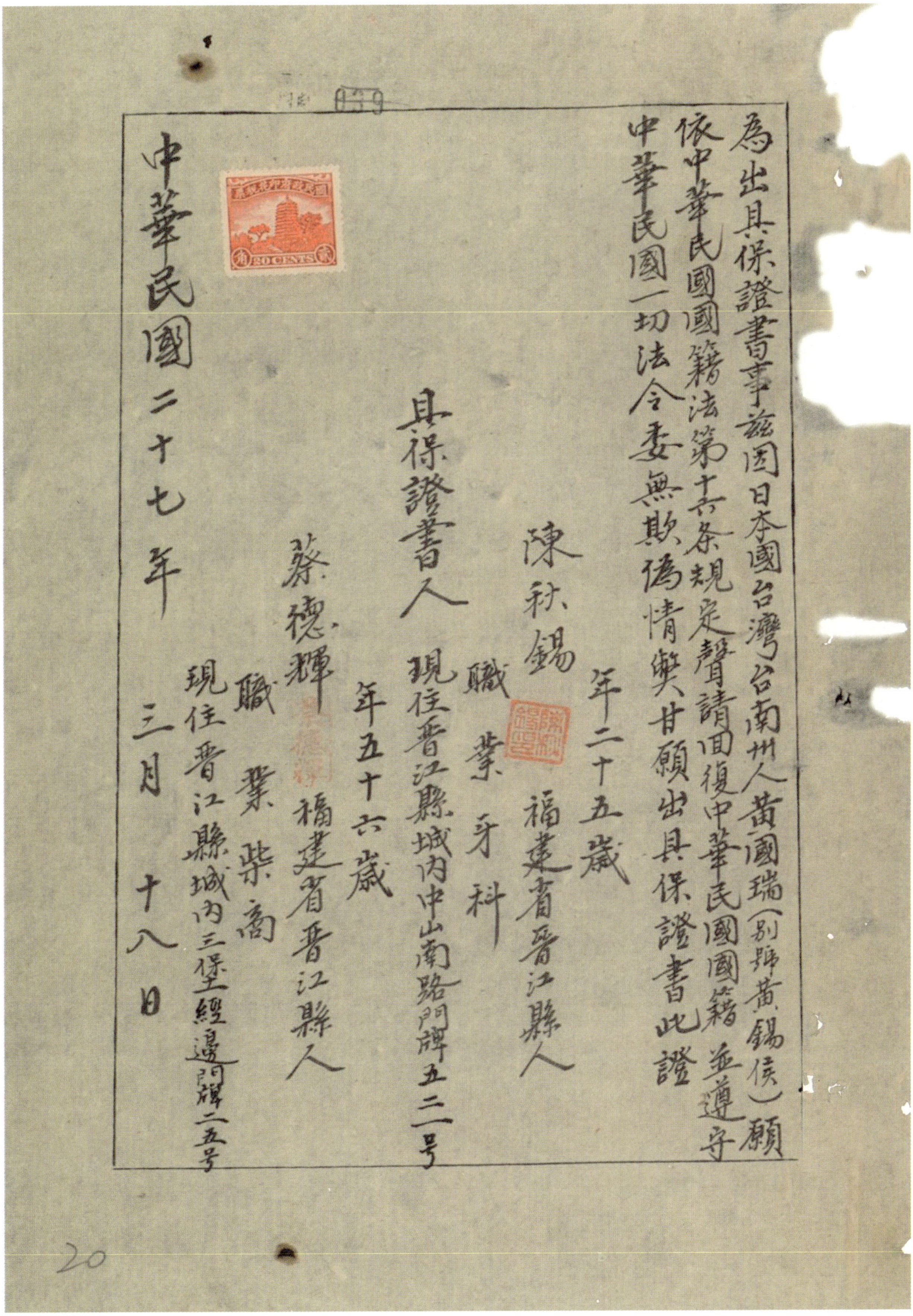
為出具保證書事茲因日本國台灣台南州人黃國瑞（別號黃錫侯）願依中華民國國籍法第十六条規定聲請回復中華民國國籍並遵守中華民國一切法令委無欺僞情弊甘願出具保證書此證

具保證書人

陳秋錫 年二十五歲 福建省晋江縣人

職業 牙科

現住晋江縣城内中山南路門牌五二一号

蔡德輝 年五十六歲 福建省晋江縣人

職業 柴商

現住晋江縣城内三堡經邊門牌二五号

中華民國二十七年三月十八日

陈秋锡、蔡德辉为黄国瑞恢复国籍作保的保证书　　一九三八年三月十八日

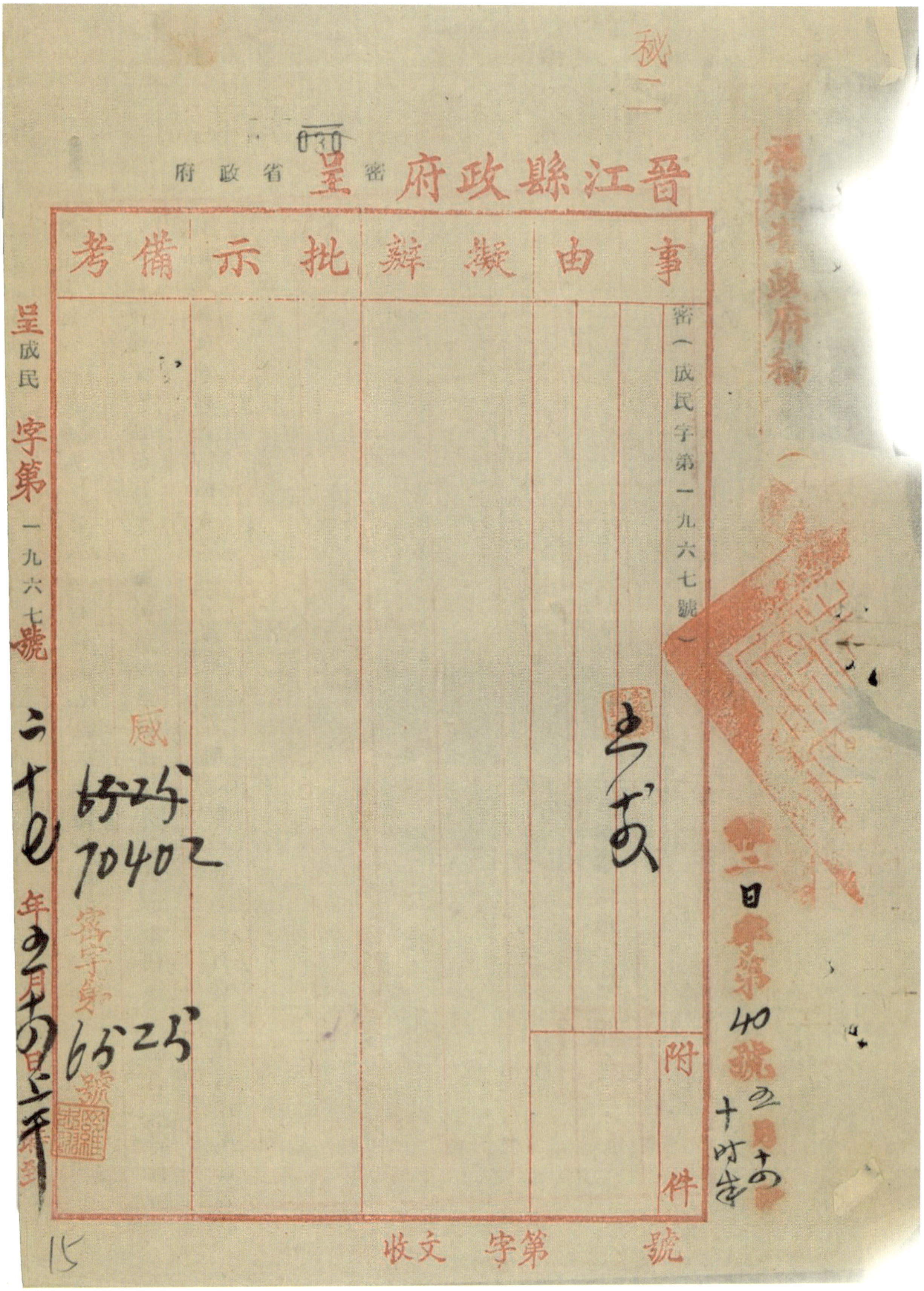
秘二

晋江縣政府 呈 密 省政府

事由	擬辦	批示	備考
密（一）成民字第一九六七號			

呈 成民 字第 一九六七 號

二十七年五月十四日上午 發

附件

收文 字第 號

晋江县政府关于报送黄国瑞等恢复国籍的声请书给福建省政府的呈　　一九三八年五月十四日

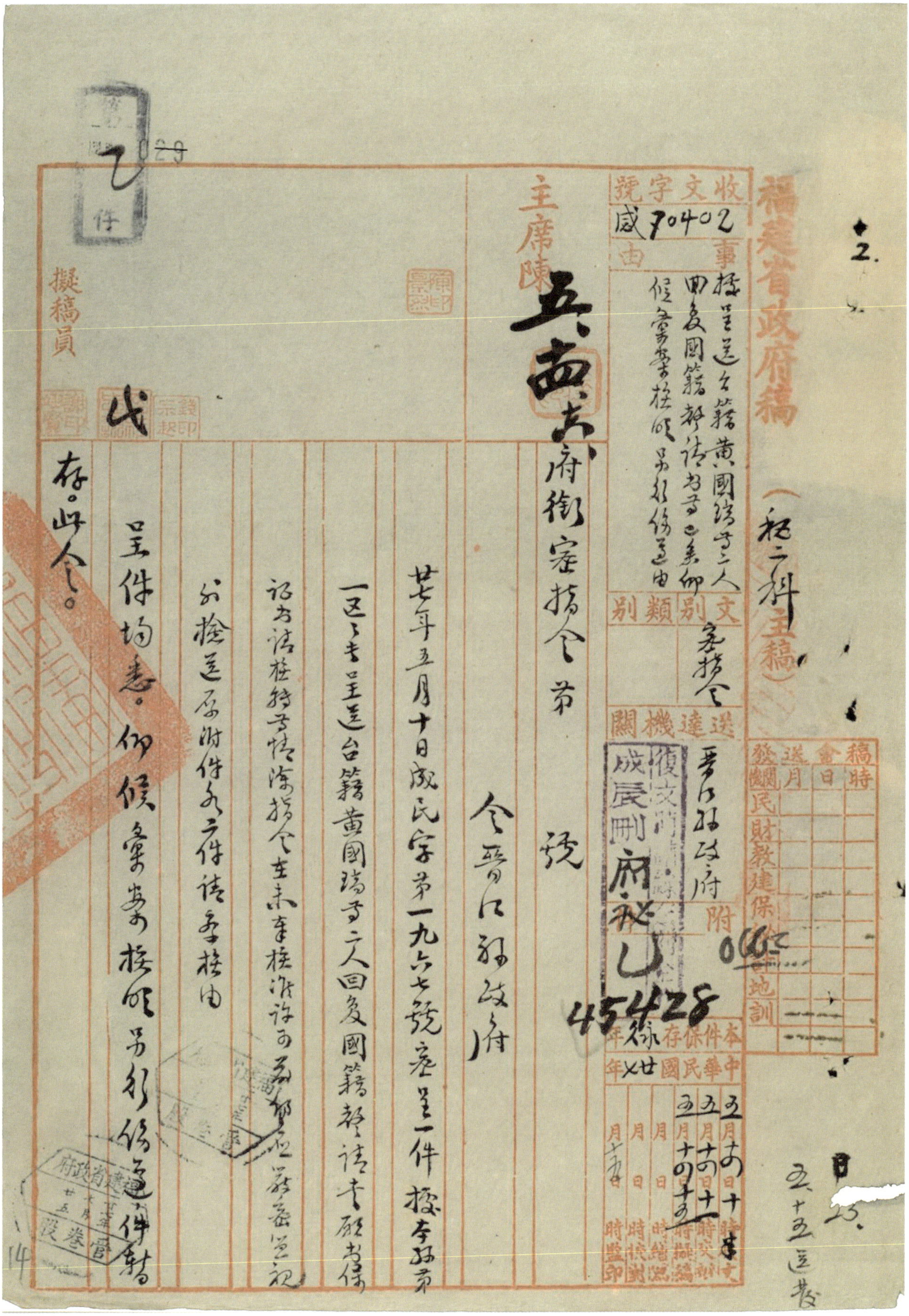

福建省政府关于黄国瑞恢复国籍事等候备案核明给晋江县政府的指令　　　一九三八年五月十五日

事由：送台籍黄國瑞等二人回復國籍聲請書等請核辦由

據本縣第一區區長王升鑾呈送台籍黄國瑞等二人回復國籍聲請書願書保證書請核轉等情據此除指令在未奉核准許可前仍應嚴密監視外理合檢送原附件各二份呈請

察核

謹呈

主席陳

附呈台籍黄國瑞等回復國籍聲請書等各二份

晋江縣縣長何　震

16

中華民國 廿七 年 五 月 十 日

泉州福華堂監製

17

刘荣春申请恢复国籍的声请书、保证书

一九三八年三月二十二日

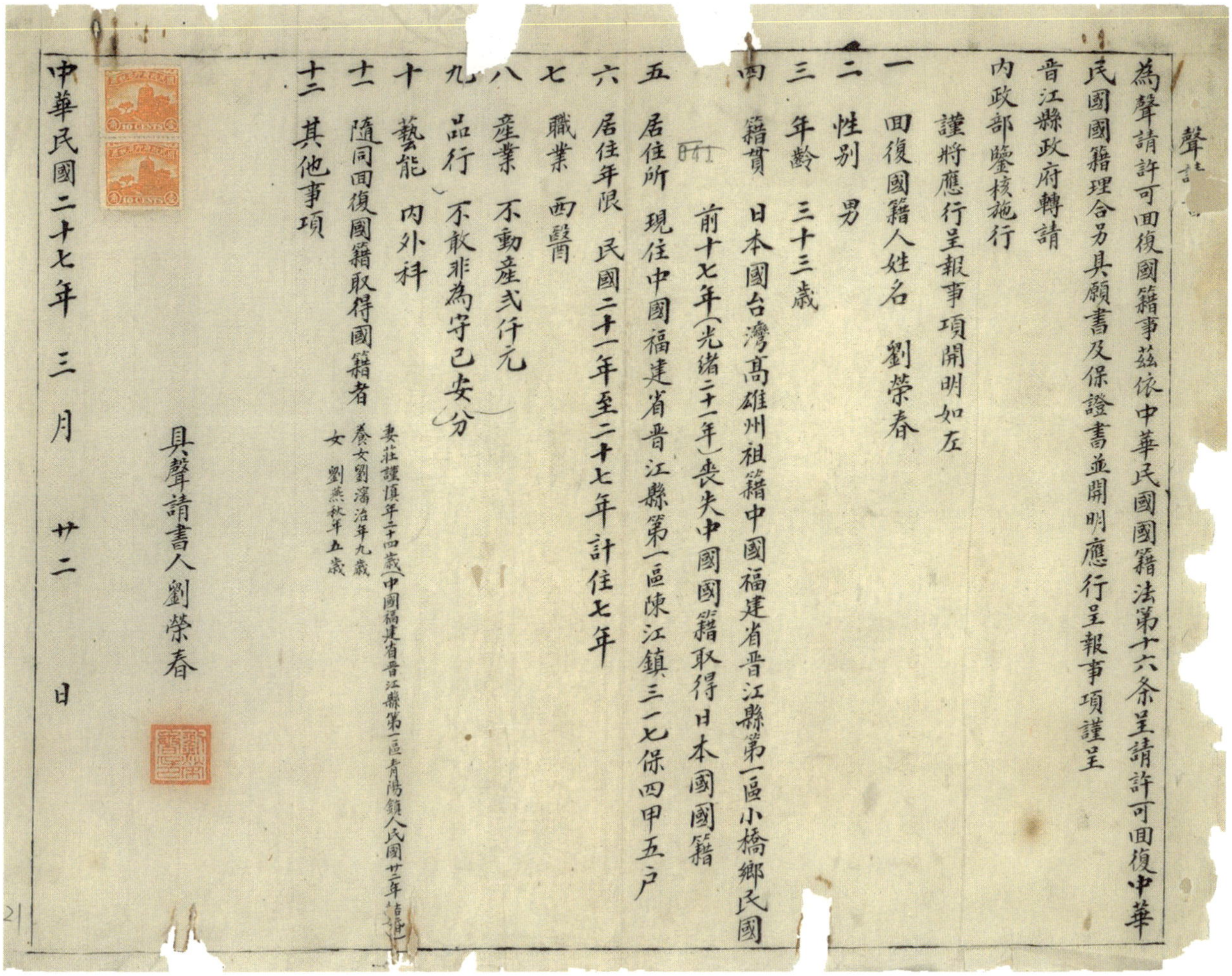

聲請

為聲請許可回復國籍事茲依中華民國國籍法第十六条呈請許可回復中華民國國籍理合另具願書及保證書並開明應行呈報事項謹呈
晉江縣政府轉請
內政部鑒核施行
謹將應行呈報事項開明如左

一　回復國籍人姓名　劉榮春
二　性別　男
三　年齡　三十三歲
四　籍貫　日本國台灣高雄州祖籍中國福建省晉江縣第一區小橋鄉民國前十七年（光緒二十一年）喪失中國國籍取得日本國國籍
五　居住所　現住中國福建省晉江縣第一區陳江鎮三一七保四甲五户
六　居住年限　民國二十一年至二十七年計住七年
七　職業　西醫
八　產業　不動產式仟元
九　品行　不敢非為守己安分
十　藝能　內外科
十一　隨同回復國籍取得國籍者　妻莊謹慎年二十四歲（中國福建省晉江縣第一區青陽鎮人民國廿二年結婚）　養女劉滿治年九歲　女劉燕秋年五歲
十二　其他事項

具聲請書人劉榮春

中華民國二十七年三月廿二日

刘荣春为请准恢复国籍并列具事项的声请书　　一九三八年三月二十二日

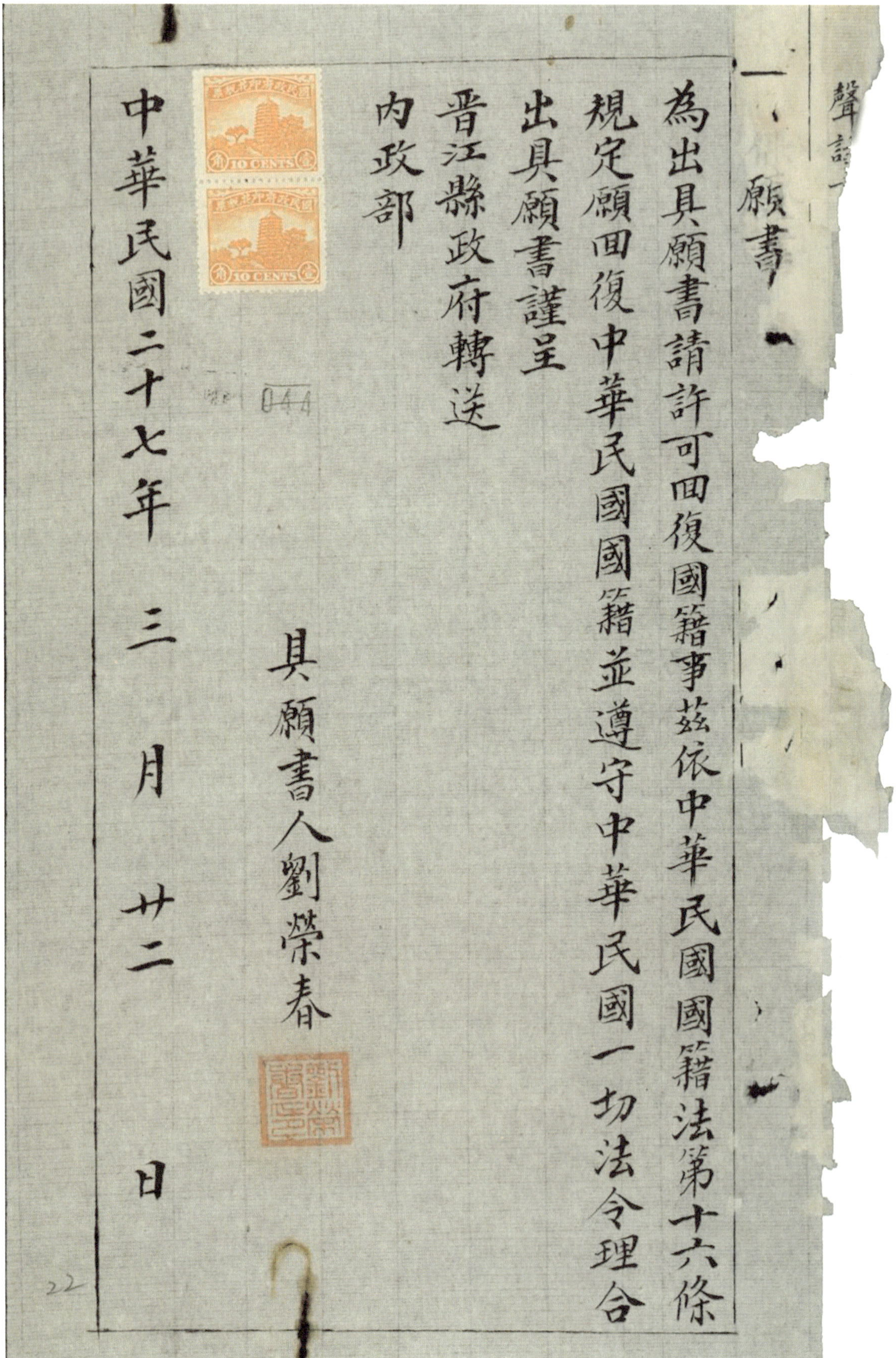

一、願書

為出具願書請許可回復國籍事茲依中華民國國籍法第十六條規定願回復中華民國國籍並遵守中華民國一切法令理合出具願書謹呈

晉江縣政府轉送

內政部

具願書人劉榮春

中華民國二十七年三月廿二日

刘荣春为请准恢复国籍给晋江县政府的愿书　　一九三八年三月二十二日

847

保證書

為出具保證書事茲因日本國台灣人劉榮春願依中華民國國籍法第十六條規定聲請回復中華民國國籍並遵守中華民國一切法令委無欺偽情弊甘願出具保證書此證

具保證書人

陳良約
年二十八歲
福建省晋江縣人
職業米商
現住福建省晋江縣第一區陳江鎮
三一七保十甲六戶

丁文建
年四十二歲
福建省晋江縣人
職業五谷商
現住福建省晋江縣第一區陳江鎮
二五一保三甲四戶

中華民國二十七年三月二十二日

23

陈良约、丁文建为刘荣春恢复国籍作保的保证书　一九三八年三月二十二日

為出具保證書事茲因日本國台[illegible]人春願依中華民國國
籍法第十六條規定聲請回復中華民國國籍並遵守中華民國國
一切法令委無欺偽情弊甘願出具保證書此證

具保證書人 陳[illegible]
職業 米商 籍貫 福建省晉江縣人 年三十八歲
現住福建省晉江縣城區陳江頭[illegible]

具保證書人 丁文運
職業 商 籍貫 福建省晉江縣人 年四十二歲

中華民國二十七年三月廿二日

24

福建省政府、晋江县政府等关于杨光琳申请恢复国籍的呈、令

一九三八年三月—五月

為聲請許可回復國籍事茲依中華民國國籍法第十六條呈請許可回復中華民國國籍理合另具願書及保証書並開明應行呈報事項謹呈

晋江縣政府轉請

内政部鑒核施行

謹將應行呈報事項開明如左

一 回復國籍人姓名 楊光琳

二 性別男

三 年歲三十三

四 籍貫日本國台灣台北市祖籍中國福建省晋江縣人于民國紀元前六年十月

五 喪失中國國籍取得日本國台灣籍

六 居所中國福建省晋江縣第三區衙口鎮第一七保第壹甲第八戶

七 居年限自民國十九年至二十七年共九年

八 職業齒科

九 財產動產五百元

十 品行良善

十一 藝能口腔外科

十二 隨同回復國籍人取得國籍者 無

十三 其他事項無

具聲請書人 楊光琳

中華民國二十七年三月廿五日

杨光琳为请准恢复国籍并列具事项的声请书　一九三八年三月二十五日

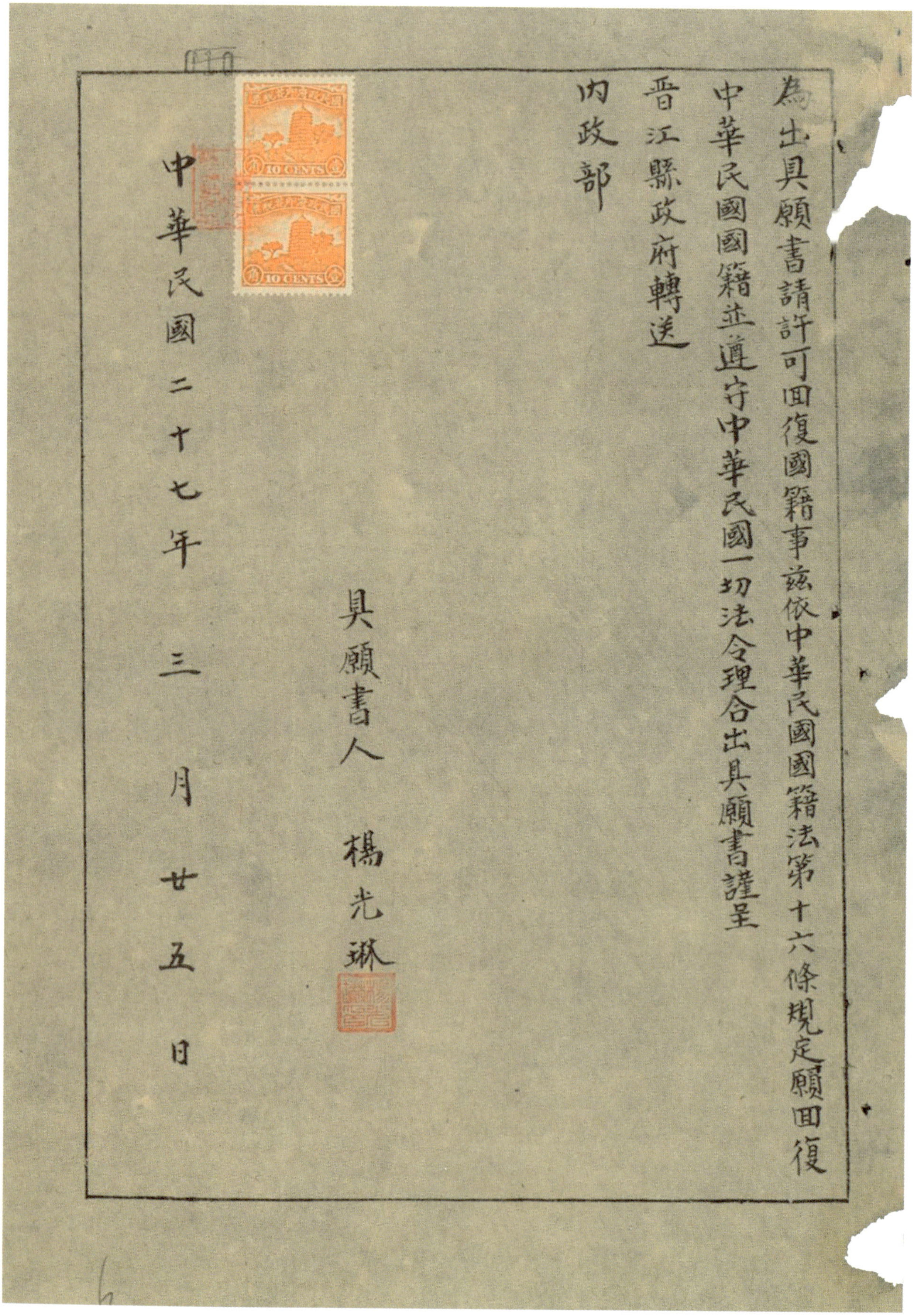

為出具願書請許可回復國籍事茲依中華民國國籍法第十六條規定願回復
中華民國國籍並遵守中華民國一切法令理合出具願書謹呈
晋江縣政府轉送
內政部

具願書人 楊光琳

中華民國二十七年三月廿五日

杨光琳为请准恢复国籍给晋江县政府的愿书　　一九三八年三月二十五日

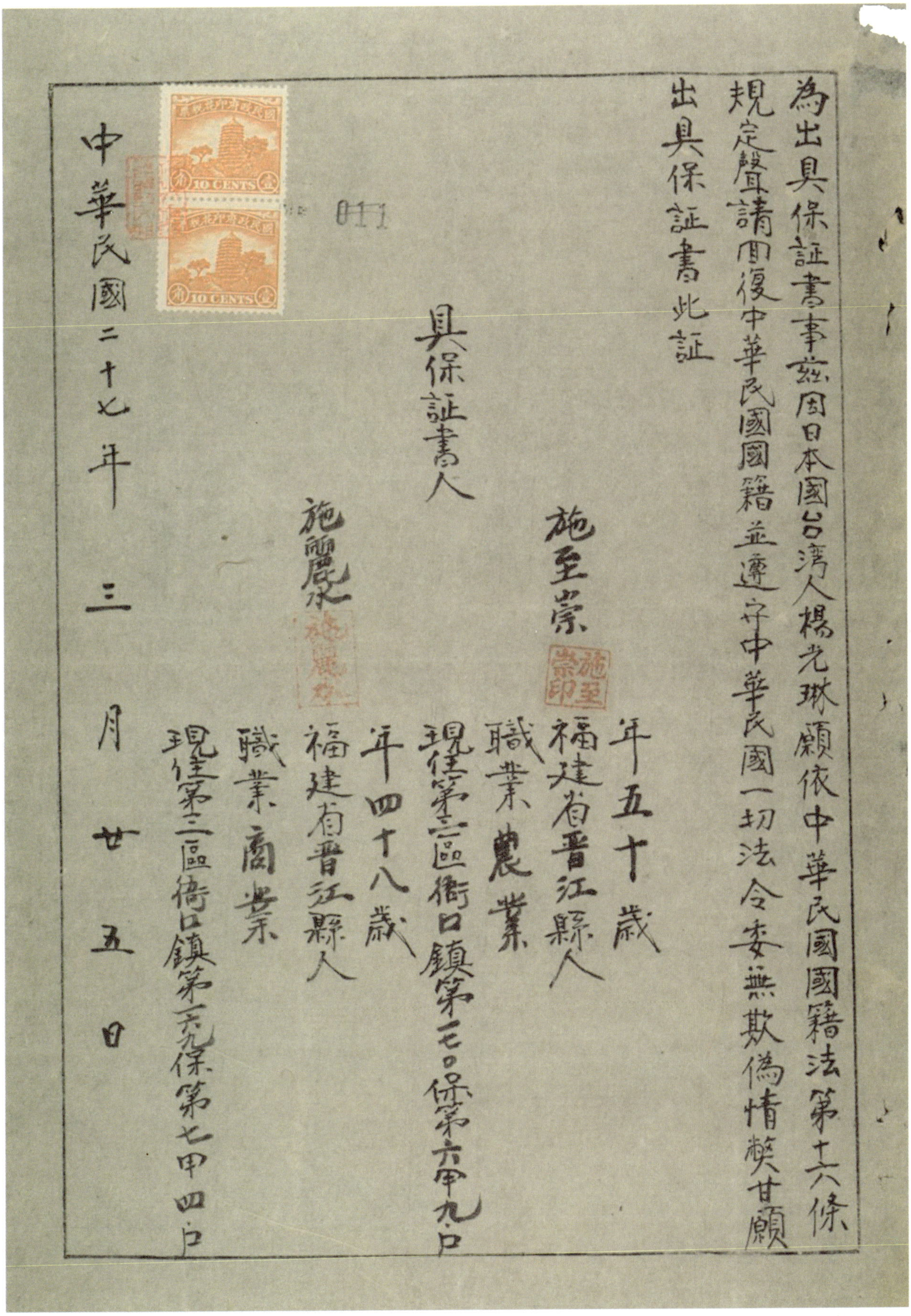

為出具保証書事茲因日本國台湾人楊光琳願依中華民國國籍法第十六條規定聲請回復中華民國國籍並遵守中華民國一切法令委無欺偽情弊甘願出具保証書此証

具保証書人

施至崇（施至崇印）
年五十歲
福建省晋江縣人
職業農業
現住第三區衙口鎮第一七〇保第六甲九戶

施麗水
年四十八歲
福建省晋江縣人
職業商業
現住第三區衙口鎮第一六九保第七甲四戶

中華民國二十七年三月廿五日

施至崇、施丽水为杨光琳恢复国籍作保的保证书　　一九三八年三月二十五日

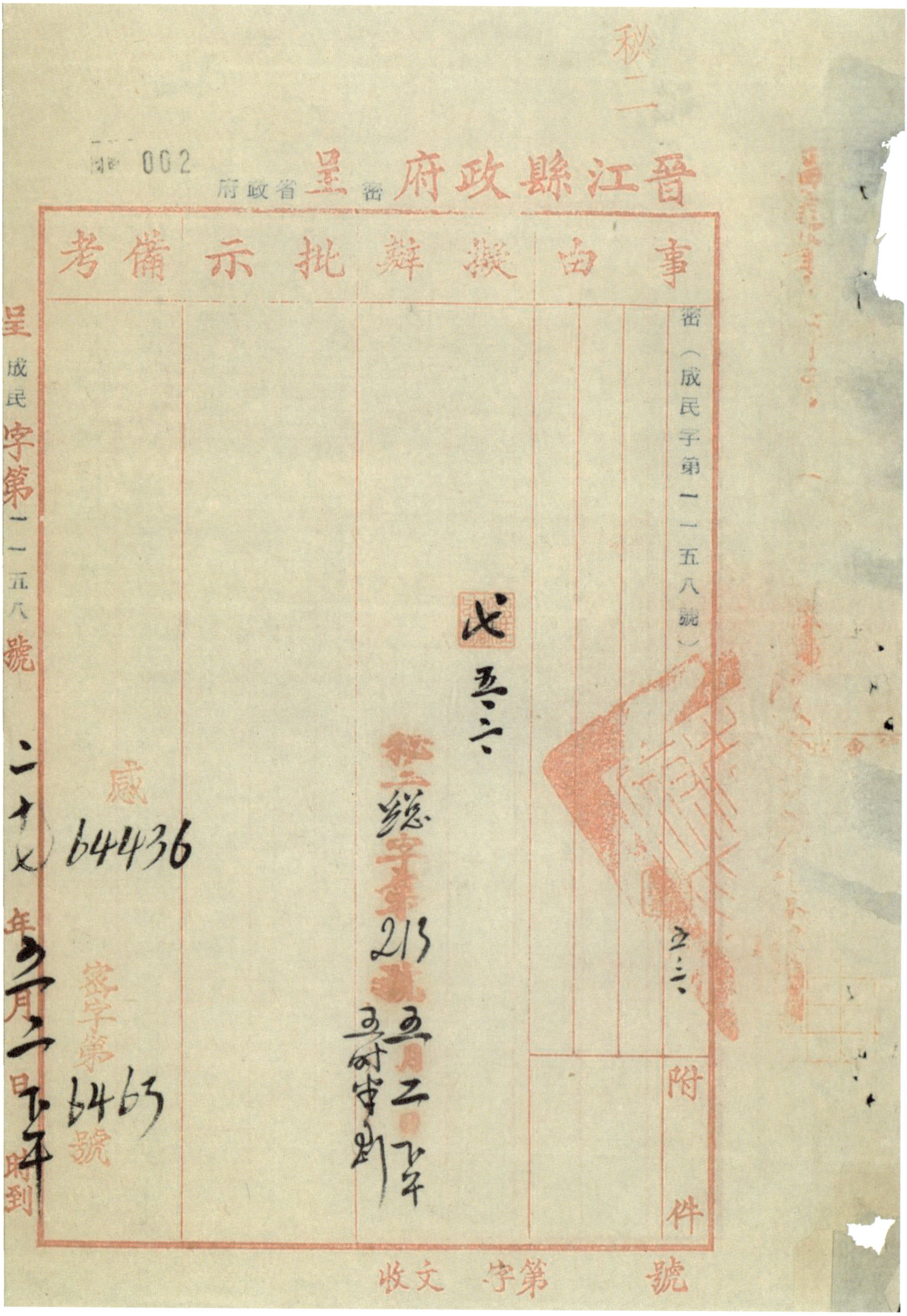
秘二一

002

晋江縣政府 密 呈 省政府

事由	擬辦	批示	備考
密（成民字第一一五八號）			

附件

呈 成民 字第一一五八號 二十七年五月二日下午 時到

感 64436

密字第6463號

秘二 總字第213號 五月二日下午

收文 字第 號

晋江县政府关于报送杨光琳等恢复国籍的声请书给福建省政府的呈　　一九三八年五月二日

003

事由送台籍楊光琳等回復國籍聲請書等請核辦由

據本縣第三區區長呂塵心呈送台籍楊光琳等三人回復國籍聲請書願書保證書請核轉等情據此除指令在未奉令准許前應嚴密監視外理合檢送原附件各二份

呈請

核察

謹呈

主席陳

附呈台籍楊光琳等回復國籍聲請書等各二份

晉江縣縣長何　震

004

中華民國廿七年四月二十九日

泉州福華堂监製

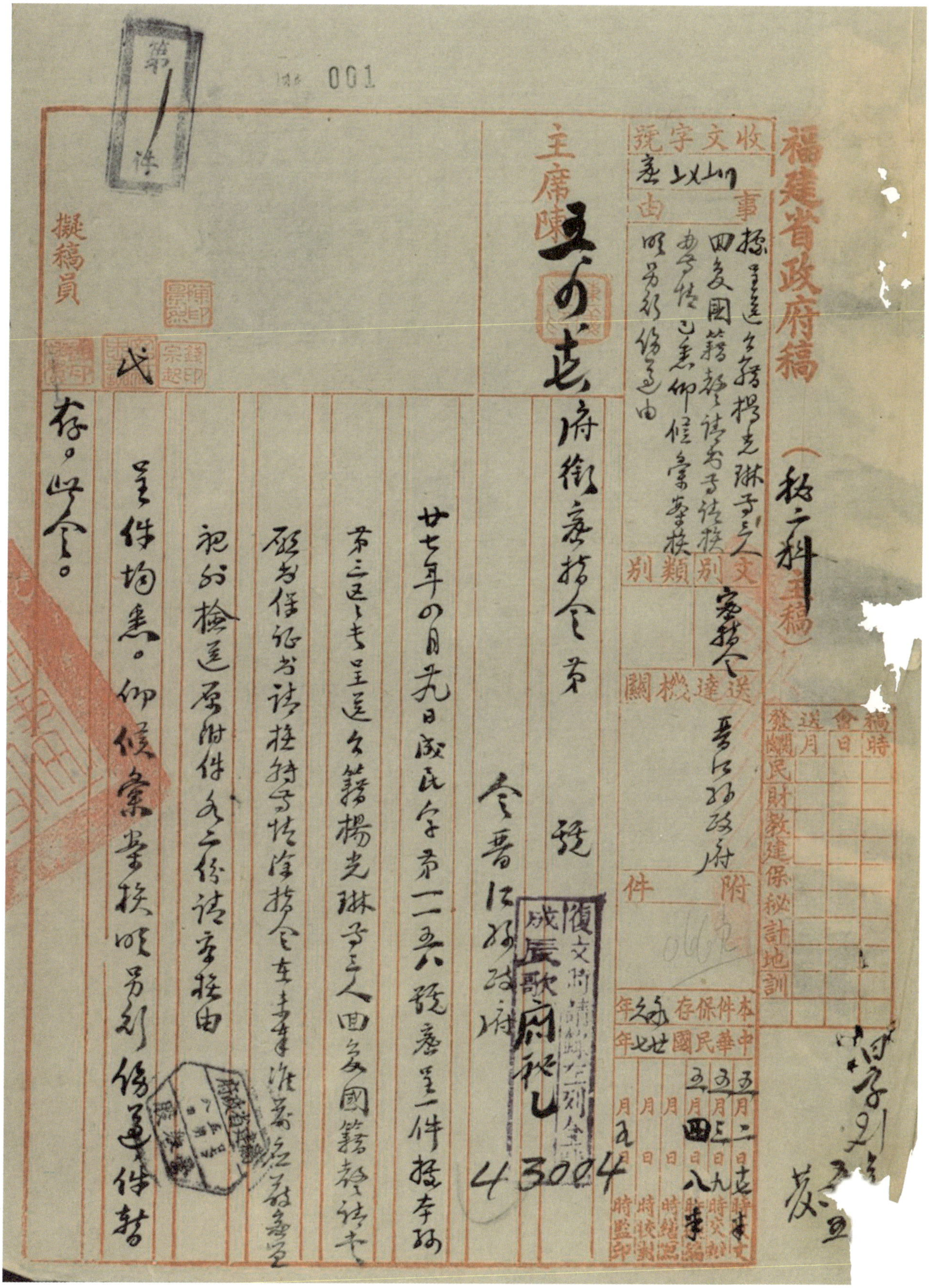

第 1 件

001

福建省政府稿（秘二科主稿）

收文字号：案 [illegible]

事由：据呈送台籍杨光琳等三人回复国籍声请书等件核[illegible]仰候汇案核转由

文别：密指令

送达机关：晋江县政府

附件

主席陈

拟稿员

府衔 密指令 第　号

令晋江县政府

廿七年四月廿九日成民字第一一五六号呈一件，据本[illegible]第三区区长呈送台籍杨光琳等三人回复国籍声请书[illegible]

[illegible]

[illegible]

呈件均悉。仰候汇案核转，[illegible]

存。此令。

中华民国廿七年

本件保存年限

五月二日

五月三日

五月四日 八时

复文时请叙明左列全号 成民 政府秘

43004

福建省政府关于候审查核杨光琳等恢复国籍事宜给晋江县政府的指令　　一九三八年五月三日

李国明申请恢复国籍的声请书、保证书

一九三八年三月二十五日

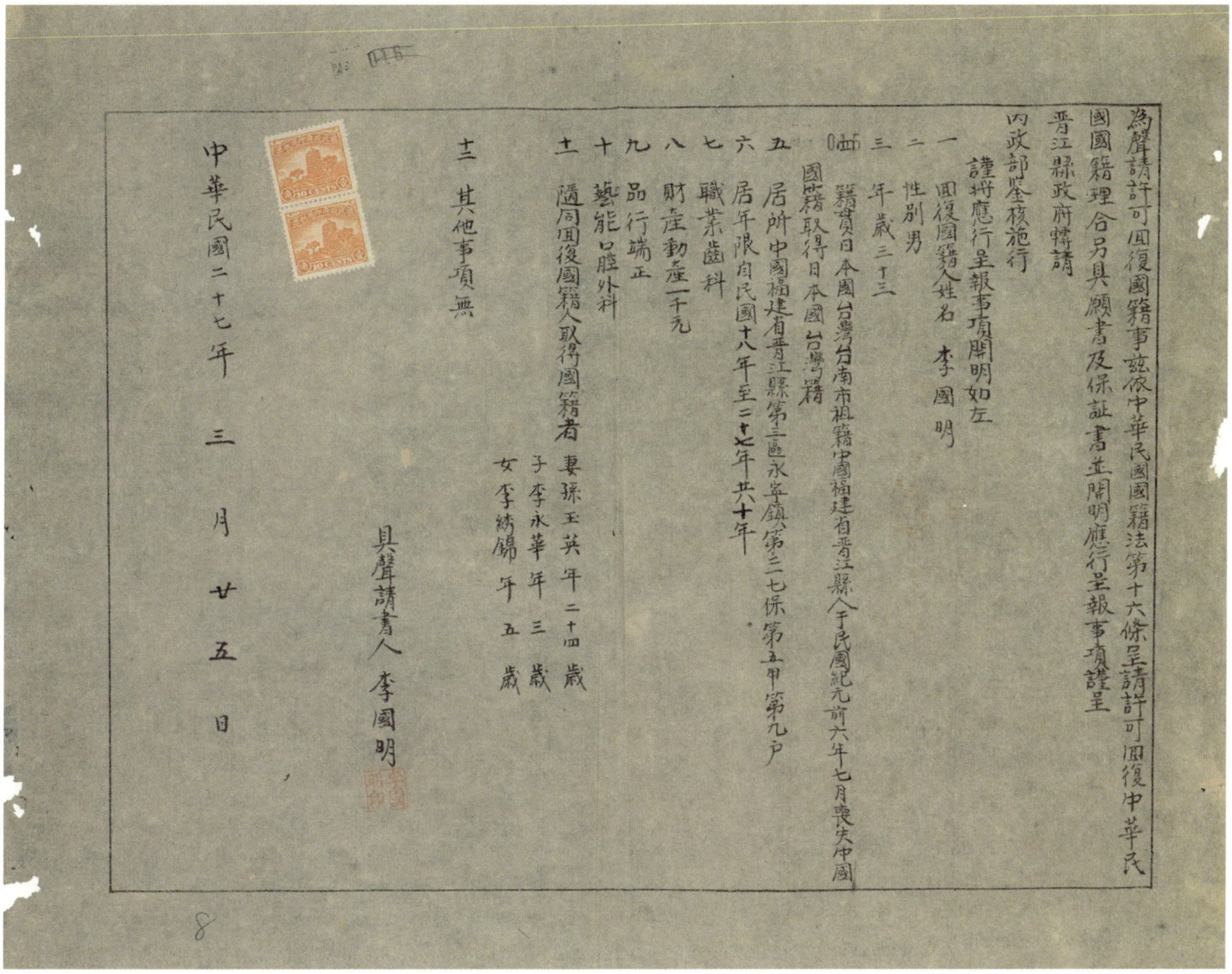

為聲請許可囬復國籍事兹依中華民國國籍法第十六條呈請許可囬復中華民國國籍理合另具願書及保証書並開明應行呈報事項謹呈
晋江縣政府轉請
内政部鑒核施行
謹將應行呈報事項開明如左
一 囬復國籍人姓名 李國明
二 性别男
三 年歲三十三
四 籍貫日本國台灣台南市祖籍中國福建省晋江縣人于民國紀元前六年七月喪失中國國籍取得日本國台灣籍
五 居所中國福建省晋江縣第三區永寧鎮第二七保第五甲第九户
六 居年限自民國十八年至二十七年共十年
七 職業齒科
八 財産動産一千元
九 品行端正
十 藝能口腔外科
十一 隨同囬復國籍人取得國籍者 妻孫玉英年二十四歲
子李永華年三歲
女李綉錦年五歲
十二 其他事項無
具聲請書人 李國明
中華民國二十七年三月廿五日

李国明为请准恢复国籍并列具事项的声请书　　一九三八年三月二十五日

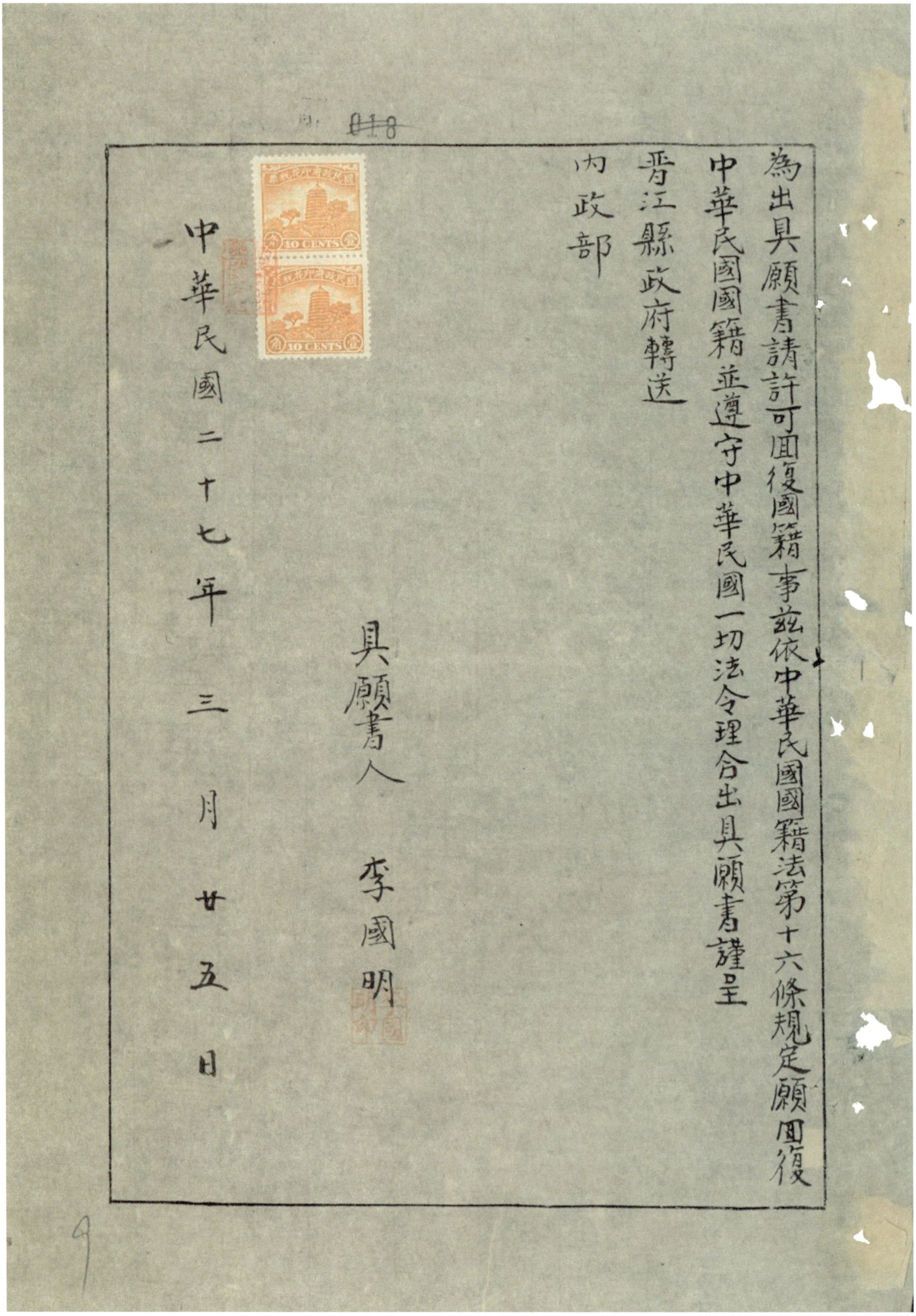
018

為出具願書請許可回復國籍事茲依中華民國國籍法第十六條規定願回復
中華民國國籍並遵守中華民國一切法令理合出具願書謹呈
晋江縣政府轉送
內政部

具願書人 李國明

中華民國二十七年三月廿五日

李国明为请准依规定恢复国籍给晋江县政府的愿书　一九三八年三月二十五日

為出具保証書事茲因日本國台灣人李國明願依中華民國國籍法第十六條
規定聲請回復中華民國國籍並遵守中華民國一切法令委無欺偽情弊甘願
出具保証書此証

具保証書人

黃念耀 年三十三歲
福建省晋江縣人
職業商
現住第三區海濱鎮第三七保第七甲六户

陳煥篇 年三十三歲
福建省晋江縣人
職業商
現住第三區永寧鎮第三三保第一甲五户

中華民國二十七年三月廿五日

黄念耀、陈焕篇为李国明恢复国籍作保的保证书 一九三八年三月二十五日

曾健龄申请恢复国籍的声请书、保证书

一九三八年三月二十五日

為聲請許可回復國籍事茲依中華民國國籍法第十六條呈請許可回復中華民國國籍理合另具願書及保証書並開明應行呈報事項謹呈

晋江縣政府轉請

内政部鑒核施行

謹將應行呈報事項開明如左

一 回復國籍人姓名 曾健齡又名慶家

二 性別 男

三 年歲 三十八

四 籍貫日本國台灣台北市祖籍中國福建省晋江縣人于民國紀元前十一年六月喪失中國國籍取得日本國台灣籍

五 居所中國福建省晋江縣第三區震旦鎮第六保第八甲十二户

六 居年限自民國十七年至二十七年共十一年

七 職業 齒科

八 財產 動產七百元

九 品行 平和

十 藝能 鑲牙口腔外科

十一 隨同回復國籍人取得國籍者

妻陳甜 年三十四歲

子曾啟章 年九歲

子曾啟祥 年五歲

長女曾玉纏 年十四歲

次女曾玉芳 年十二歲

三女曾玉珠 年七歲

四女曾玉格 年一歲

十二 其他事項 在台灣曾加入民衆黨革命運動

具聲請書人 曾健齡

中華民國二十七年三月廿五日

11

曾健龄为请准恢复国籍并列具事项的声请书　　一九三八年三月二十五日

為出具願書請許可回復國籍事茲依中華民國國籍法第十六條規定願回復中華民國國籍並遵守中華民國一切法令理合出具願書謹呈

晉江縣政府轉送

內政部

具願書人 曾健齡

中華民國二十七年三月廿五日

曾健龄为请准恢复国籍给晋江县政府的愿书　一九三八年三月二十五日

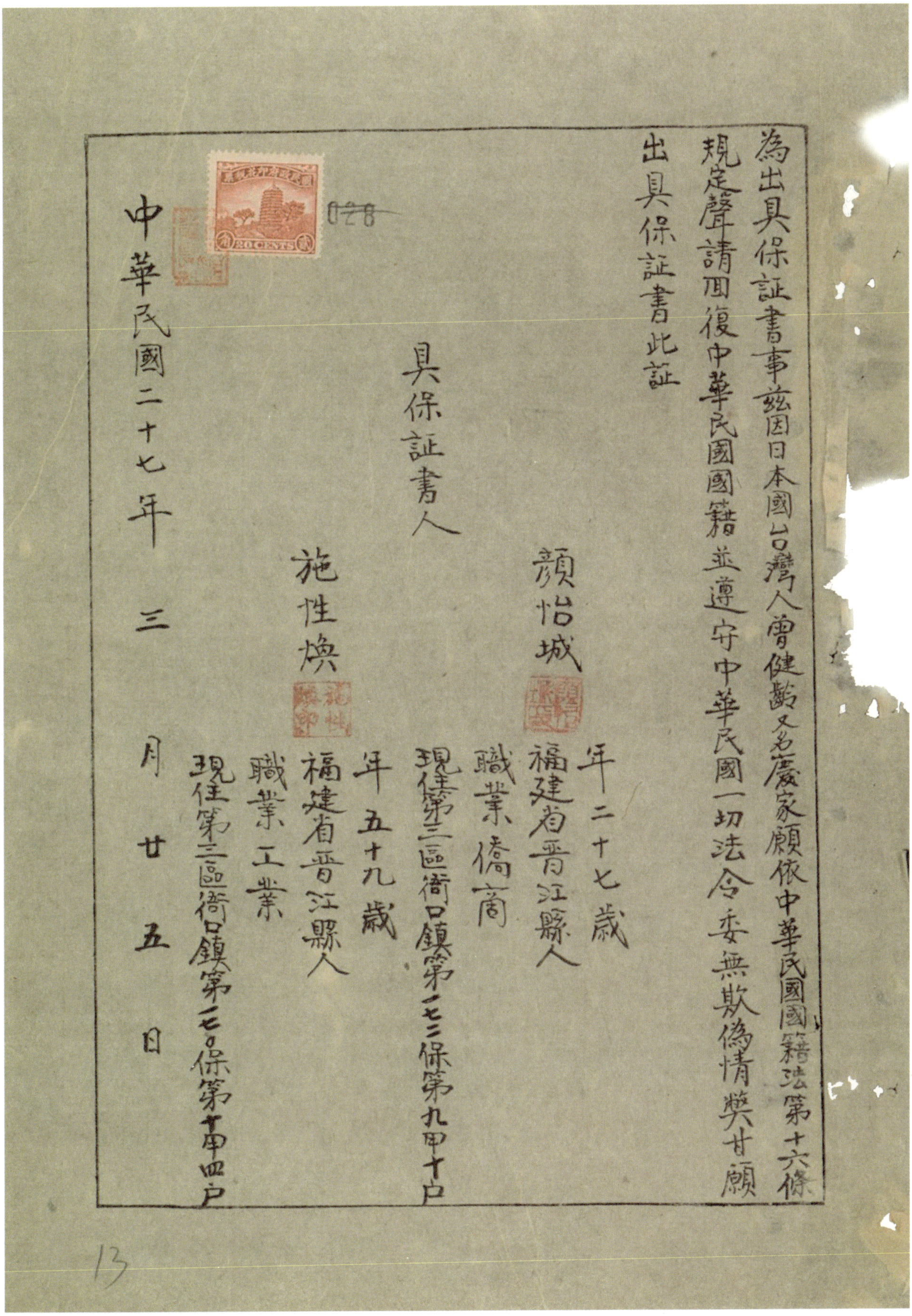

為出具保証書事茲因日本國台灣人曾健齡又名慶家願依中華民國國籍法第十六條規定聲請回復中華民國國籍並遵守中華民國一切法令妥無欺偽情弊甘願出具保証書此証

028

具保証書人

顏怡城

年二十七歲

福建省晉江縣人

職業僑商

現住第三區衙口鎮第一七二保第九甲十户

施性煥

年五十九歲

福建省晉江縣人

職業工業

現住第三區衙口鎮第一七○保第十甲四户

中華民國二十七年三月廿五日

13

施性焕、颜怡城为曾健龄恢复国籍作保的保证书　　一九三八年三月二十五日

福建省崇安县台胞战地服务训练班简章、预算书及追随李友邦从事抗日工作名单等

一九三九年一月

福建省崇安縣台胞战地服務訓練班簡章

福建省崇安县台胞战地服务训练班简章　　一九三九年一月二十三日

福建省崇安縣台胞戰地服務訓練班簡章

一、福建省崇安縣台胞戰地服務訓練班係以訓練確願效忠祖國参加戰地服務留崇台胞使具有充分之軍事政治醫療等學識及技能確能前往参加戰地服務增加抗戰力量為主旨

二、本班設主任一員由縣長兼任副主任一員由台灣獨立革命党派充講師教官若干員由主任聘請党政軍人員兼任均為義務職

三、本班得設辦事員司書各一人受主任之命辦理関于一切庶務會計及文書繕寫事宜

四、本班得分設軍事政治及醫療兩組

五、凡留崇台民經初中畢業或具有同等學力年在二十歲以上四十五歲以下確願

2

參加祖國抗戰工作身體健全者得照左列各項辦理入學手續

(一)志願書及保証書(格式附後)須于報名時各填三份並附粘最近二寸半身相片三張送班分別存轉

(二)本班入學考試分為口試與筆試平均分數在六十分以上者為及格

(甲)筆試　國文　三民主義　政治常識　醫療學(軍事政治組除外)

(乙)口試

(三)體格檢查

經入學考試及體格檢查合格者得入班受訓

六、學員在訓練期間所需服裝伙食及講義等費概由本班供給不得中途退學

七、本班訓練期間暫定為六星期必要時得呈請省府延長或縮短之

3

卅

八、本班各組訓練分鐘之百分比如左：

(甲)軍事政治組：軍事訓練佔百分之四十 政治訓練百分之四十 偵探及宣傳方法百分之十五 精神訓練百分之五

(乙)醫療組：軍事訓練佔百分之四十 政治訓練百分之二十 醫療訓練百分之三十五 精神訓練百分之五

各組訓練進度兼另定之

九、參加墾荒之台胞于考取入班受訓後 對墾務所以前墊發之伙食得由班呈請省政府豁免其償還之責任但受訓後除有特別原因經呈奉核准外未能前往战地服務時不在此例

十、學員受訓期滿試驗成績及格得由班填具畢業証明書送由崇安縣政府轉

4

印發給並呈報省政府備案

十、畢業學員有前赴战地服務之義務並享受左列各項之權利

(一)經本班訓練畢業之台胞得由崇安縣政府呈請省府分發战區服務担任战地工作其待遇由战地服務機関定之

(二)留崇家屬除已編墾外其生活困難者由政府津貼伙食成人每日一角，孩童七分

(三)留崇子女及其家屬准免費入學肄業

(四)出發前方服務時所需旅費視其服務地点由政府核實補助之

(五)學員在前方服務如有傷亡得按照撫卹陣亡將士條例呈請一體撫卹

十一、本班經費預算由省政府核定發交崇安縣政府轉發

5

十三、本班經費計算由班遵照會計法規送由縣政府轉呈省政府核准支銷

十四、本班辦事細則另定之

十五、本簡章由　省政府核定施行

十六、本簡章如有未盡事宜得隨時呈請　省政府修正之

6

6

具志願書

有志參加祖國抗戰工作志願在福建省崇安縣台胞战地服務訓練班受訓遵守一切紀律期滿後分派服務時絕對服從命令真誠效忠祖國努力抗战工作，如有違反潛逃或背叛行爲甘受重刑所具志願書是實

具志願書人姓名

年齡

籍貫

住址

保証人

貼相片處

中華民國二十　年　月　日

具保証書

兹保證　　　　志願在福建省崇安縣台胞战地服務訓練班受訓遵守一切紀律期滿後分派服務確能切實服從命令真誠效忠祖國努力抗战工作如有違反潛逃背叛行為保証人願負連坐責任所具保証書是實

被保人

保証人姓名

年齡

籍貫

住址

職業

中華民國二十　年　月　日

8

8

福建省崇安縣台胞戰地服務訓練班訓練經費預算書

存

福建省崇安县台胞战地服务训练班训练组经费预算书　　一九三九年一月二十三日

9

福建省崇安縣台胞战地服務訓練班訓練經費預算書

支出臨時門

科目	全期預算數	備考
第一款 台胞战地服務訓練班訓練经费	一四五〇.〇〇	
第一项 開辦费	九一七.五〇	
第一目 設備费	一三〇.〇〇	
第一节 用具	九五.〇〇	大黑板二塊八元 床板五十付六十元 方桌六副十五元 办公椅桿四付十二元 合計如上數
第二节 厨具	二五.〇〇	大鍋 小鍋 碗筷 灶刀 菜橱桌等
第三节 什支	一〇.〇〇	油灯 掃把 茶壺 茶杯 等件
第二目 服裝费	七八七.五〇	

10

第一节 服装费	七八七	五〇	参加训练人数据李友邦在崇统计签名者约五千余人兹拟以五千人为标准每人应用军服二套七元五角棉衣一件四元军毯一条三元五角皮带一条五角斗笠一個二角五分每人共约十五元七角五分合计如上数倘由省府发给即可省却此项支出（本栏预算均係按照时价）
第二项 伙食费	三〇〇	〇〇	
第一目 伙食费	三〇〇	〇〇	
第一节 伙食费	三〇〇	〇〇	学员五千人，每人每月四元，开学典礼一天毕业典礼游艺会一天训练六星期合一个半月计如上数
第三项 薪工	九一	五〇	
第一目 薪俸	六七	五〇	
第一节 办事员薪	四〇	五〇	办事员一员每月卅元九折以個半月计算如上数
第二节 司书薪	二七	〇〇	司书一员月支二十元九折以个半月计算如上数
第二目 工饷	二四	〇〇	

11

10

第一節 什役工資	二四	〇〇	什役二名每人每月八元以個半月計算如上數
第四項 辦公費	七七	〇〇	
第一目 文具	一七	〇〇	
第一節 筆墨紙張	一七	〇〇	
第二目 印刷	一五	〇〇	
第一節 印刷	一五	〇〇	
第三目 消耗	四五	〇〇	
第一節 灯火	二五	〇〇	
第二節 茶水	一〇	〇〇	
第三節 薪炭	一〇	〇〇	

12

第五項　特别费	一四	〇〇
第一目　特别费	一四	〇〇
第一節　符號	七	〇〇
第二節　證明書	七	〇〇
第六項　準備费	五〇	〇〇
第一目　準備费	五〇	〇〇
第一節　準備费	五〇	〇〇

附註：關于訓練經费以外之旅费及津貼前往战地服務之台民家屬之生活應視其將來服務地点及服務情形另編預算呈報

核定

14

福建省崇安縣戰地服務訓練班訓練經費預算書

科目	全期預算	
支出臨時門		
第一款 戰地服務訓練班訓練經費	七二五元〇〇	
第一項 服裝費	四二五元〇〇	參加訓練人數據李友邦君在崇統計簽名者共五十餘人茲姑以五十人為標準每人應用服裝二套皮帶一條綁腿計八元三角合計如上數倘由省府舊服裝即可省卻此項支出
第一目 服裝費	四二五元〇〇	
第一節 服裝費	四二五元〇〇	服裝[illegible]套皮帶在內每套[illegible]元[illegible]角合計如上數
第二項 伙食費	三〇〇元〇〇	
第一目 伙食費	三〇〇元〇〇	
第一節 伙食費	三〇〇元〇〇	每人每月四元六週合計如上數

一

18

福建省崇安县战地服务训练班训练经费预算书 一九三九年一月二十三日

第三項辦公費	五〇〇〇
第一目文具	一〇〇〇
第一節筆紙張墨	一〇〇〇
第二目印刷	一五〇〇
第一節印刷	一五〇〇
第三目消耗	二五〇〇
第一節油燈	二五〇〇
第四項特別費	三九〇〇
第一目特別費	三九〇〇
第一節符號	六〇〇

一

19

八

第二節証書	七五〇〇
第五項準備費	一〇〇〇
第一目準備費	一五〇〇
第一節準備費	一四〇〇

附注

關于訓練經費以外之旅費及津貼出征台民家屬之生活費，當視將來其服務地点並其服務情形而定，現在尚難決定，故不能另編預算

20

13

台民戰地服務班服務與優待办法

一、關于台民战地服務班，派遣服務，並優待悉依本办法規定办理之。

二、本班訓練期滿，由本府按其各学员之學識程度，並其经歷列表呈送省政府備案，由准由台灣独立革命党將全数学员帶往第三战区分配職務。

三、各学员開赴服務後，其家屬生活除已在墾務所墾荒外，其生活困難者，由本府糧貼成人每日一角，孩童七分

一

16

台民战地服务班服务优待办法　　一九三九年一月二十三日

四、學員開赴服務地點所需之旅費，除其在省內者得由本府呈請發給免票證外，其在省外者並由本府酌量補助之。

五、開赴戰地服務之學員，其家屬如確須回籍整理財產者，得推代表一人向本府請求派員協助其理由。

六、出征者，不得拒絕之，但以一人為限。

六、出征公民學員，其子女得免費入本縣各學校讀書，

七、學員在各部隊服務，如有傷亡，得呈請相當撫恤之。

八、本辦法呈請省府備案施行

17

12

附[illegible]

台民戰地服務班訓練办法

一、為適應前方需要，特办理台民战地服務班，加以充份之軍事，政治及精神訓練，俾能養成其效忠祖國之服務精神，訓練悉依本办法規定办理之。

二、本班学員，由本府於派遣来崇之台民中，挑選富於醫療經驗，或善操日語，並具有擁護祖國熱忱之台籍青年中組織之，人數不拘。

三、本班由台灣獨立革命党李友邦君派员

14

台民战地服务班训练办法　　一九三九年一月二十三日

來賓/會同縣政府社訓隊協同負責訓練。

四、本班訓練期間定六星期。

五、本班軍事訓練佔百分之五十，政治訓練佔百分之四十四，精神訓練佔百分之六，訓練進度表另定之。

六、本班訓練期滿經試驗合格者，由本府核發證明書。

七、本班訓練期內，學員伙食，服裝，均由本府供給。

八、本班訓練所需各項經費，由本府另籌，預算表另定之。

九、本辦法呈請省府備案施行。

15

願意追隨臺灣獨立革命領袖李友邦先生 請其領導從事對日抗战為祖國効勞在前後方工作名單

姓名	姓名
王克明	王宏寧
王宏容	吳木鐸
陳永裕	莊添和
謝子培	程德生
李國明	曾健齡
翁以義	蔡両傳

追随李友邦从事抗日工作名单　　一九三九年一月二十八日

葉逢春
吳阿天
曾惠英
謝發聲
陳振明
李金水
鄧秉輝
劉道榮
王訪生
楊柳葉

郭海侯
黃漢岳
林聖三
黃邦榮
蔡添智
鄧秉仁
黃國瑞
劉榮春
陳約輪
蘇婉容

17

存查一本

楊光琳

趙中慶

李國星

李祥裕

陳振義

陈東崎

23

福建省政府、崇安县政府等关于李友邦请率领台胞赴浙集训的来往函电

一九三九年二月—三月

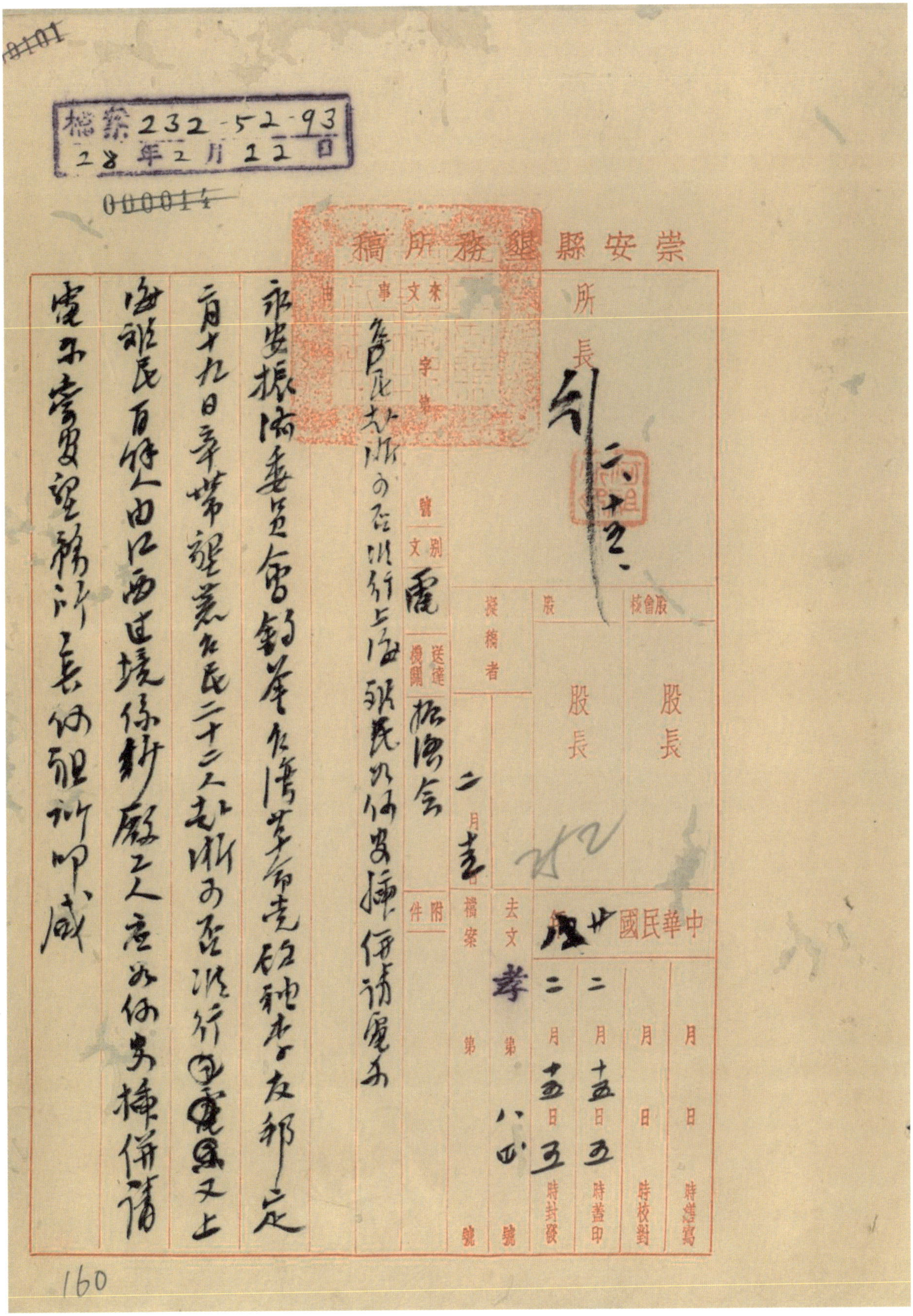

檔案 232-52-93
28年2月22日

000014

崇安縣墾務所稿

所長 何 二、十五

來文 字第 號

事由：為台民赴浙可否派行上海難民以何安插併請電示

文別：電

送達機關：振濟会

二月十五日

中華民國廿八年

二月十五日五時 蓋印

二月十五日五時 封發

去文 孝 第 八四 號

永安振濟委員會鈞鑒：台灣革命黨領袖李友邦定本月十九日率帶墾荒台民二十二人赴浙，可否派行（電復）？又上海難民有保人由江西邊境保新廠工人，應如何安插？併請電示。崇安墾務所長何覲叩咸

160

崇安县垦务所关于垦荒台民可否由李友邦带领赴浙给福建省振济会及福建省政府的电

一九三九年二月十五日

福州陳主席鈞鑒：台灣革命黨領袖李友邦定二月十九日率革命黨義勇隊重要人赴浙，乞予各[illegible]行，請電示為要。[illegible]所所長何祖[illegible]叩感

161

26

崇安縣政府稿箋

文別	寄電
事由	密不錄
送達機關	福州綏署
附件	

縣長

秘書　科長　承審員　督學　技士

簽佐　科員　書記　校對　監印

中華民國廿八年二月十五日　時交擬
二月十五日　時擬稿
月　日　時送簽
月　日　時判行
月　日　時繕寫
月　日　時校對
二月十五日　時監印
二月十五日上午九時發
秘字第　號
文字第　號
檔案字第　號

38

崇安县政府关于请派车运送台胞赴浙给驻闽绥靖公署电　　一九三九年二月十五日

福州绥靖公署参谋长赵。密。台胞(22)人由李友邦先生率领决皓日首途，乞饬车运送。刘〇〇删

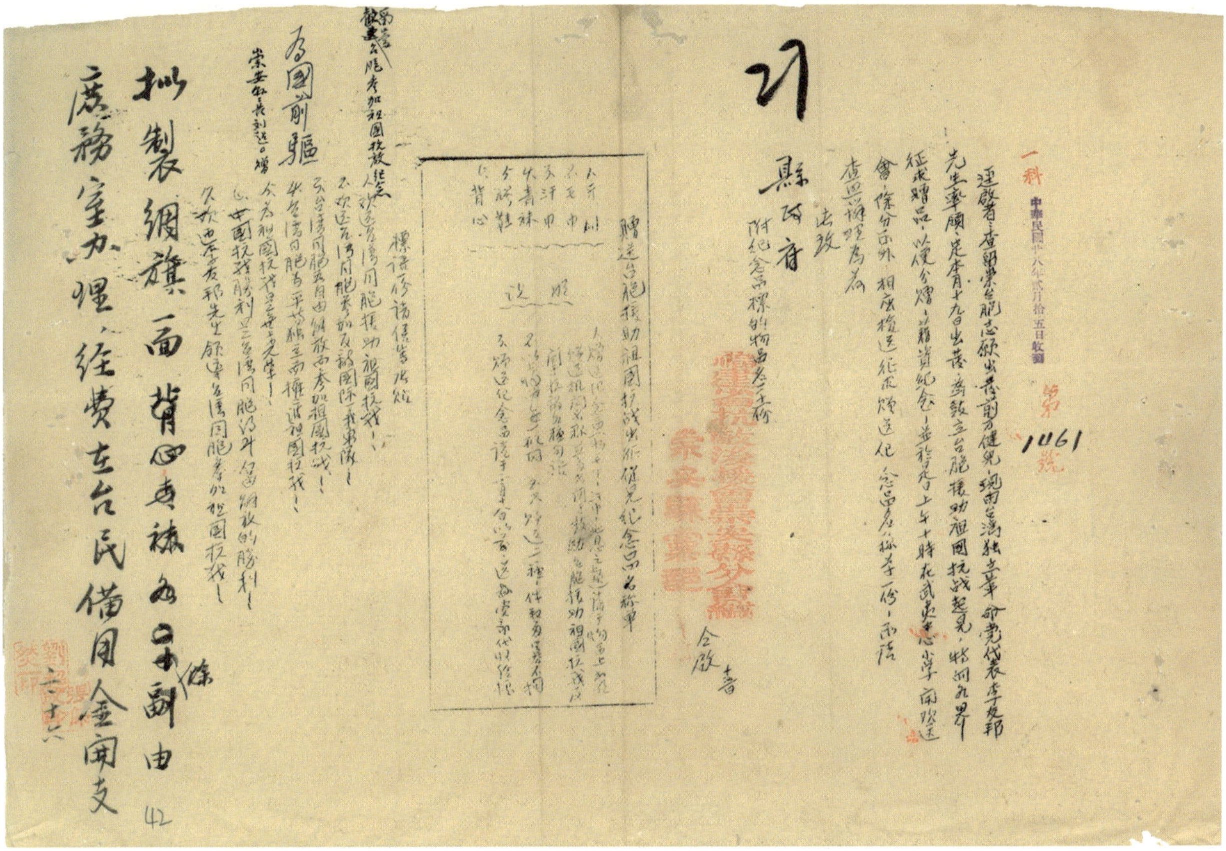
一科

中华民国廿八年贰月拾五日收到

第1061号

迳启者：查留崇台胞志愿出发前方健儿，缅甸台湾独立革命党代表李友邦先生率领，定本月十九日出发，为鼓励台胞援助祖国抗战起见，特向各界征求赠品，以便分赠，藉资纪念，并于是日上午十时在武夷中心小学开欢送会。除分函外，相应检送征求赠送纪念品名单一份，函请查照办理为荷。

此致

县政府

附纪念品标的物品名单一份

会启 十五

赠送台胞援助祖国抗战出征健儿纪念品名称单

大手巾

毛巾

手汗巾

青袜

胶鞋

背心

说明

[illegible]

标语附请保管办理

崇安县长刘送口号

为国前驱

拟制绸旗一面，背写标语，〔[illegible]〕条，由庶务室办理，经费在台民备用金开支。

42

福建省抗敌后援会崇安县分会及崇安县党部关于欢送台胞赴浙抗战并征求赠品的函

一九三九年二月十五日

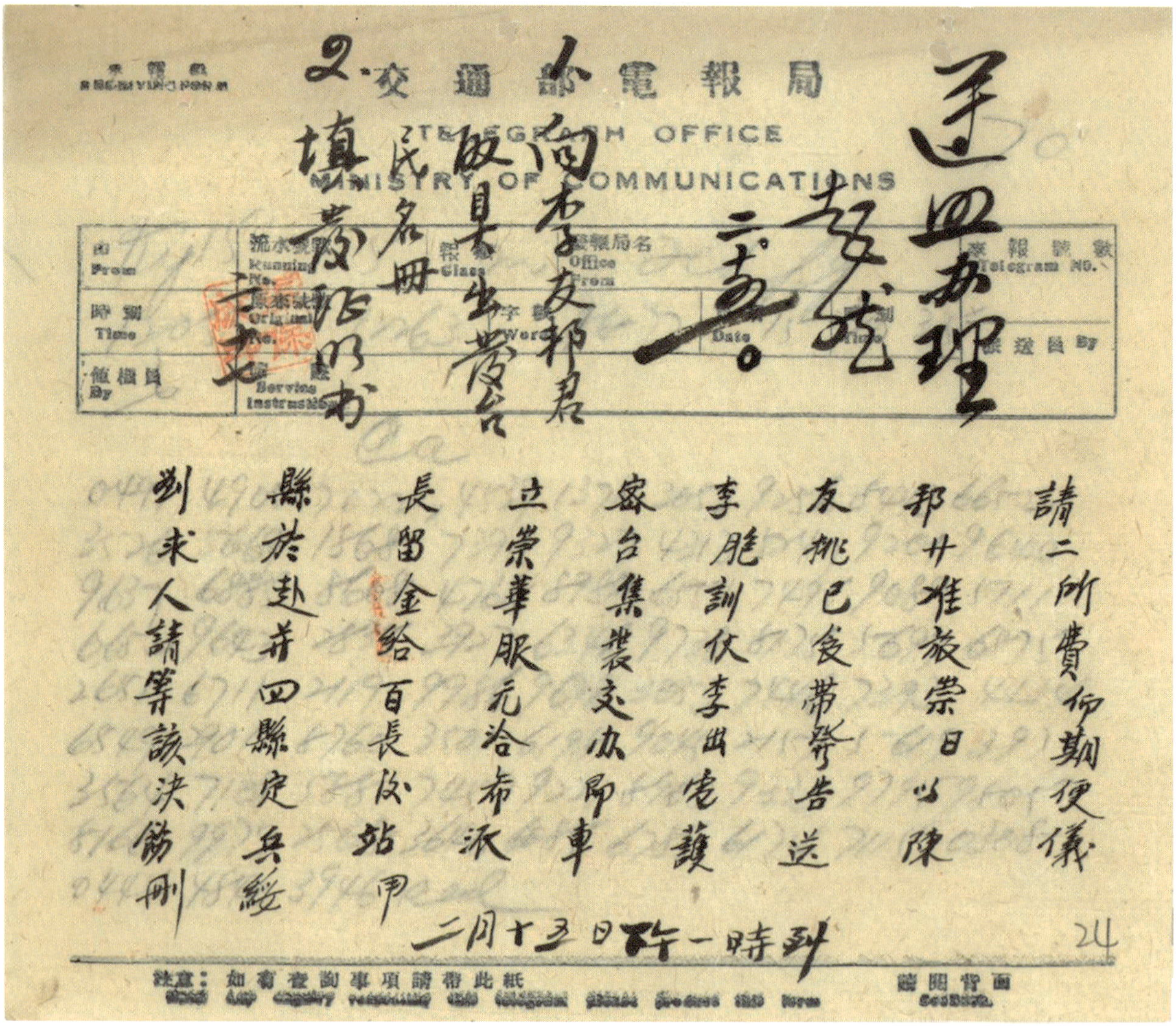

2.

1.

交通部電報局

TELEGRAPH OFFICE

MINISTRY OF COMMUNICATIONS

送四办理

李裁

二、十五

向李友邦君

政县出费台

民名册

填费照明书

由 From	流水號數 Running No.	報類 Class	發報局名 Office From		來報號數 Telegram No.
時刻 Time	原來號數 Original No.		字數 Words	日期 Date	時刻 Time	送發員 By
值機員 By	備註 Service Instructions				

請二所費仰期便儀

郛廿准旅崇日以陳

友桃已食帶發告送

李胞訓伙李由屯護

容台集裝交办即車

立崇華服元洽布派

長留金給百長段站甲

縣於赴並四縣定兵經

劃求人請等該決飭刪

二月十五日下午一時到

24

注意：如有查詢事項請帶此紙

請閱背面

福建省政府关于已准留崇台胞赴金华集训并给服装伙食费给崇安县政府的电

一九三九年二月十五日

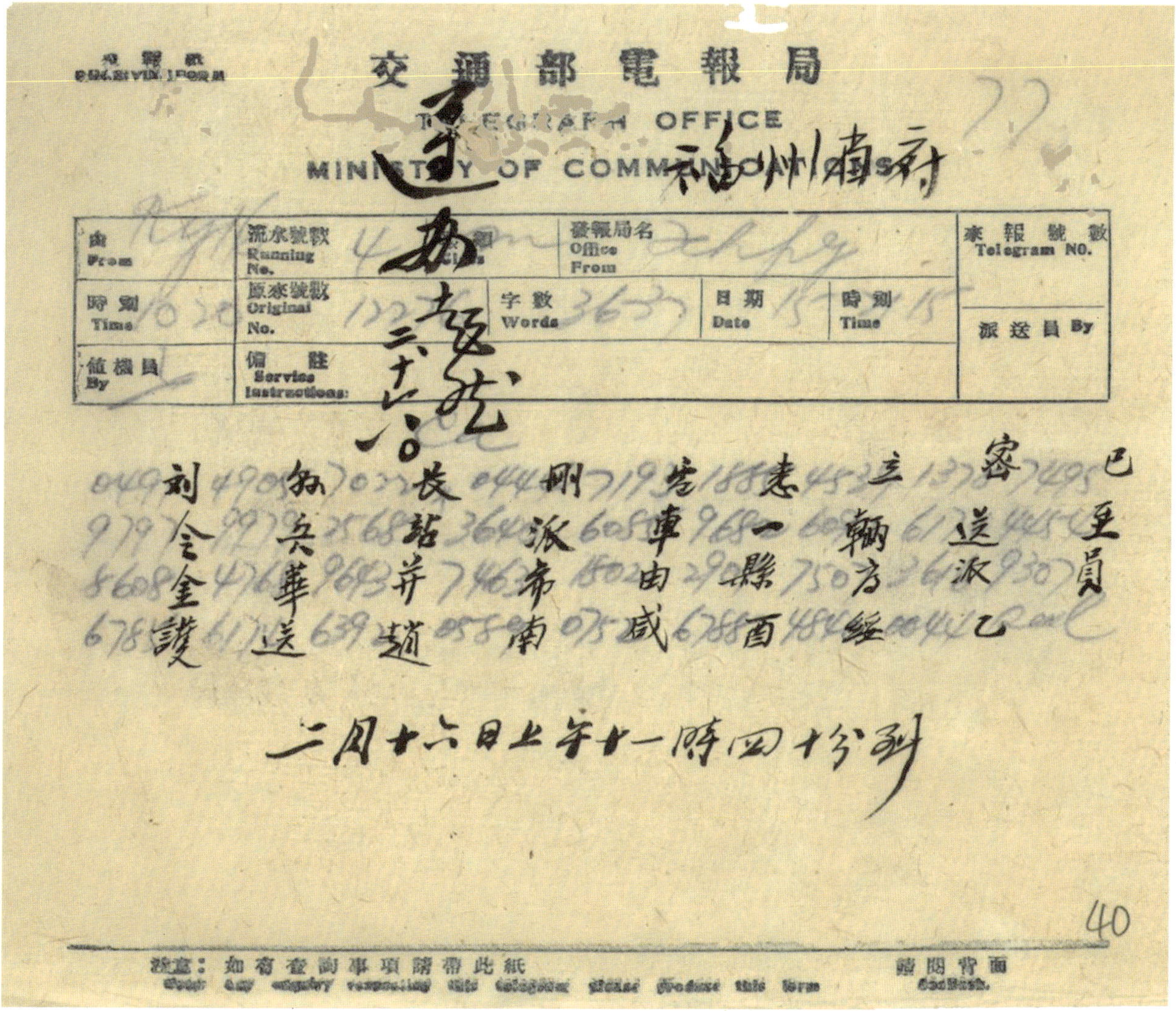
交通部電報局
TELEGRAPH OFFICE
MINISTRY OF COMMUNICATIONS

由 From	流水號數 Running No.	發報局名 Office From		來報號數 Telegram NO.
時刻 Time	原來號數 Original No.	字數 Words 36	日期 Date 15 / 時刻 Time	派送員 By
值機員 By	備註 Service Instructions:			

二月十六日上午十一時四十分到

40

注意：如有查詢事項請帶此紙 ... 請閱背面

驻闽绥靖公署关于已派车护送台胞赴金华给崇安县政府的电　　　　一九三九年二月十五日

收文禮字第一六二號

字號	來文機關	文別	事由	附件
	省政府陳主席	電報	電知台民二十二人准交李帶去由	

擬辦	批辦	備考

162

福建省政府关于台民二十二人准交李友邦带赴浙江给崇安县垦务所的电　　一九三九年二月十六日

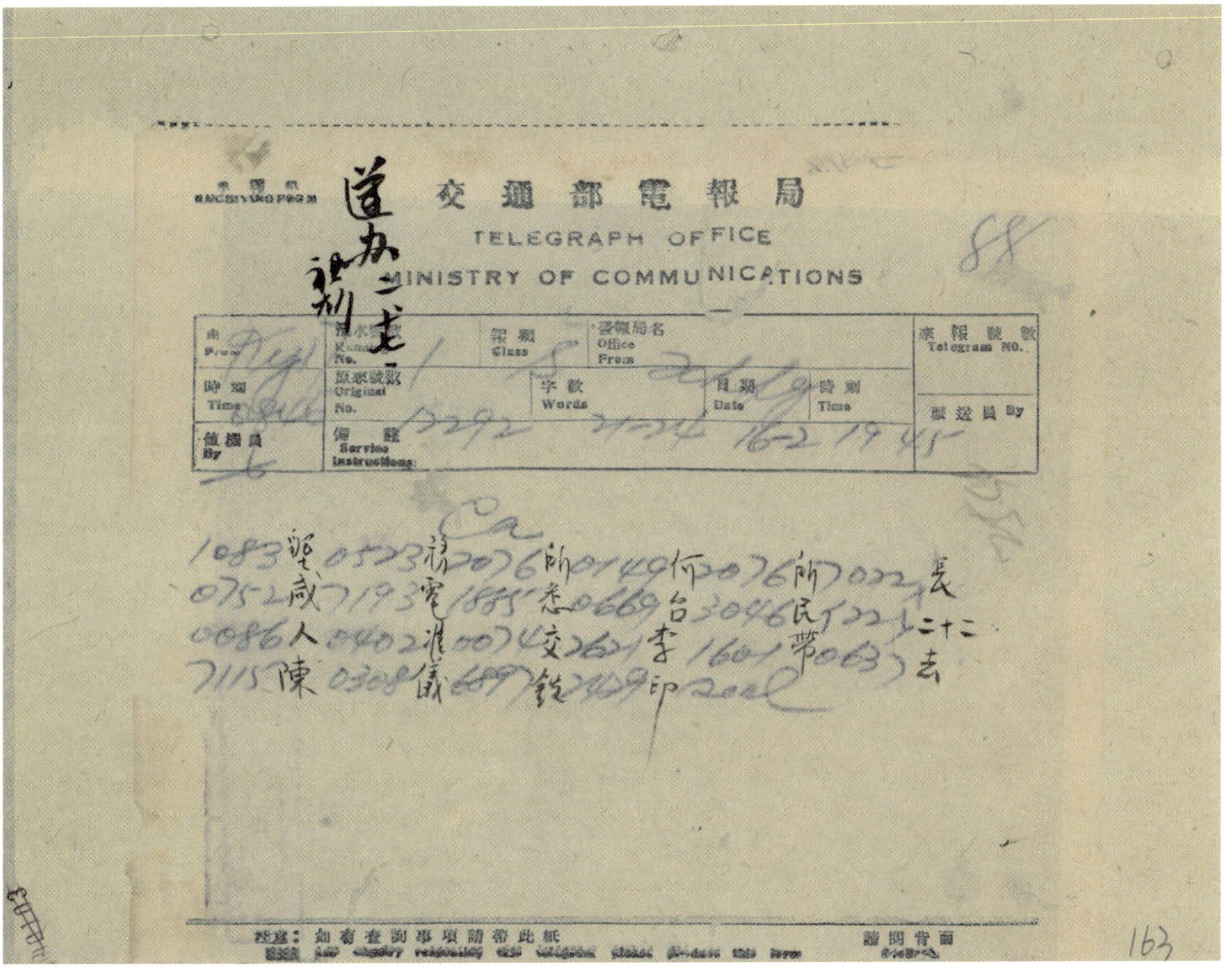

收報紙 RECEIVING FORM

道办 速 祝刘

交通部電報局

TELEGRAPH OFFICE

MINISTRY OF COMMUNICATIONS

88

由 From	號次字數 Number No.	報類 Class	發報局名 Office From	來報號數 Telegram No.
時刻 Time	原來號數 Original No. 1292	字數 Words	日期 Date 16-2	時刻 Time 1945
值機員 By	備註 Service Instructions:			遞送員 By

1083鄭 0523祿 2076所 0149仰 2076所 022[illegible]長

0752咸 7193電 1885悉 0669台 3046民 1221二十二

0086人 3402准 0074交 2621李 1601帶 0637去

7115陳 0308儀 6897鋕 2429印

注意：如有查詢事項請帶此紙 請閱背面

163

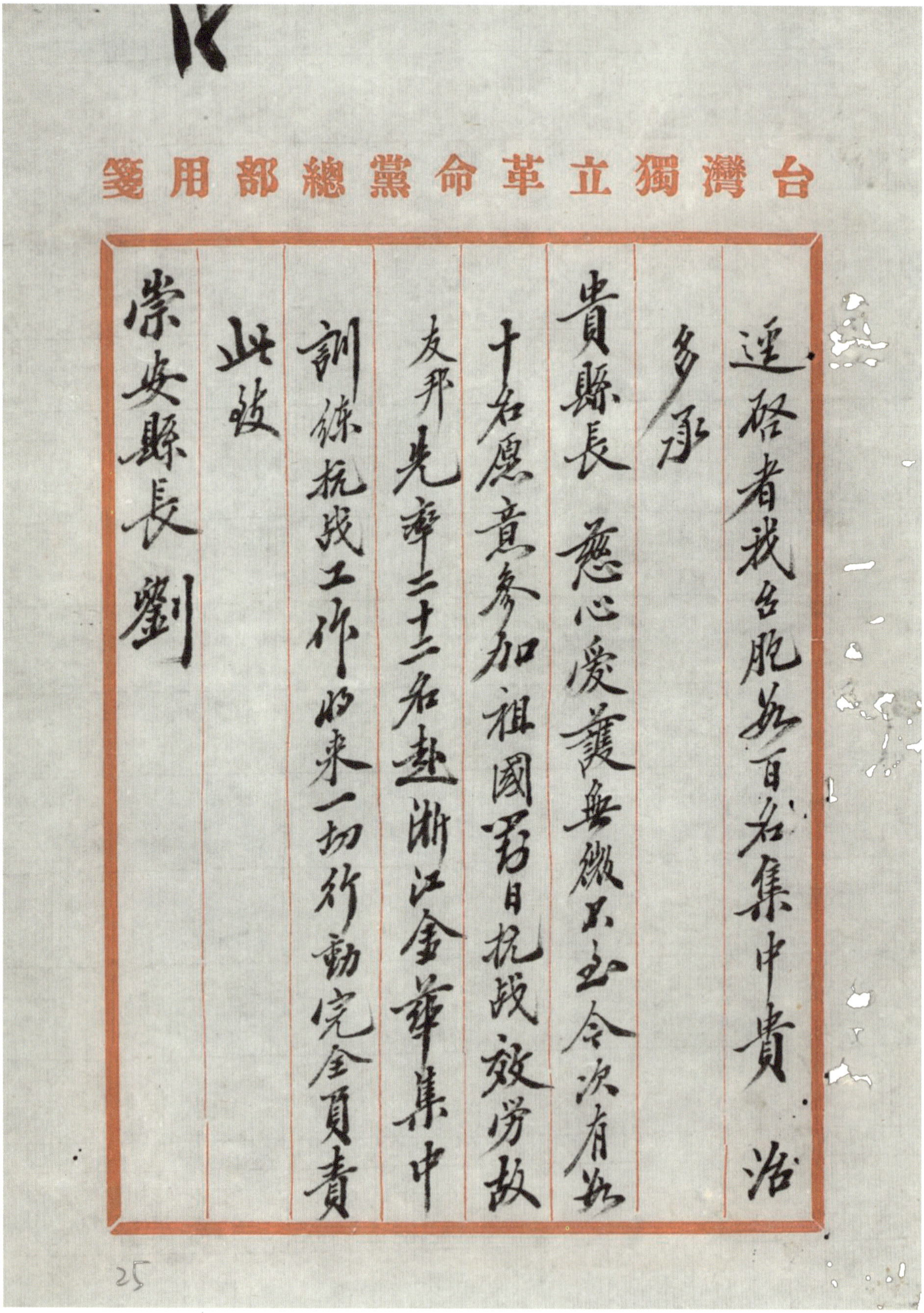

台灣獨立革命黨總部用箋

逕啓者我台胞約百名集中貴治
多承
貴縣長 悉心愛護無微不至今次有約
十名願意參加祖國對日抗戰效勞故
友邦先率二十二名赴浙江金華集中
訓練抗戰工作將來一切行動完全負責
此致
崇安縣長 劉

25

台湾独立革命党主席李友邦关于率领台胞赴浙训练抗战工作并附名单给崇安县政府的函

一九三九年二月十六日

台灣獨立革命黨總部用箋

台灣獨立革命黨主席李友邦

二月十七日

計附名單一份

併案呈報

右[illegible]

二十六

26

18

台灣獨立革命黨總部用箋

郭汝候　莊添和　王宏宜
黄國瑞　黄邦榮　黄宏鯨
莊添智　李國星　李恒福
劉道榮　王宏寧　郭崑泉
李祥裕　翁以義　黄鐘靈
謝子培　曾健齡　黄月華
陳永裕　吳雪花
鄧東仁　鄧東輝

27

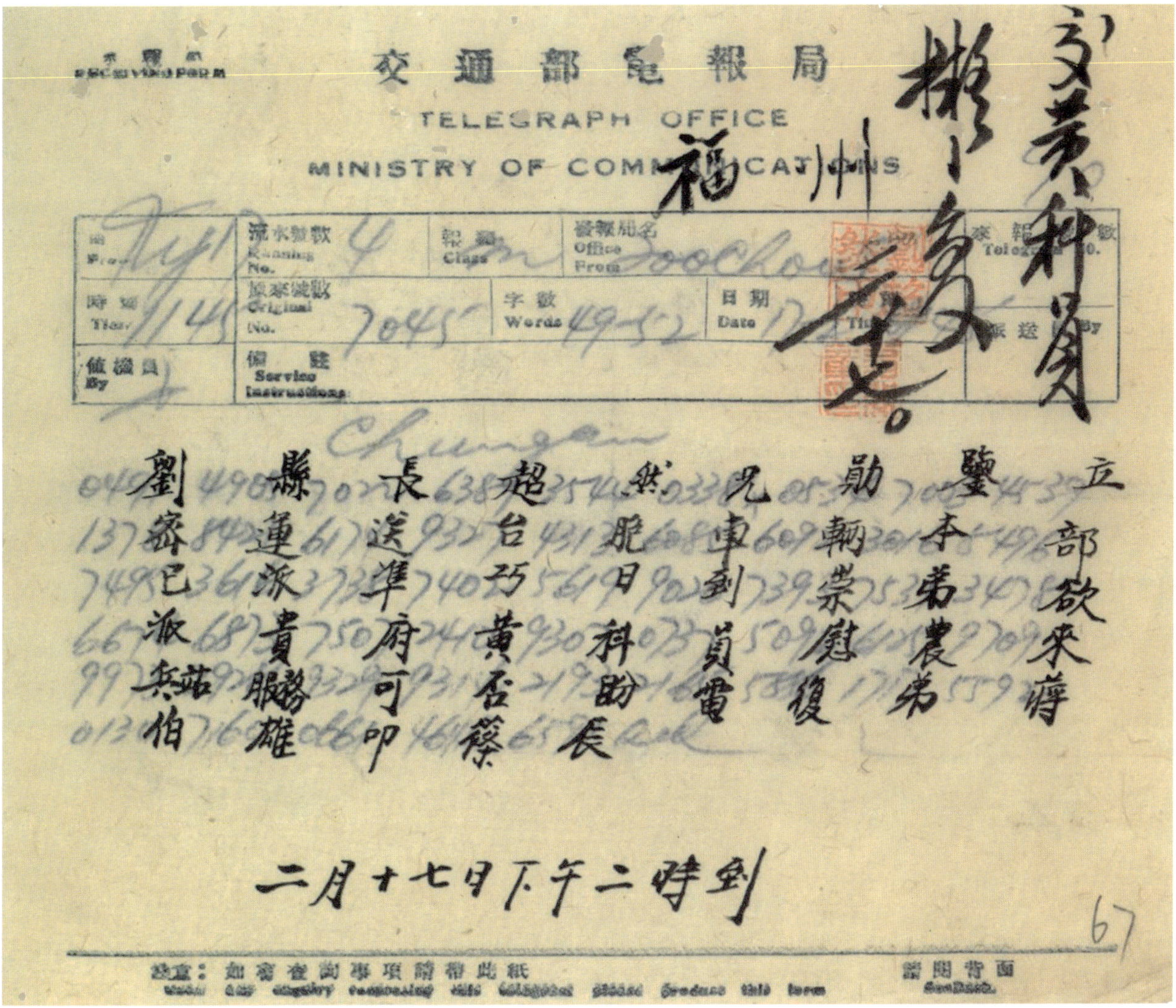
交通部電報局
TELEGRAPH OFFICE
MINISTRY OF COMMUNICATIONS

福州

由 From	流水號數 Running No. 4	報類 Class	發報局名 Office From Foochow	來報號數 Telegram No.
時刻 Time 1145	原來號數 Original No. 7045	字數 Words 49-52	日期 Date 17	派送員 By
値機員 By	備註 Service Instructions			

Chungan

二月十七日下午二時到

67

注意：如有查詢事項請帶此紙

Upon any enquiry concerning this telegram please produce this form

第二十五兵站分监部蒋伯雄关于运送赴浙台胞车辆将于十八日到崇给崇安县政府的电

一九三九年二月十七日

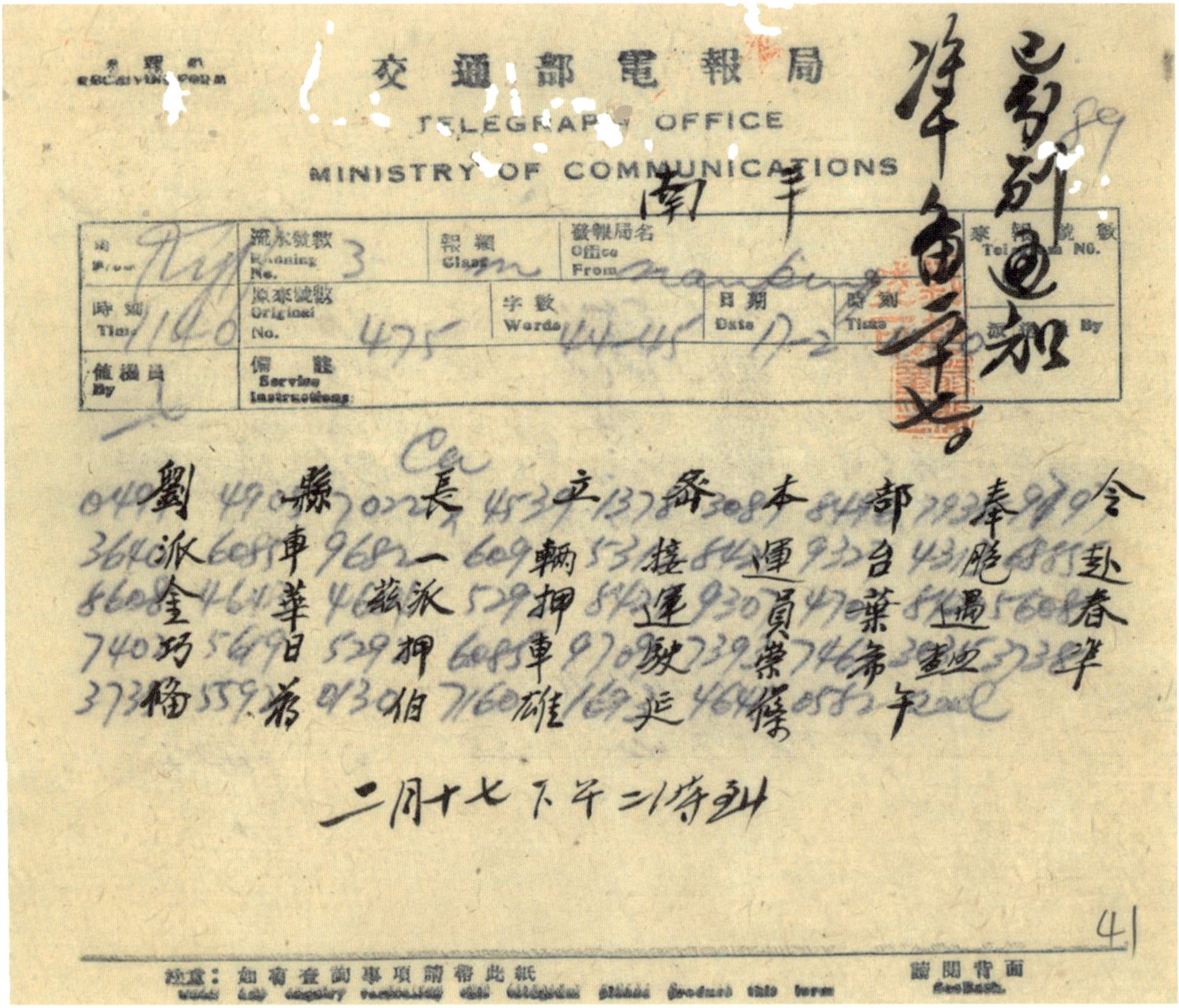

蒋伯雄关于派叶遇春接运台胞赴金华给崇安县政府的电　　一九三九年二月十七日

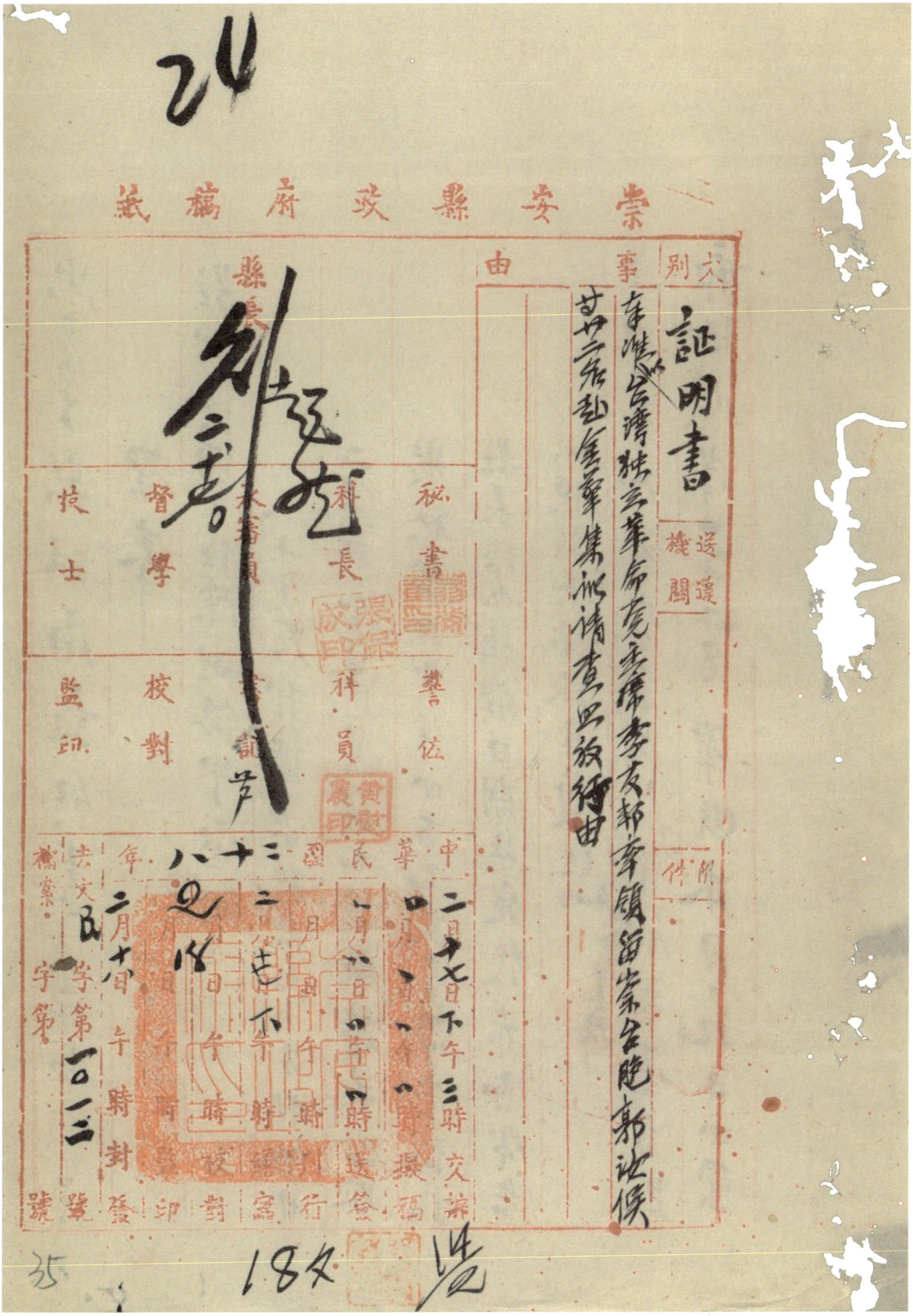
崇安縣政府稿箋

文别：證明書

事由：查准台灣獨立革命黨主席李友邦率領留崇台胞郭沚侯等廿六名赴金華集訓請查照放行由

縣長

秘書　科長　科員　督學　技士

中華民國二十八年二月十七日下午三時交辦

崇安县政府发给李友邦率领台胞赴金华集训证明书　　一九三九年二月十八日

崇安縣政府證明書　民字第　　號

茲奉

駐閩綏靖主任陳删綏甲電開（略）：「李友邦請求於留崇台胞挑廿二名赴金華集訓，已准所請，并給服裝、伙食、旅費等四百元交李帶崇，仰該縣長洽办。出發日期決定後希即電告，以便飭兵站派車護送」

等因。奉此。茲查台灣獨立革命黨黨長李友邦派員領留崇台胞鄭陞候等二十二名，準於本月十九日由崇

安首途赴浙江金華

軍警關卡查驗放行、仰該沿途亦

不得挾帶違禁物品、致干查究、特此

証明。

右給李友邦 收執

中華民國二十八年二月　　日

縣長劉[illegible]

37

~~000016~~

義

一六八號

徑請公署電報

台民廿二人（電知）准由李友邦君率領赴浙由

164

福建省政府关于李友邦率台民赴浙应予准行给崇安县政府的电　　一九三九年二月十八日

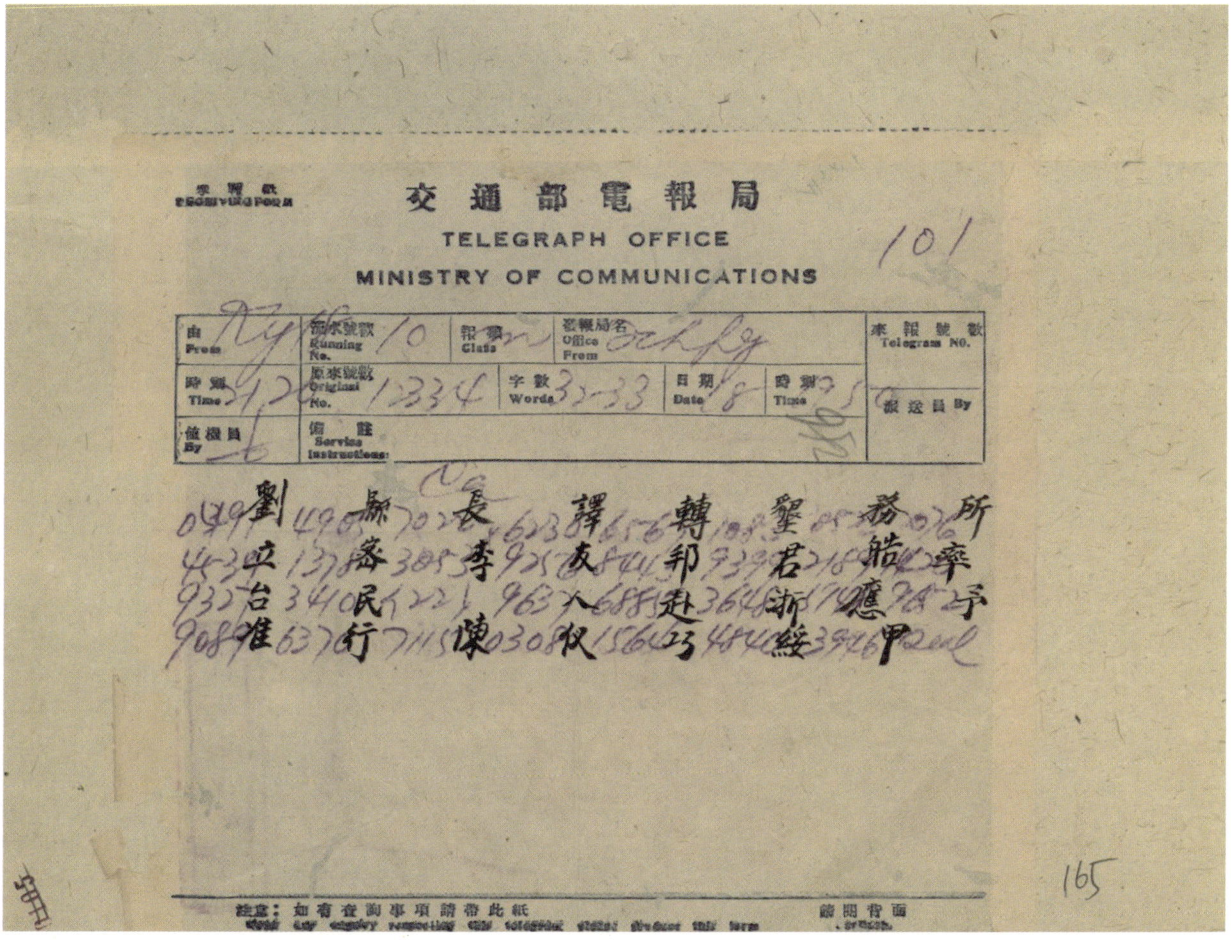

交通部電報局

TELEGRAPH OFFICE

MINISTRY OF COMMUNICATIONS

101

由 From	流水號數 Running No. 10	報類 Class	發報局名 Office From	來報號數 Telegram NO.
時刻 Time	原來號數 Original No. 12334	字數 Words 32-33	日期 Date 18 / 時刻 Time	接送員 By
值機員 By	備註 Service Instructions:			

劉縣長譯轉鑒務所

立密李友邦君賠率

台民(22)入赴浙應予

准行陳仪巧經甲

165

注意：如有查詢事項請帶此紙

請閱背面

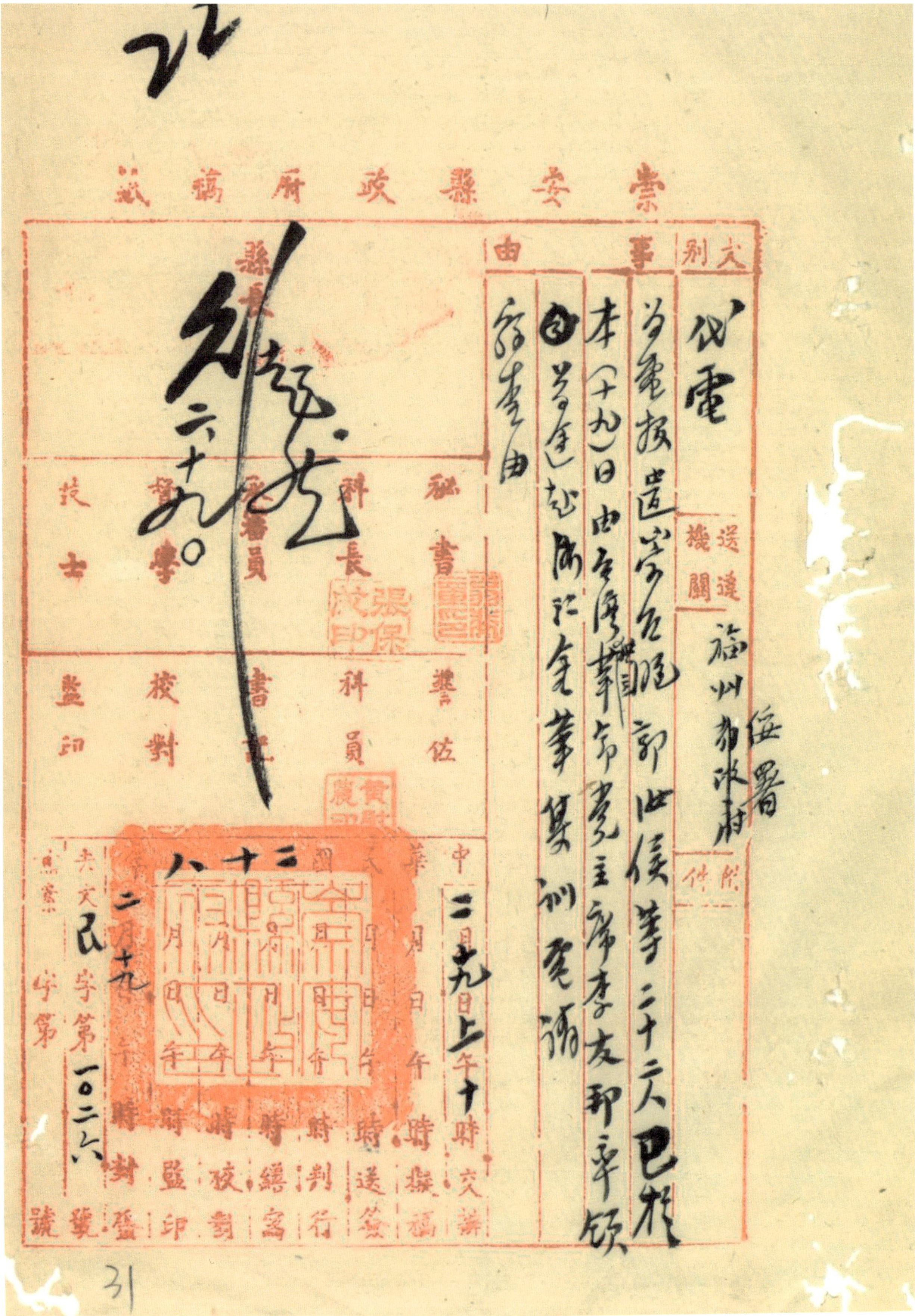
崇安縣政府稿紙

文別：代電

送達機關：福州綏靖公署

事由：為電報遣送台胞郭世侯等二十六人已於本（十九）日由台[illegible]主席李友邦率領赴浙江金華集訓電請鑒核由

縣長　秘書　科長　科員　擬稿　判行　送簽　繕寫　校對　監印　封發

中華民國二十八年二月十九日上午十時

代電民字第一〇二六號

崇安县政府关于李友邦率领台胞赴浙集训给驻闽绥靖公署的代电　　一九三九年二月十九日

批
选

福州保安处[illegible]陈[illegible]保甲[illegible]主任[illegible]
台胞郭世侯、庄[illegible]、[illegible]、萧周[illegible]
萧钟英、黄锡庆、庄滋岁、李国华、李焕栋
刘建业、王宏宁、郭荣泉、李雅谦、[illegible]
黄锡霖、谢子棠、黄焕然、萧由善、陈永禄
吴兴桂、郭棠仁、郑秉辉等二十六人，谨于
本（十九）日上午十时由台湾[illegible]抵[illegible]三五一[illegible]部
[illegible]李友邦[illegible]乘车[illegible]专
车前往赴浙江金华集训[illegible]
参加抗敌工作，对于民族大团结增加抗战力量意义深长，经于先一日开茶话
[illegible]
会竭诚招待，并于本（十九）日上午九时召集欢送大会热烈欢送，以资鼓
励。奉电前因，[illegible]外，理合将欢送情形并抄送同花名册一份，电
请鉴查。业务组组长[illegible]叩（ ）

32

20

留崇台胞赴金华集训花名册

姓名	性别	年龄	籍贯	备攷
郭汝廣	男	四一	台湾	
黄國瑞	〃	卅九	〃	
莊添智	〃	卅五	〃	
刘道荣	〃	卅三	〃	
李祥裕	〃	廿六	〃	
謝子振	〃	廿八		
陈永裕	〃	廿六		
吴雪花	女	廿四		

28

鄧東仁 男 卅9
花添和 〃 廿六
黃邦棠 〃 卅七
李國星 〃 四二
黃宏寧 〃 卅四
翁以義 〃 廿〇
曾健凝 〃 廿九
鄧東輝 〃 卅二
王宏宜 〃 一四
黃宏鯨 〃 一四

29

21

李恒福 男 一三

郭崑泉 〃 十一

黄锦灵 〃 十七

黄月华 女 十四

30

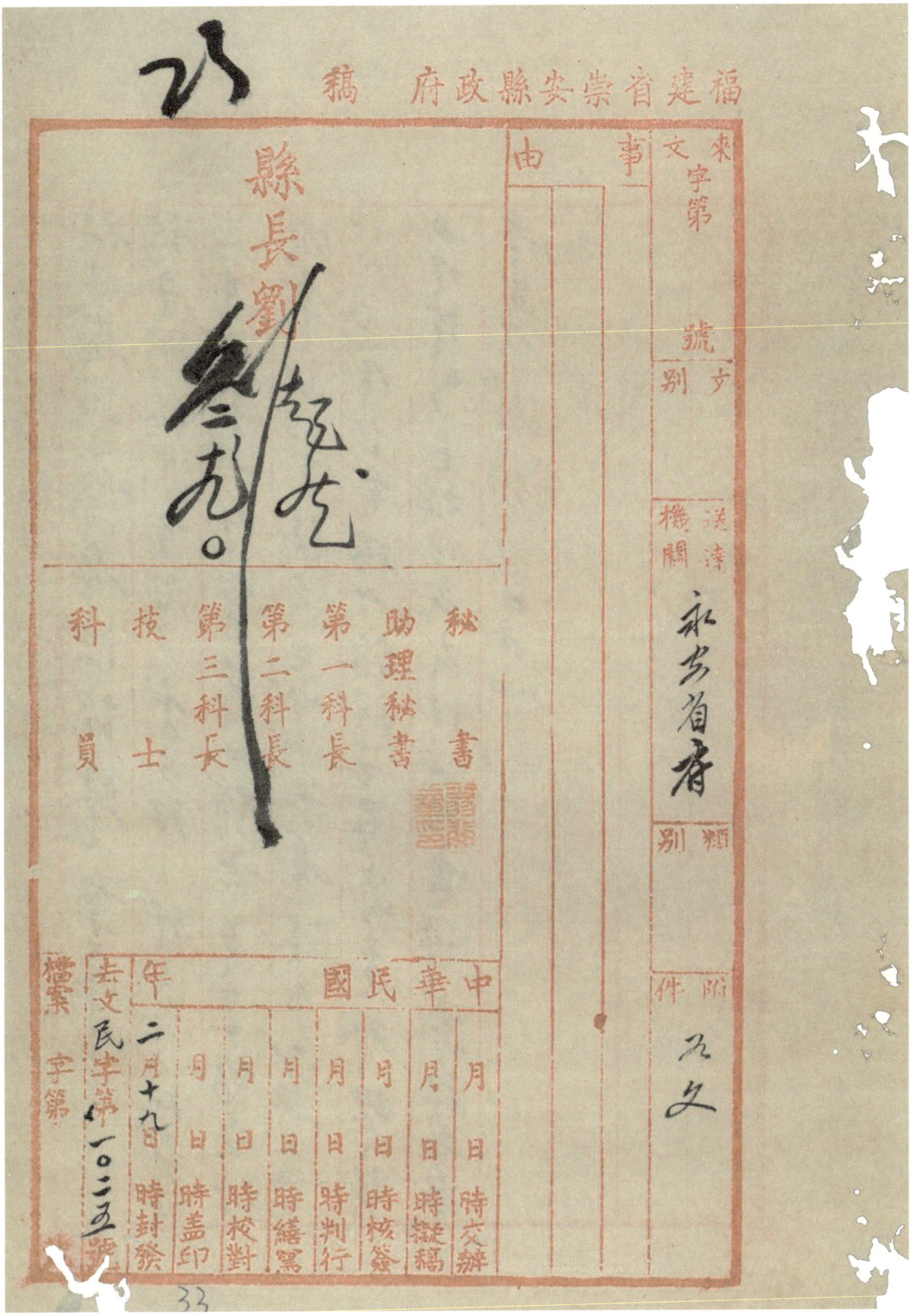

福建省崇安縣政府稿

縣長劉

來文字第 號

事由

送達機關 永安省府

類別

附件

秘書 助理秘書 第一科長 第二科長 第三科長 技士 科員

中華民國 年 月 日 時交辦 月 日 時擬稿 月 日 時核簽 月 日 時判行 月 日 時繕寫 月 日 時校對 月 日 時蓋印 二月十九日 時封發

去文民字第一〇二五號

檔案 字第

崇安县政府关于李友邦率领台胞赴浙集训情形给福建省政府的电(附:名册)

一九三九年二月十九日

福建省政府主席陈钧鉴：案奉
钧座删经甲电开「李友邦请求（云云）叙至护
送」等因奉此，经将当日胡电复李饬安说
（派员到崇接送）去案。兹奉准查询（四呈经算
代电拔）除分电福州绥靖公署查照外，理合将
办理情形并抄同原表[illegible]一併电请鉴核备案。
崇安县县长刘○○叩（ ）

34

留崇台胞赴金华集训花名册

姓名	性别	年龄	籍贯	备考
郭治庚	男	四一	台湾	
黄国瑞	〃	五九	〃	
庄添智	〃	廿五	〃	
刘道荣	〃	卅三	〃	
李祥裕	〃	廿六	〃	
谢子境	〃	廿八		
陈永裕	〃	廿六		
吴雪花	女	廿四		

28

鄭東仁 男 卅四

莊添和 〃 廿八

黄邦榮 〃 卅七

李國星 〃 四二

黄宏寧 〃 卅四

翁以義 〃 廿四

曾健嶽 〃 廿九

鄭東輝 〃 卅二

王宏宜 〃 一四

黄宏鯨 〃 一〇

29

21

李恒福 男 一三
郭岚泉 〃 十一
黄锦灵 〃 十七
黄月华 女 十四

30

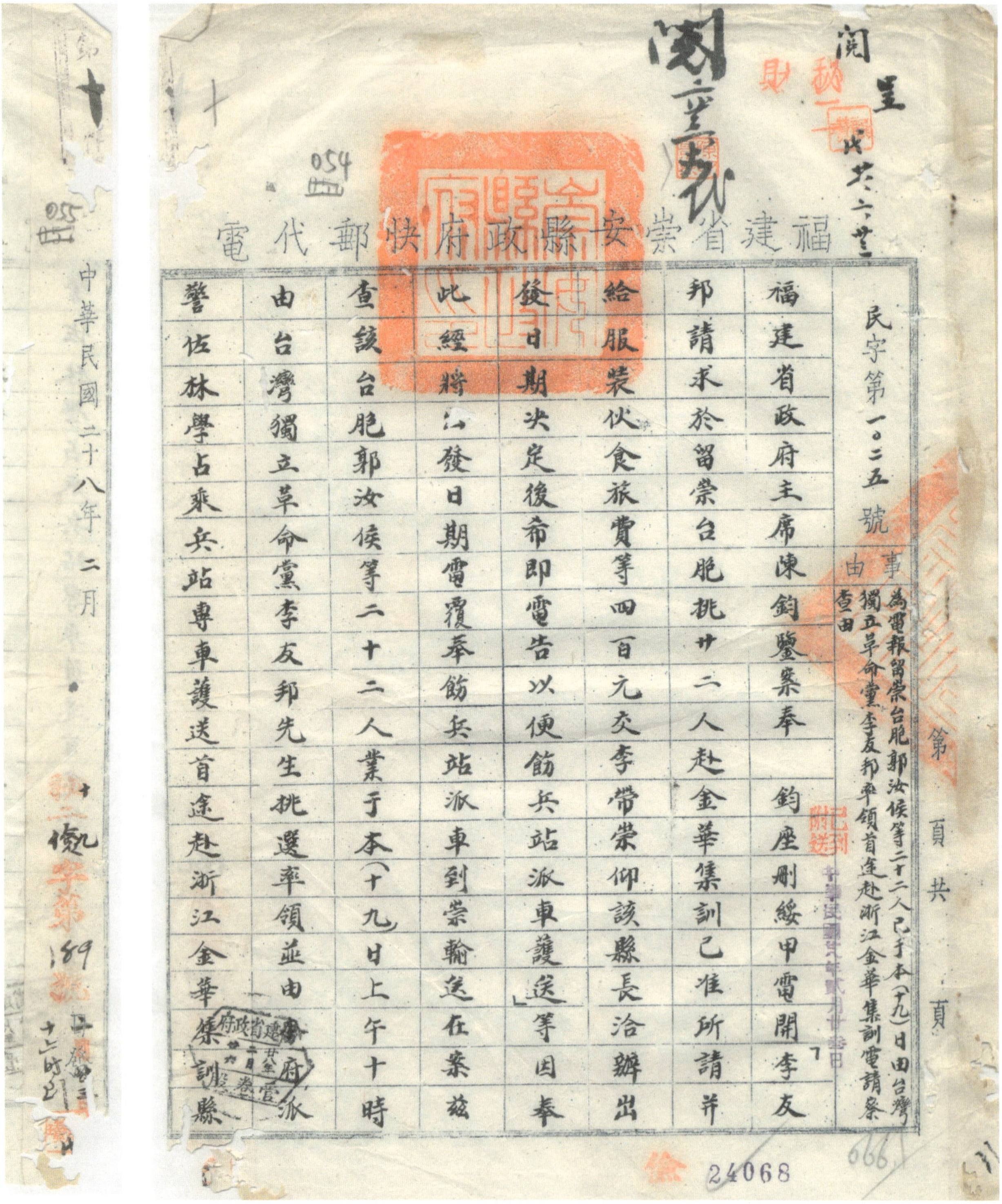
福建省崇安縣政府快郵代電

民字第一〇二五號

事由：為電報留崇台胞郭汝侯等二十二人已于本(十九)日由台灣獨立革命黨李友邦率領首途赴浙江金華集訓電請察查由

福建省政府主席陳鈞鑒：案奉鈞座刪綏甲電開：「李友邦請求於留崇台胞挑廿二人赴金華集訓，已准所請，并給服裝伙食旅費等四百元交李帶崇，仰該縣長洽辦，出發日期決定後希即電告，以便飭兵站派車護送」等因。奉此，經將出發日期電覆，奉飭兵站派車到崇輸送在案。茲查該台胞郭汝侯等二十二人業于本(十九)日上午十時由台灣獨立革命黨李友邦先生挑選率領，並由府派警佐林學占乘兵站專車護送，首途赴浙江金華集訓。縣

中華民國二十八年二月

24068

崇安县政府关于李友邦已于十九日率领留崇台胞郭汝侯等二十二人赴浙江金华集训给福建省政府的代电（附：名册）

一九三九年二月十九日

056

字第　號
事由

福建省崇安縣政府快郵代電

長以該台胞服膺祖國參加抗敵工作對于民族大團結增加抗戰力量意義深長經于先一日開茶話會竭誠招待並于本（十九）日上午九時召集歡送大會熱烈歡送以資勉勵奉電前因除分電福州綏靖公署察查外理合將辦理情形並抄同花名清冊一份電請察查備案崇安縣

縣長劉超然叩皓

劉超然印

057

中華民國二十　年　月　日發

第　頁　共　頁

府 七六 股

058

留崇台胞赴金華集訓花名清冊

金華縣政府印

059

留崇台胞赴金華集訓花名清冊

姓名	性別	年齡	籍貫	備考
郭汝侯	男	四一	台灣	
黄國瑞	男	三九	仝	
莊添智	男	二五	仝	
劉道榮	男	三三	仝	
李祥裕	男	二六	仝	
謝子培	男	二八	仝	
陳永裕	男	二六	仝	
吳雪花	女	二四	仝	

060

鄧東仁	男	三四	台灣
莊添和	男	三七	仝
黃邦榮	男	三七	仝
李国星	男	四二	仝
(王)黃宏寧	男	三〇	仝
翁以義	男	三〇	仝
曾健齡	男	三九	仝
鄧東輝	男	三二	仝
王宏宜	男	一四	仝
王宏鯨	男	一〇	仝

061

李恆福	男	一二	仝
郭崑泉	男	一一	仝
黄鍾靈	男	一〇	仝
黄月華	女	一四	仝
合計		二十名	

中華民國[illegible]十八年十一月[illegible]九日 崇安縣縣長劉超然 謹呈

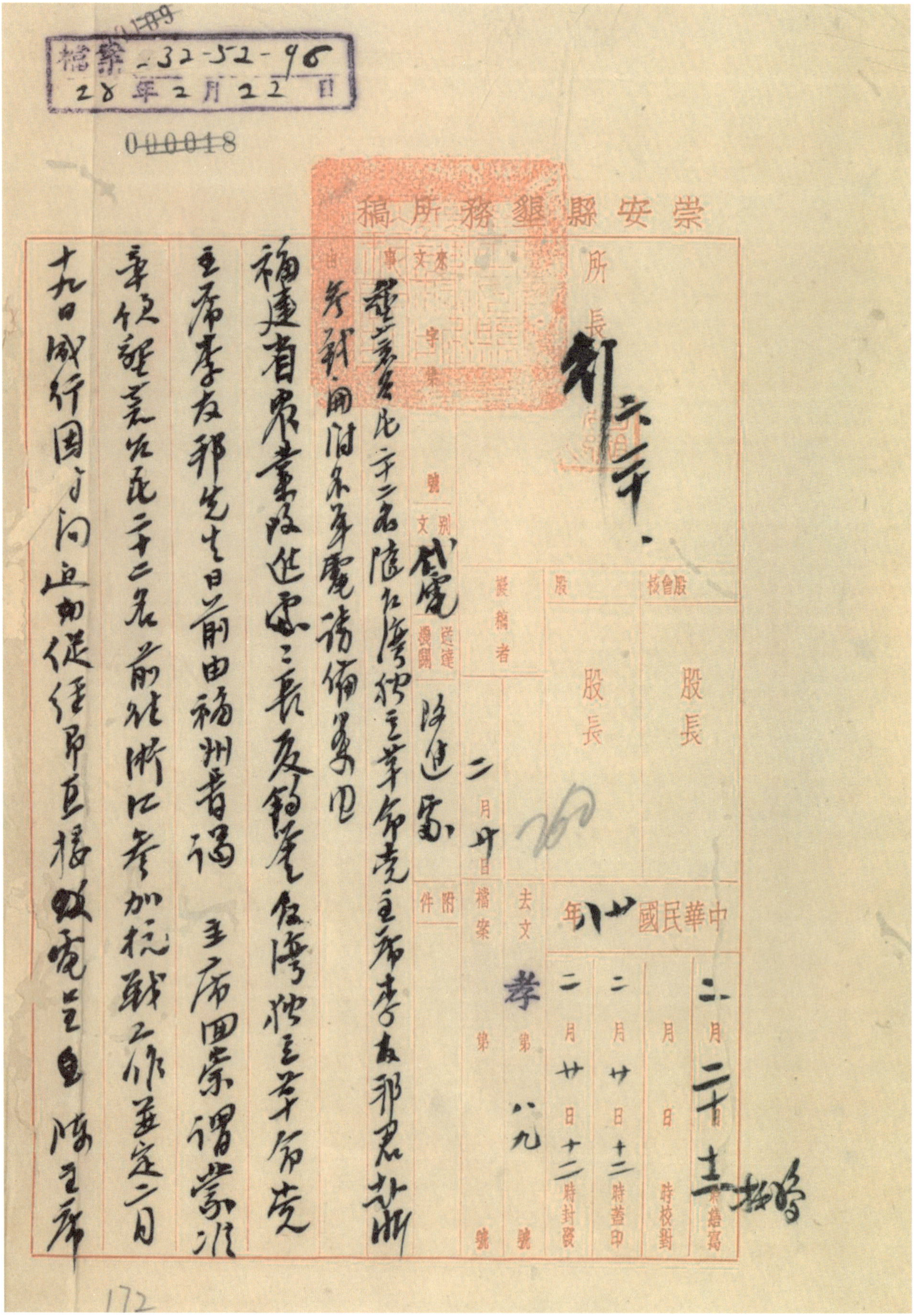

檔案 -32-52-96
28年2月22日
000018

崇安縣墾務所稿

所長 鄭六辛

事由：墾荒台民二十二名隨台灣抗日革命黨主席李友邦君赴浙參戰，開附名單電請備案由

文別：代電
送達機關：農改處

二月廿日

福建省農業改進處處長鈞鑒：台灣抗日革命黨主席李友邦先生日前由福州晉謁主席回崇，謂崇所辛任墾荒台民二十二名前往浙江參加抗戰工作，並定二月十九日成行。因事關行動，從經即直接效電呈請陳主席

中華民國廿八年
繕寫 二月二十日
校對 二月 日 時
蓋印 二月廿日十二時
封發 二月廿日十二時
去文 孝 第八九號
檔案 第 號

172

崇安县垦务所关于台民赴浙参加抗战情形给福建省农业改进处的代电　　一九三九年二月二十日

請示兩，奉覆電開：「巳虹」未九日函悉。奉侍密秘故

府蔣特派員請署電開：「巳虹」各等因，奉此。自應

照辦。為鼓勵台胞家族組團參加抗戰前線各種

工作，特於是日（本年九日）台胞在界舉行成立大會，所有辦理

經過情形理合檢附赴渝報到人員名單，電請鑒核備

案。轉呈軍委會政治部長何祖析卯加

173

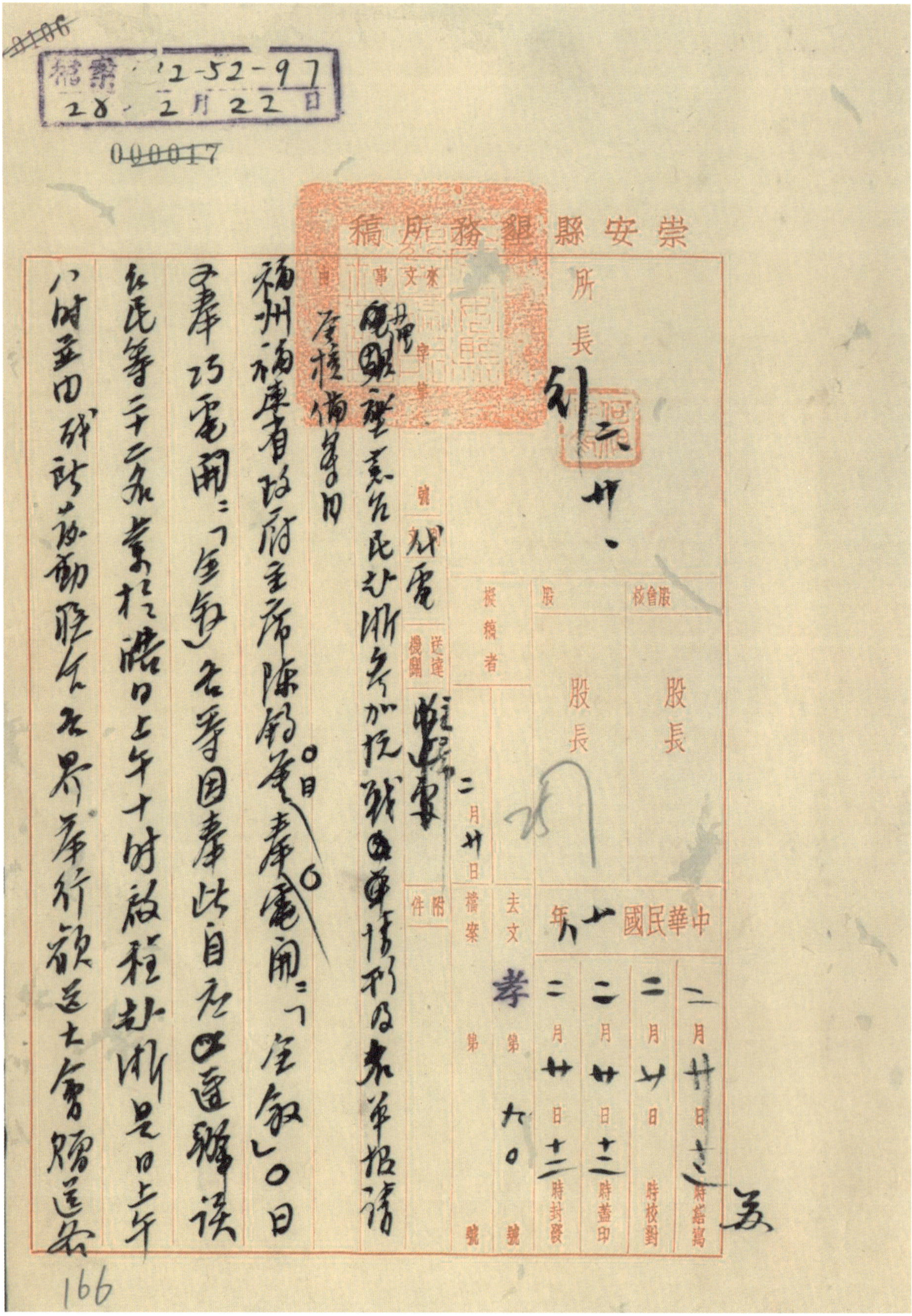

崇安县垦务所关于台民赴浙参加抗战情形给福建省政府的代电（附：台湾义勇队队员及家属姓名单）

一九三九年二月二十日

核撥

種物而以資鼓勵理合據同出征台民簽筆電請鑒

核備案崇安好謝各所長何祖梓叩諧

167

參加祖國抗戰臺灣義勇隊隊員及家族姓名單

王宏寧 別名 正東 父 王克明 逸容

母 林秋蓮

弟 王宏宜 仝 正南

弟 王宏容 正西

妹 王秦馨 嫒芳

黃邦榮 別名 授傑 妻 許淑娟

子 黃宏鯨 仝 國俊 子 黃宏輝

子 黃宏仁

女 黃紫霞

李國星 別名 玉麟 母 王 京

子 李恒福 妻 朱阿妹

子 李泉福

子 李加福

女 李秀鑾

弟 李國明

弟婦 孫玉英

「」姪 李秀錦

侄 李永華

侄李永宗

劉道榮別名新民　母林淑美
弟劉道生
女劉惠敏

李祥裕別名昇平　母羅王氏
弟羅新和

翁以義別名鵬飛　妻黄遷

子翁振元
子翁裕元
子翁崇元

曾健齡別名克成　妻陳甜
子曾啟章
子曾啟祥
子曾啟崇
女曾玉芳
女曾玉珠

169

谢子培 别名掙强 妻施美德

陳永裕 别名志成

妻 吳雪花 仝 麗霞

鄧東仁 别名東介 妻林美良

子鄧揚秋

子鄧曉鏡

女鄧全宜

女鄧彩霞

郭汝侯 别名士元 妻林淑惠

子郭崑泉 仝 輔義 子郭崑岳 别名 輔禮

子郭崑海 仝 輔智

女郭燕治

鄧東輝 别名東光 妻陳伴治

子鄧基碩

子鄧新穎

170

子 鄧高頌
○ 弟 莊添智 別名 德三 弟 莊添恩
女 鄧安然
○ 黃國瑞 別名 錫侯 妻 張約
○ 子 黃鐘靈 子 黃鐘亮
○ 女 黃月華 女 黃月娟
女 黃月仙
女 黃月端
○ 莊添和 別名 惠民 母 林鉗

171

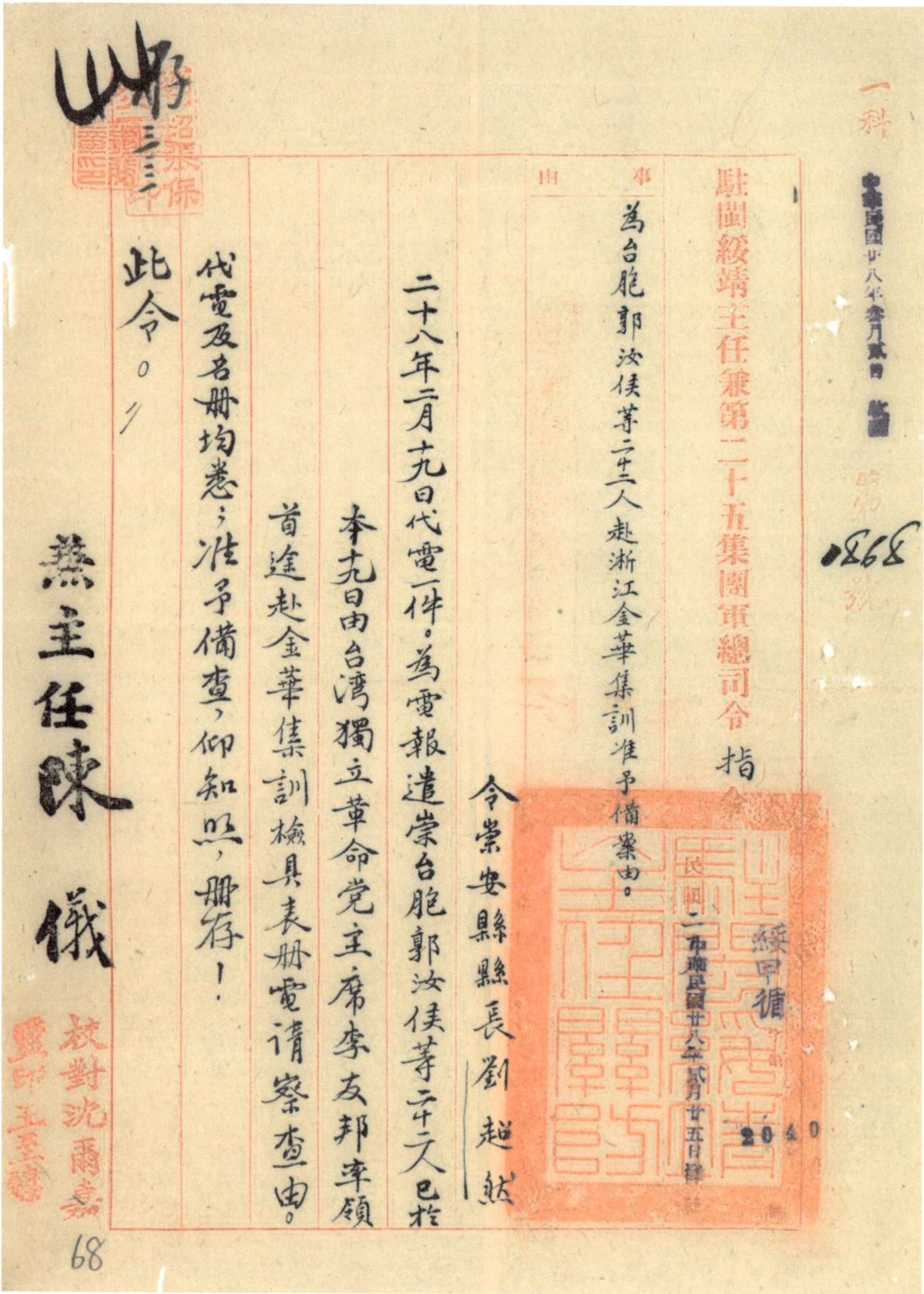

一科

中華民國廿八年叁月貳日

1868

駐閩綏靖主任兼第二十五集團軍總司令 指令

事由：為台胞郭汝侯等二十三人赴浙江金華集訓准予備案由。

令崇安縣縣長劉超然

二十八年二月十九日代電一件。為電報遣崇台胞郭汝侯等二十二人已於本九日由台灣獨立革命党主席李友邦率領首途赴金華集訓，檢具表冊電請察查由。

代電及名冊均悉。准予備查，仰知照，冊存！

此令。

主任陳儀

校對沈爾嘉

綏甲循

中華民國廿八年貳月廿五日

2040

68

驻闽绥靖主任兼第二十五集团军总司令关于郭汝侯等赴浙集训准予备案给崇安县政府的指令

一九三九年二月二十五日

收文義字第一九五號

字號	來文機關	崇安縣政府（第一科）
	類別	函
	事由	函請造送墾荒台民名冊
	附件	

中華民國廿八年貳月廿八日收到

擬辦	批辦	備考
	交江股員速办 二.六	

崇安县政府关于请造送垦荒台民名册给崇安县垦务所的函　　一九三九年二月二十八日

疑義台民名冊式

姓名 性別 年齡 原有職業 有無資產 現在情況 備考

潛逃前方台民名冊式同

4

案因前賑濟會函查崇安台民實際情形，關于星義部分隨同赴前方兩種，務請貴所造送名冊各二份來府彙轉為荷。此致

墾務所

第一科 啓

崇安縣政府第一科章

[illegible]廿日

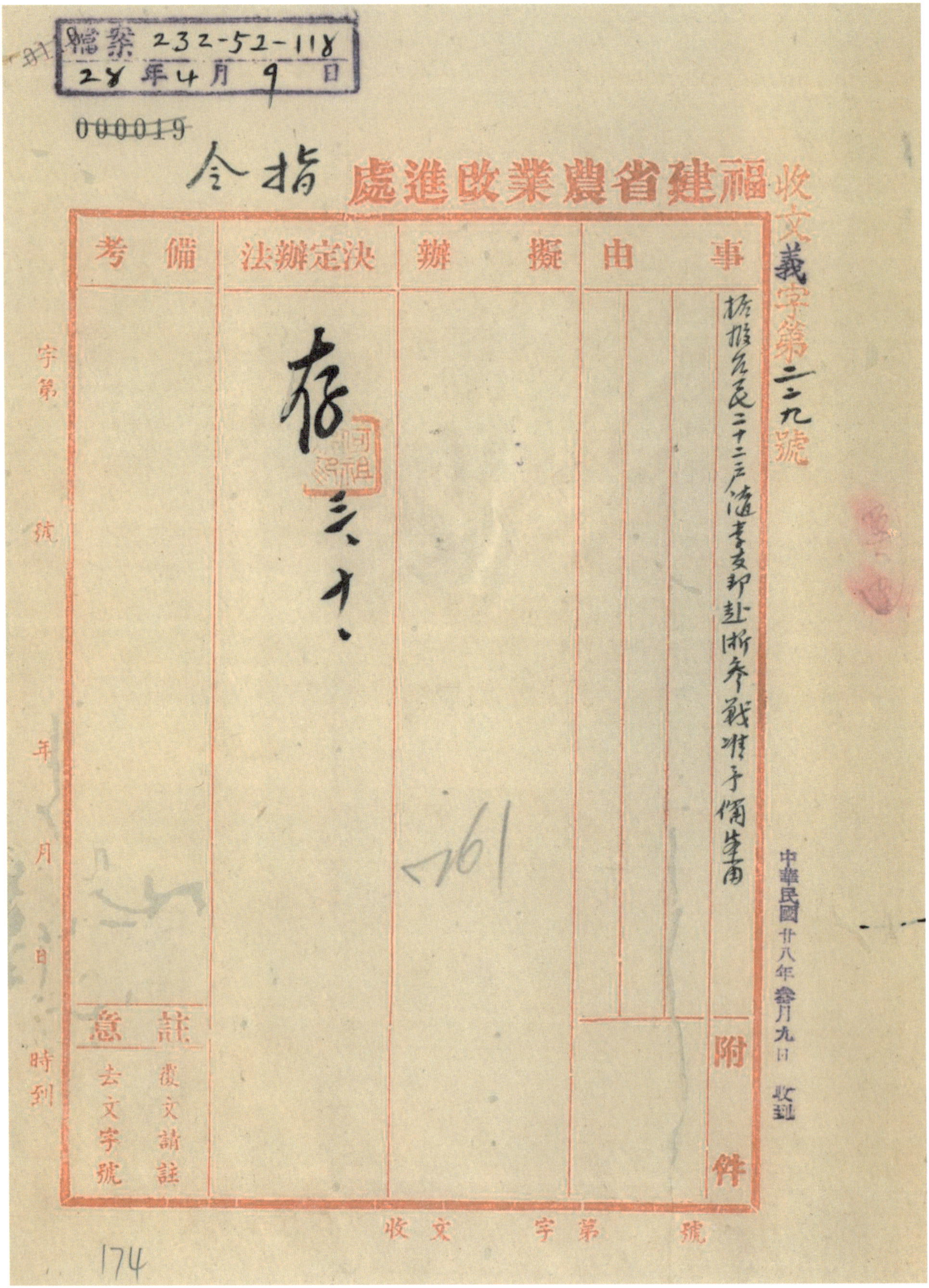
檔案 232-52-118
28 年 4 月 9 日
000019

福建省農業改進處 指令

收文義字第二二九號

事由	擬辦	決定辦法	備考
据报台民二十二户随李友邦赴浙参战准予備案		存 三、十、	

附件

中華民國廿八年叁月九日收到

註意：覆文請註去文字號

收文 字第 號

174

福建省农业改进处关于垦荒台民赴浙参战准予备案给崇安县垦务所的指令

一九三九年三月一日

福建省農業改進處指令

字第　　號

覆文請錄左列字號
歲寅東處農丙115號

令崇安縣墾務所

代電一件報墾荒台民二十二名遵台灣獨立革命黨主席李

友邦赴浙參戰開附名單電請備案由

代電及名單均悉准予備案件存

此令

175

中華民國二十八年三月一日

處長 夏 □□

校對 李心潤

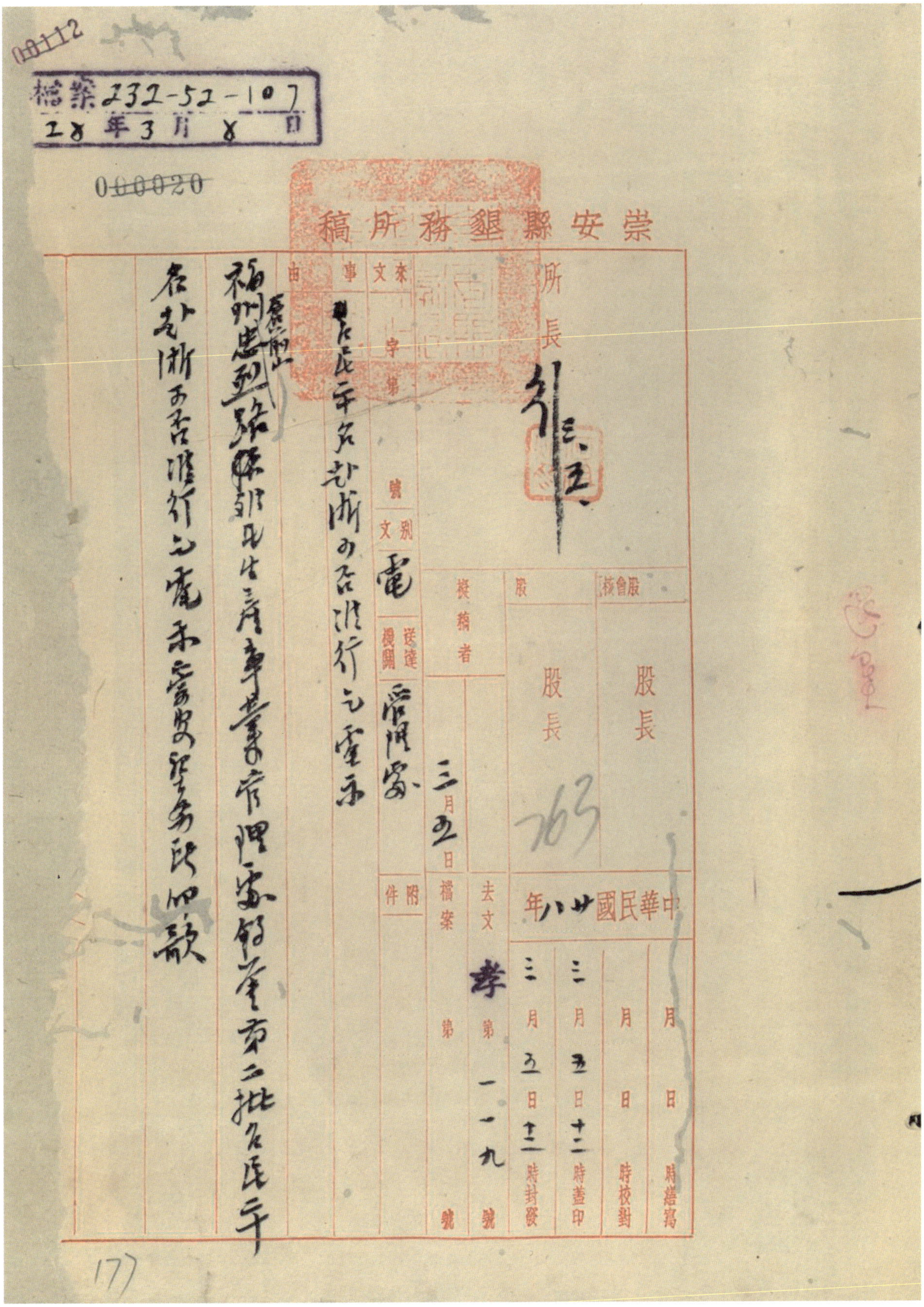

崇安县垦务所关于第二批台民可否赴浙给福建省振济会难民生产事业管理处的电

一九三九年三月五日

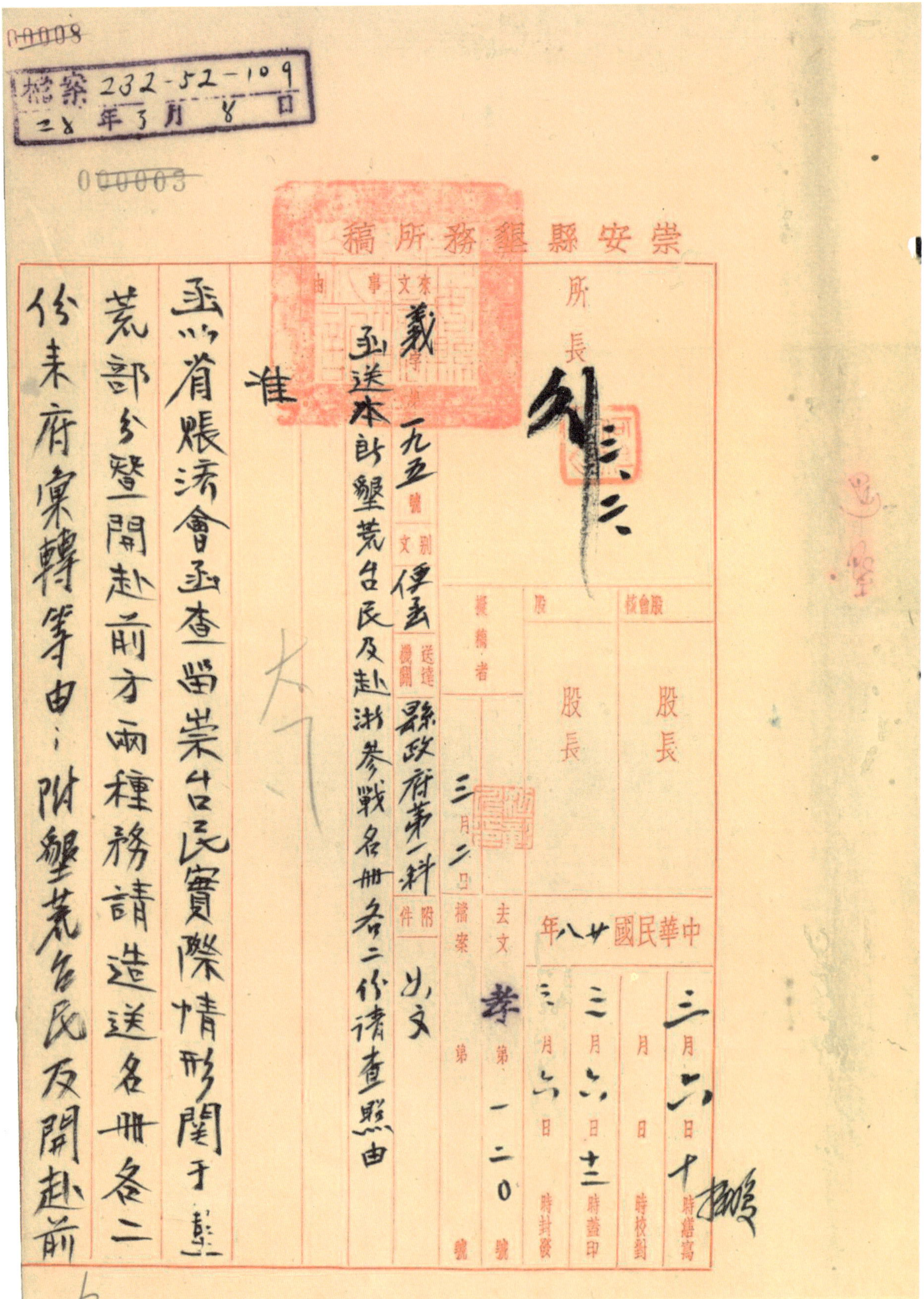
檔案 232-52-109
二八年三月八日

崇安縣墾務所稿

所長 （簽名） 三、六

來文 義字第一九五號
文別 便函
送達機關 縣政府第一科
附件 如文
事由 函送本所墾荒台民及赴浙參戰名冊各二份請查照由

中華民國廿八年 三月六日十時繕寫 三月六日十二時蓋印 月日時校對 三月六日時封發

去文 孝字第一二〇號

准
函以省賑濟會函查留崇台民實際情形，關于墾荒部分暨開赴前方兩種務請造送名冊各二份來府，以憑彙轉等由；附墾荒台民及開赴前

崇安县垦务所关于造送垦荒台民及赴浙参战名册给崇安县政府第一科的函

一九三九年三月六日

方名册式一张准此，业将分别编造垦荒台民名册及垦荒台民赴淞参战名册各二份函送查照为荷此致

崇安县政府第一科

附本队垦荒台民及赴淞参战名册各二份

（队戳）

崇安縣墾務所墾荒台民赴淅參戰名冊

姓名	性別	年齡	原有職業	有無資產	現在情況	備考
黃國瑞	男	三九	醫	無	二十八年二月十九日由[illegible]台灣獨立第[illegible]大隊[illegible]赴淅[illegible] 眷屬五人留崇 李錦	
鄧東輝	男	三二	醫	無	[illegible] 眷屬五人留崇	
鄧東仁	男	三四	醫	無	[illegible] 眷屬五人留崇	
郭汝侯	男	四〇	醫	無	[illegible] 眷屬四人留崇	
陳永裕	男	二六	醫	無		
吳雪花	女	二四	無	無	[illegible]	陳永裕之妻
李國星	男	四二	醫	無	眷屬四人留崇	
李祥裕	男	二六	工	無	眷屬二人留崇	

崇安縣墾務所

民国二十八年

8

謝子培	男	二八	醫	無	妻一人留台	
曾健齡	男	三九	醫	無	眷屬六人留台	
翁兆義	男	三〇	醫	無	眷屬四人留台	
劉道榮	男	三三	醫	無	家屬二人留台	
莊添和	男	三七	醫	無	家屬二人留台	莊添智之兄
莊添智	男	二五	學	無	仝上	莊添和之弟
黃邦榮	男	三七	醫	無	眷屬四人留台	
王宏寧	男	三〇	醫	無	家屬四人留台	
王宏宜	男	一四	學	無	仝上	王宏寧之弟
黃宏鯨	男	一〇	學	無	家屬四人留台	黃邦榮之子

9

00010

李恆福	男	一二	學	無	家屬四人當業	李同寶之子
郭崑泉	男	一一	學	無	家屬四人當業	郭汝俵之子
黃月華	女	一五	學	無	家屬五人當業	黃同瑞之女
黃鍾璽	男	九	學	無	家屬五人當業	黃同瑞之子
合計		二五人				

0011

崇安縣墾務所墾荒台民名冊

姓名	性别	年齡	原有職業	有無資產	現在情況	備考
邱依嫩	男	四三	工	無	墾荒	
邱榮輝	男	一九	學	無	墾荒	
曾敬信	男	二五	工	無	墾荒	
曾林氏	女	五五	無	無		
楊柳葉	男	三二	商	無	墾荒	
王淑英	女	二三	無	無	在北门戰时民校讀書	
楊德華	男	四	無	無		
趙中虔	男	四九	工	無	墾荒	

民国二十八年

大10

吳阿天	男	三	七	醫	無	墾荒	
潘曲蹄	男	三	六	裁衣	無	墾荒	
楊天福	男	二	五	裁衣	無	墾荒	
林長松	男	一	七	學	無	墾荒	
林王氏	女	四	七	無	無		
林長梅	男	一	二	學	無		在崇安中心小学读书
郭楊氏	女	三	九	無	無		
郭三俤	男		七	無	無		在北门战特民校读书
林王氏	女	四	一	無	無		
林長鑫	男	一	一	無	無		在北门战时民校读书

崇安縣墾務所

12

林金俤	女	六	無	無	在北门戰时民校讀書
周阿勃	男	五〇	製蚊香	無	現年老未能工作
周黄氏	女	四八	無	無	
周金石	男	二四	學	無	墾荒
蔡玉官	男	四八	打銅	無	墾荒
陳喜	男	六〇	裁衣	無	現年老未能工作
魏鏡濤	男	三四	厨工	無	墾荒
李唐氏	女	五六	無	無	
許蕭氏	女	三六	無	無	
林金俤	男	三一	厨工	無	墾荒

13

陳依清	男	三三	工	無	墾荒
方二傑	男	五六	製木履	無	現年老未能工作
劉德炳	男	六五	商	無	現年老未能工作
劉蔣氏	女	四四	無	無	
劉基基	男	一六	學	無	墾荒
高小鳳	女	四五	無	無	
高聰明	男	一三	學	無	在北门戰时民校讀书
高木生	男	九	学	無	仝上
陳方氏	女	六八	無	無	
陳林氏	女	二五	無	無	在北门戰时民校婦女班讀书

崇安縣墾務所

14

~~9913~~

陳木蘭	女	七	學	無	在北门战时民校妇女班读书
陳寶蘭	女	五	無	無	
陳崇孔	男	二	無	年	
林森官	男	三二	商	無	患肺病未能整之
林曹氏	女	五八	無	無	
林黄氏	女	二六	無	無	在北门战时民校妇女班读书
林啟章	男	一六	學	無	在北门战时民校成人班读书
林金媄	女	六	無	無	在北门战时民校少年班读书
林銀媄	女	四	無	無	
林陳氏	女	三〇	無	無	

15

林秀容	女	七	無	無	在北门戰时民校兒童班読书
傅大春	男	三二	工	無	墾荒
傅鄭氏	女	二七	無	無	
劉依俤	男	四八	商	無	墾荒
鄒伯齊	男	一九	學	無	墾荒
鄒陳氏	女	四八	無	無	
鄒張氏	女	二四	無	無	在北门戰时民校婦女班読书
王乞食	男	四七	無	無	廢疾未能墾荒
王依磨	男	一九	無	無	墾荒
王國民	男	一四	無	無	在北门戰时民校読书

崇安縣墾務所

16

陳細細俤	男	三二	木	無	墾荒
郭炎炎	男	三二	商	無	墾荒
林細俤	男	三七	木	無	墾荒
陳約翰	男	三三	商	無	墾荒
張赤白	女	三九	無	無	
吳阿生	男	四一	商	無	墾荒
王克明	男	五二	教員	無	年老未能作
林秋蓮	女	三九	無	無	
王宏寧	男	三〇	醫	無	墾荒
王宏容	男	二七	醫	無	墾荒

崇安縣墾務所

王宏宜	男	一四	學	無	~~在崇安縣立…中學~~ 赴浙
王素馨	女	一〇	無	無	仝上
黄邦榮	男	三七	醫	無	~~墾荒~~ 赴浙
許淑娟	女	三〇	無	無	
黄宏鯨	男	一〇	學	無	~~在崇安…校讀書~~ 赴浙
黄宏輝	男	八	學	無	仝上
黄宏仁	男	五	無	無	
黄紫霞	女	二	無	無	
李國明	男	三四	齒科	無	墾荒
王京	女	六八	無	無	

孫玉英	女	二五	無	無	在北门戦时民校婦女班讀书
李錦秀	女	六	無	無	在北门戦时民校家事班讀书
李永華	男	四	無	無	
李永崇	男	二	無	無	
丁玉興	男	三七	商	無	墾荒
陳木耳	女	三三	無	無	
林聖三	男	三四	醫	無	墾荒
蘇秀美	女	二九	醫	無	在北门戦时民校婦女班讀书
林積安	男	八	学	無	在北门戦时民校家事班讀书
林積天	男	六	学	無	仝上
林淑慧	女	三	無	無	
林熏	男	五六	無	無	年老未能工作
黄邦顕	男	二八	醫	無	墾荒
蘇蕋	女	四六	無	無	
張淑英	女	二六	無	無	在北门戦时民校讀书
黄慧鳳	女	四	無	無	
王詩搢	男	四九	商	無	墾荒
邱算	女	四八	無	無	
王宣女	女	一二	学	無	在北门戦时民校家事班讀书
王禮洋	男	一〇	学	無	仝上

崇安縣墾務所

蔡尤職	男	四	三	教員	無	墾荒	
顏鬆	女	三	五	無	無		
蔡穫	男	一	六	學	無	墾荒	
蔡瓏	男		三	無	無		
蔡秀琴	女		六	無	無		
李瑞成	男	二	一	學	無	墾荒	台灣台北樟腦專賣局職員二年
林明珠	女	四	三	無	無		
李來春	女		三	無	無		
蔡長世	男	三	四	農	無	墾荒	
周菜	女	三	二	無	無		

大15

崇安縣警務所

20

（〇）

崇安縣墾務所

蔡錦	女	三	無	無	
王詩生	男	二八	商	無	墾荒
蔡長帆	男	二二	農	無	墾荒
謝氏	女	五四	無	無	
蔡長京	男	一八	農	無	墾荒
李學延	男	三一	工	無	墾荒
李潘氏	女	五一	無	無	
楊熊	男	五一	商	無	以年老未能工作
楊游氏	女	五二	無	無	
楊樹森	女	二6	無	無	在北门战时炙杀 讀小

21

楊建築	男	四	無	無		
莊添和	男	三七	醫	無	~~赴臺灣~~	
林鉗氏	女	五八	無	無		
莊添恩	男	二七	醫	無	留臺灣	台灣旗山大龜里裂腦會社調查員三年
莊添智	男	二五	學	無	~~赴臺灣~~	台灣旗山大龜里裂腦會社調查員三年加工部一年六個月
曾慧英	女	三九	醫	無		
劉榮春	男	三四	醫	無	留臺灣	
莊謹慎	女	二五	無	無		
劉燕秋	女	六	無	無	在北門戰時民校兒童班讀書	
劉燕玉	女	二	無	無		

崇安縣墾務所

22

白泉	男	二	四	軍	無	墾荒
白雅	男	六	〇	商	無	年老未能工作
呂氏	女	五	八	無	無	
白萬福	男	一	六	無	無	在北门战时及務婦女班讀本
白來于	女	二	二	無	無	墾荒
廖向章	男	四	九	醫	無	年老未能工作
廖林氏	女	四	〇	無	無	
廖金娥	女	一	六	無	無	
廖月英	女	一	二	無	無	在北门战时及務讀本
劉道榮	男	三	三	醫	無	經[illegible]業

23

~~00018~~

林淑英	女	五二	醫	無	
劉道生	男	二七	看護	無	墾荒
劉惠敏	女	七	無	無	在北门戰時民校兒童班讀書
翁以義	男	三〇	中醫	無	~~墾荒~~ 赴浙
黃遷	女	二八	無	無	
翁振之	男	五	無	無	
翁裕之	男	四	無	無	
翁崇之	男	二	無	無	
孫旦	女	六九	無	無	
陳蛤	女	四四	無	無	

24

曾健齡	男	三九	齒科	無	墾荒
陳甜	女	三五	無	無	赴浙
曾啟章	男	一〇	學	無	在北门战时民校儿童班读书
曾啟祥	男	六	無	無	
曾啟崇	男	一	無	無	
曾玉芳	女	一三	學	無	在北门战时民校儿童班读书
曾玉珠	女	八	學	無	仝上
蔡雨傳	男	三一	醫	無	墾荒
翁㮾	女	二九	無	無	
翁攀鰲	男	六	無	無	

崇安縣墾務所

25

~~C0019~~

蔡康維	男	二	無	無	
蔡佩琮	女	四	無	無	
王添寿	男	二一	工	無	墾荒
王者仝	男	六一	中醫	無	年老未能工作
王詩咸	男	五〇	無	無	年老未能工作
張綢	女	四六	無	無	
王禮和	男	一八	無	無	墾荒
施阿寶	女	五一	無	無	
王石金	女	一七	無	無	在北门戰時民校婦女班讀書
陳玉	女	二九	無	無	
陳存亦	男	三	無	無	
謝子培	男	二八	醫	無	赴墾 返荒
施美德	女	二三	無	無	在北门戰時民校婦女班讀書
吳木鐸	男	四九	醫	無	墾荒
陳振義	男	三四	醫	無	墾荒
魏順氏	女	六四	無	無	
顏彩卿	女	二六	醫	無	在北门戰時民校婦女班讀書
陳振明	男	三一	看護	無	墾荒
陳志堅	男	六	無	無	
陳水月	女	九	學	無	在北門戰時民校兒童班讀書

崇安縣墾務所

文18

26

C0020

陳水華	女	八	学	無	在北门戦時民校兒童班讀書、	
陳勸治	女	一六	学	無	在北門戦時民校兒童班讀書	
蔡英	女	二九	無	無		
陳水琴	女	七	無	無	在北门戦時民校讀書	
紀出	女	四〇	無	無		
王朝業	男	一〇	学	無	在北門戦時民校兒童班讀書	
李祥裕	男	二六	工	無	~~墾荒~~ 趕洪	自幼跟從父親在台灣竹東經營腦寮。
羅王氏	女	五三	無	無		
羅新和	男	二五	工	無	墾荒	自幼跟從父親在台灣竹東經營腦寮。
黃泉清	男	二七	農	無	墾荒	

大10

27

崇安縣墾務所

張碧丰	男	二九	農	無	墾農
林央氏	女	七六	無	無	
李國星	男	四二	鹽料	無	墾農 赴浙
李阿妹	女	三〇	無	無	
李恒福	男	一二	學	無	在崇安農小肄業赴浙
李金福	男	一〇	學	無	仝上
李加福	男	八	學	無	仝上
李秀鸞	女	五	無	無	
朱註	女	五七	無	無	
黃八漢岳	男	二七	醫	無	墾農

28

黄啟明	男	六	一	無	無	年老未能工作
吴文敏	女	二	八	無	無	在北門戰時民校婦女班讀書
黄國泰	男		三	無	無	
黄玉燕	女		四	無	無	
高算	女	五	三	無	無	
周月英	女	二	二	無	無	在北門戰時民校讀書
蔡孔雀	女		二	無	無	
陳永裕	男	二	六	醫	無	赴[illegible] [illegible]漢
吴雪花	女	二	四	無	無	赴漢
林金寶	女	二	一	無	無	在北門戰時民校婦女班讀書

[illegible]縣政府

20

29

盧德祥	男	五五	商	無	年老未能工作
黄麩	女	三九	無	無	
盧为平	男	八	学	無	在北门战時民校兒童班讀书
盧招治	女	一一	学	無	仝上
盧秀月	女	文	学	無	仝上
盧為榮	男	一六	無	無	墾荒
何癸紅	女	二三	無	無	在北門戰時民校婦女班讀书
李淦水	男	四六	農	無	墾荒
鄭盧氏	女	四〇	無	無	
朱煬福	男	四七	農	無	墾荒

30

00022

連李氏	女	四三	無	無	
郭源	男	三二	商	無	墾荒
林趙氏	女	二五	無	無	在北门村村民校婦女班讀書
林寶〻	女	四	無	無	
林依嫩	女	三	無	無	
李世良	男	一八	学	無	墾荒
李林氏	女	三六	無	無	
張吓明	男	六七	商	無	年老未能工作
鄭進	女	五五	無	無	
曾華良	男	一一	無	無	廢疾

31

曾雅華	女		五	無	無		
朱春海	男	三	二	工	無	墾荒	日本名古屋中央化学研究所分析部服務三年
程德生	男	三	七	醫	無	墾荒	
石[illegible]浩	女	二	九	無	無		
程淑勤	女		一	無	無		
曾子爐	男	三	〇	醫	無	墾荒	
曾溪水	男	二	二	醫	無	墾荒	
曾炳達	男	二	〇	工	無	墾荒	
林飛賀	男	二	七	看護	無	墾荒	
鄭秉仁	男	三	四	醫	無	[illegible]	

崇安縣墾

00023

林美良	女	三	三	無	無	
鄧揚秋	男		八	学	無	在北門戰時民校由[illegible]讀去
鄧曉鏡	男		六	学	無	仝上
鄧金宜	女		四	無	無	
鄧彩霞	女		三	無	無	
郭汝候	男	四	〇	醫	無	離業赴滬
林淑惠	女	三	八	無	無	
郭崑泉	男	一	一	学	無	~~[illegible]~~ 讀書、赴滬
郭崑岳	男		八	学	無	仝上 [illegible] 後去
郭崑海	男		六	学	無	仝上

33

郭燕治	女	一	四	學	無	仝上
鄧秉輝	男	三	二	醫	無	墾業 趙洲
陳伴治	女	三	〇	無	無	
鄧基碩	男		八	學	無	在北門戰時民校兒童班讀書
鄧新穎	男		六	學	無	仝上
鄧高頌	男		四	無	無	
鄧安然	女		一	無	無	
陳光復	男	三	六	醫	無	墾荒
周碧霞	女	二	九	無	無	
吳百福	男	三	七	醫	無	墾荒

崇安縣[illegible]

34

吳文清	男	五	八	醫	無	年老未能工作
陳芋	女	五	七	無	無	
朱金榮	女	三	六	無	無	
吳洪煥	男	一	二	学	無	在北門戰時民校兒童班讀書
吳洪熙	男		九	学	無	仝上
吳芳鏡	男		六	学	無	仝上
吳芳烟	男		四	無	無	
吳秀琴	女	一	四	学	無	在崇安中心小学讀書
謝駿声	男	四	九	醫	無	飼養耕牛
王秀合	女	四	九	無	無	
謝雪華	女	二	一	無	無	在北門戰時民校婦女班讀書
謝松溪	男	一	九	学	無	墾荒
楊光琳	男	三	四	醫	無	墾荒
李氏批	女	六	〇	無	無	
楊玉標	女	一	五	学	無	在北門戰時民校讀書
葉逢春	男	四	四	醫	無	墾荒
劉氏森	女	二	九	無	無	
葉勝陞	男	一	三	学	無	在崇安中心小学讀書
葉秀子	女		九	学	無	仝上
黃國瑞	男	三	九	醫	無	[illegible]

◎ 崇安縣墾務所

35

張約	女	三二	產科	無	
黃鍾靈	男	九	學	無	在北门战时民校读书 赴浙
黃鍾亮	男	五	無	無	
黃月華	女	一五	学	無	在崇安中学七年级读书 赴浙
黃月娟	女	一〇	学	無	在崇安中心小学读书
黃月仙	女	七	学	無	仝上
黃月端	女	三	無	無	
王仲甫	男	三六	醫	無	墾荒
王思蓀	男	七	學	無	在北门战时民校读书
王麗華	女	一〇	学	無	仝上

崇安縣墾務所

大24

36

崇安縣墾務所

石崑玉	男	三六	藝科	無	墾荒
蔡清臺	女	三二	無	無	
石米來	女	七	無	無	
謝水	男	一八	裁衣	無	墾荒
合計		二九二人			

37

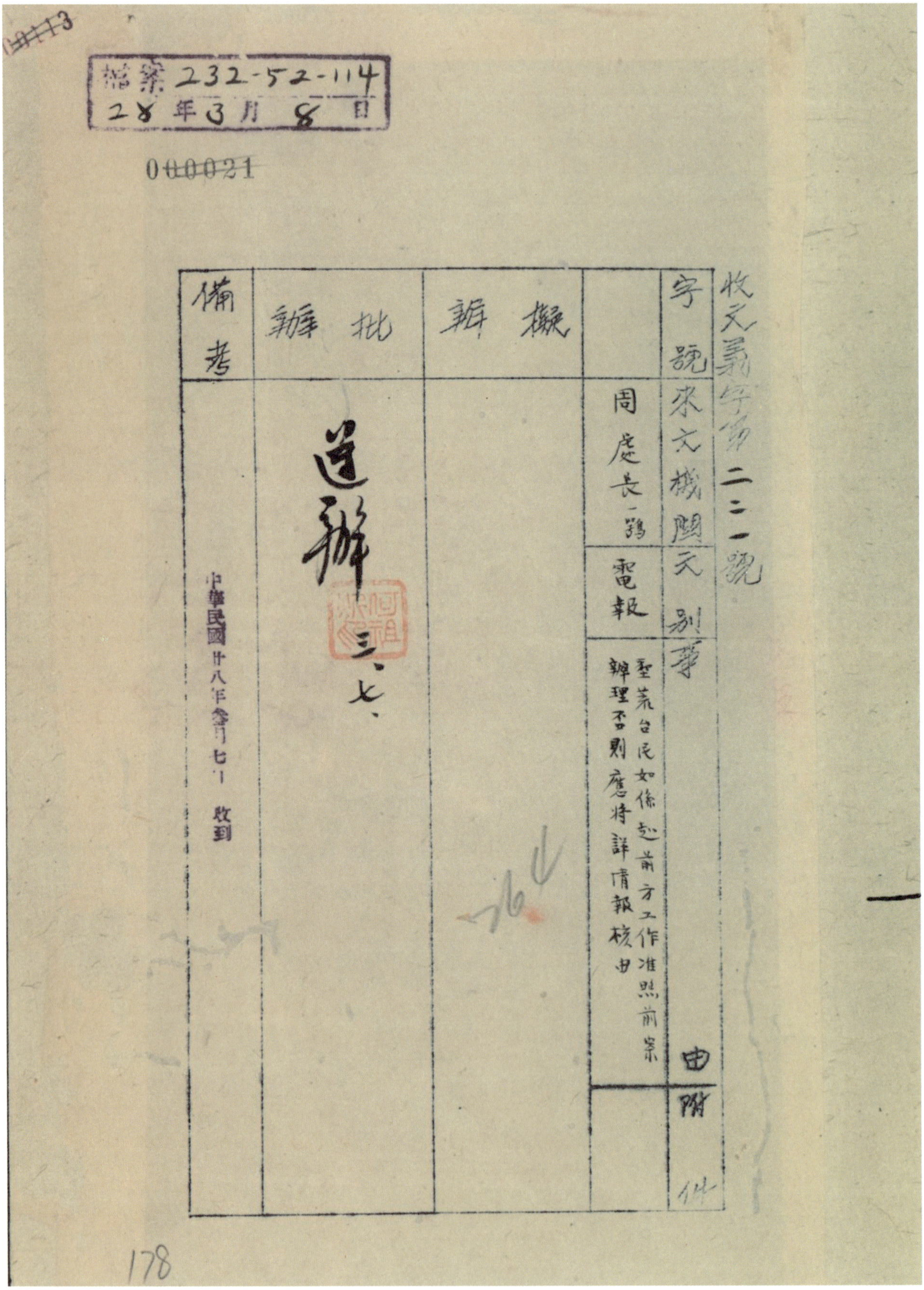
檔案 232-52-114
28年3月8日
000021

收文氣字第二三一號

字號	來文機關	文別	事由	附件	擬辦	批辦	備考
	同處長一鶚	電報	墾荒台民如係赴前方工作准照前案辦理否則應將詳情報核由			道辦 三、七、	中華民國廿八年叁月七日收到

178

福建省振济会难民生产事业管理处关于台民赴浙可照前案处理给崇安县垦务所的电

一九三九年三月六日

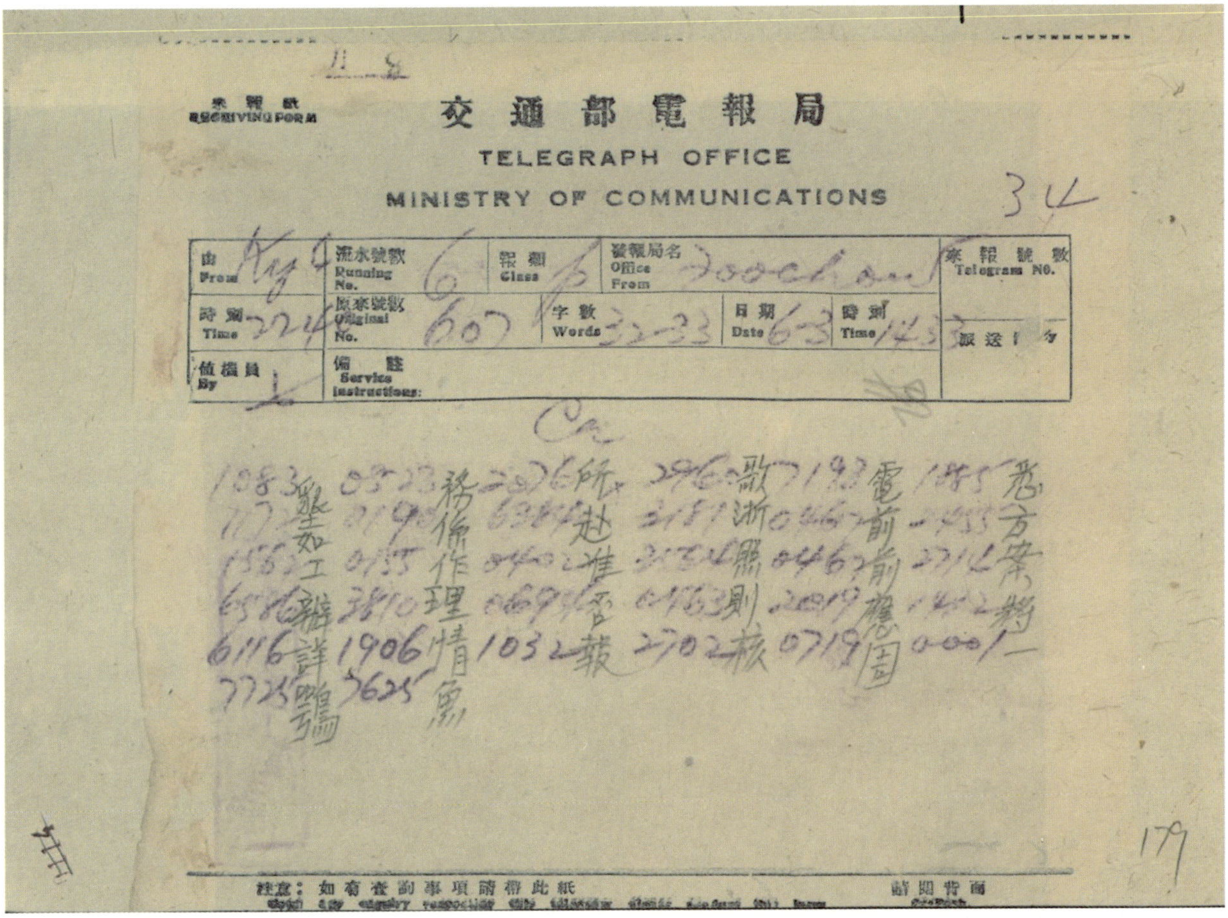

來報紙
RECEIVING FORM

交通部電報局
TELEGRAPH OFFICE
MINISTRY OF COMMUNICATIONS

34

由 From	流水號數 Running No. 6	報類 Class	發報局名 Office From Foochow	來報號數 Telegram No.
時刻 Time 2246	原來號數 Original No. 607	字數 Words 32-33	日期 Date 6-3	時刻 Time 1433
值機員 By	備註 Service instructions:			派送　時　分

注意：如有查詢事項請帶此紙　　時間背面
Note: any enquiry respecting this telegram should be accompanied by this form

179

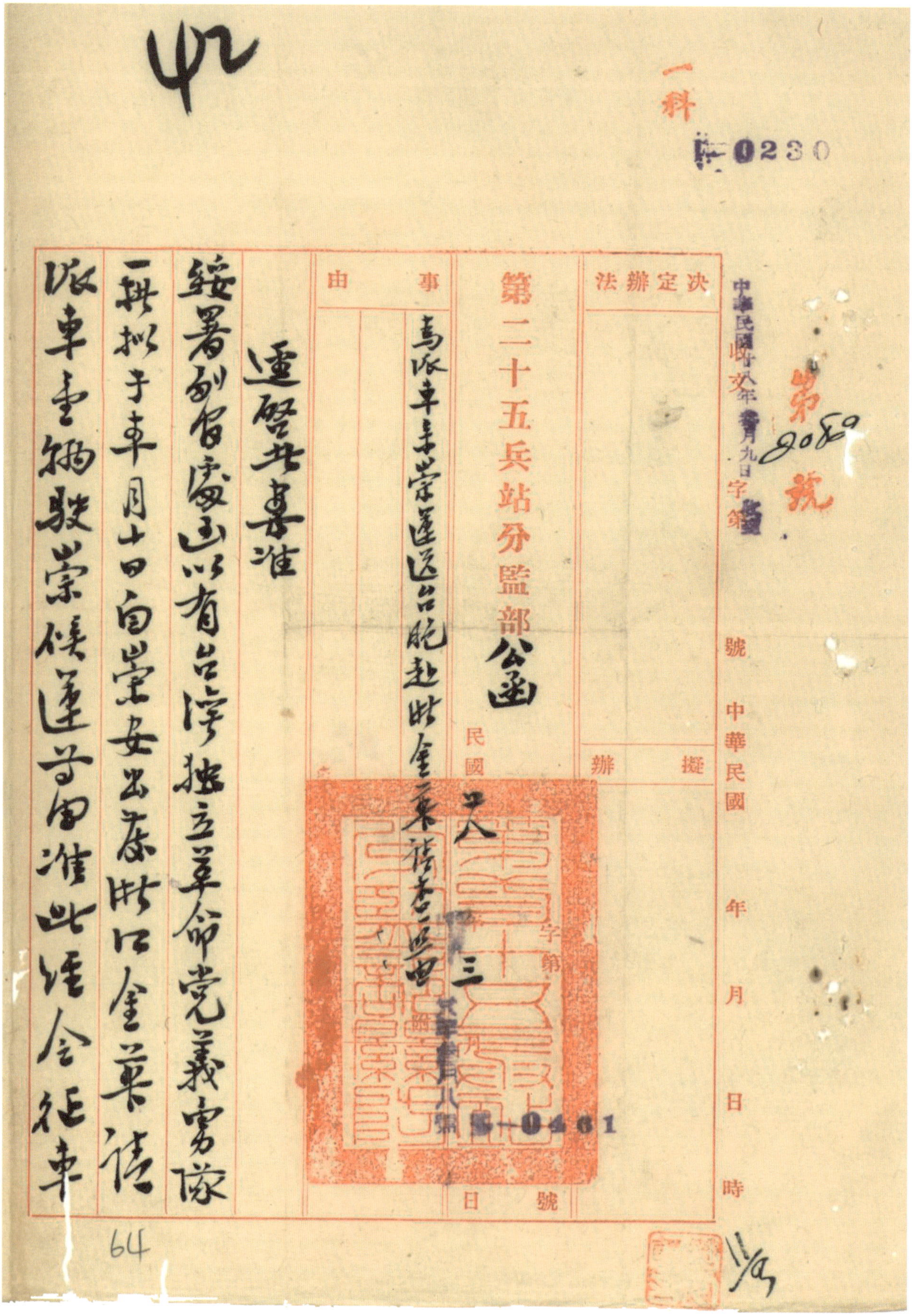

第二十五兵站分监部关于派车运送台胞赴浙给崇安县政府的函　　一九三九年三月八日

存 三十一

隊派車壹輛來崇請即
查照予運為荷！！
此致
崇安縣政府

分監 蔣伯雄

65

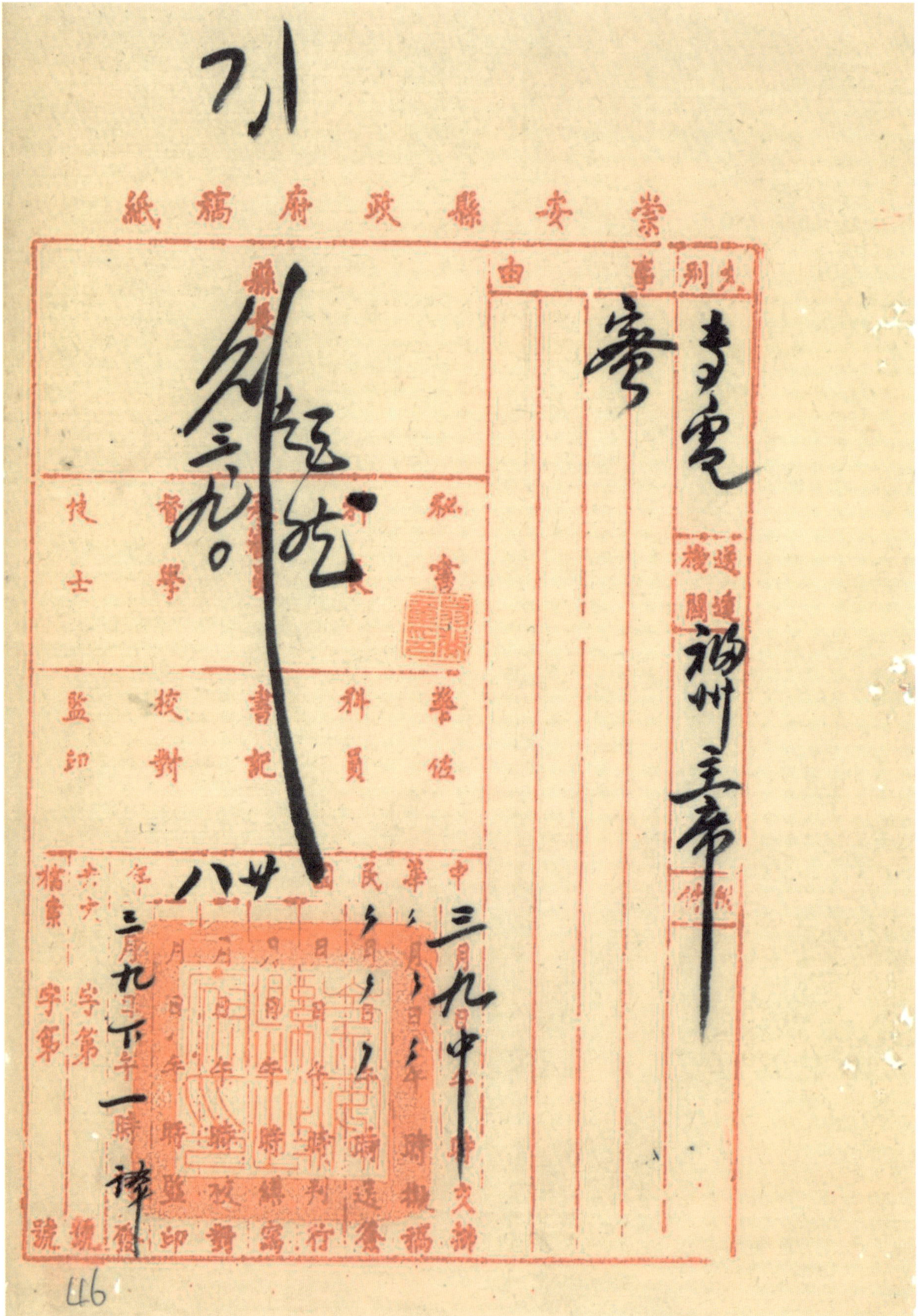
崇安縣政府稿紙

文別 電

事由

送達機關 福州主席

附件

縣長

秘書 科長 督學 技士

警佐 科員 書記 校對 監印

中華民國 年 月 日 時 擬稿

崇安县政府关于李友邦请续选留崇台胞石崐玉等二十二人赴浙训练给驻闽绥靖公署的电

一九三九年三月九日

福州的〇密译台湾独立革命党人
主席李友邦画拟续选留崇台胞
石丕崑等二十二人赴浙训练协助
祖国抗战，除已电示刘主席照办
佳

47

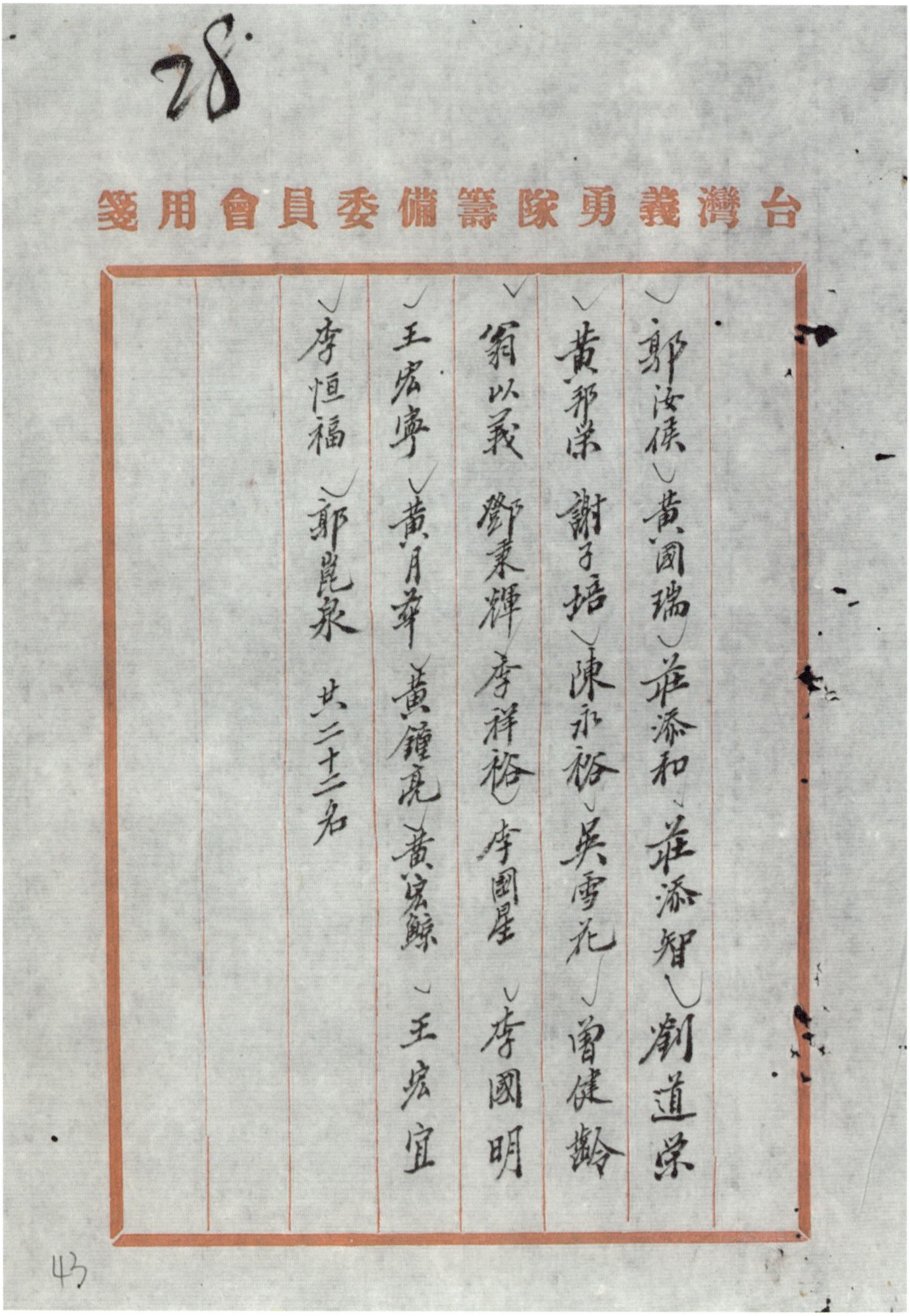

台湾独立革命党主席李友邦关于续选留崇台胞石崐玉等二十二人参加台湾义勇队给崇安县政府的函（附：名册）

一九三九年三月九日

28

台灣獨立革命黨總部用箋

逕啓者：茲有留居
貴縣台灣同胞石崑玉等二十
二人欲參加台灣義勇隊協
助祖國抗戰，已蒙
貴部允由海虞負責帶往浙
江訓練。茲將石崑玉等二十二人
姓名造冊函送，即希貴部代為轉
達

洪

44

30

台灣獨立革命黨總部用箋

省府備案，當蒙此致

保安處處長劉

台灣獨立革命黨總部　李友邦

一九三九、三、九日

附姓名册一份

李電福州

主席請示

三九

45

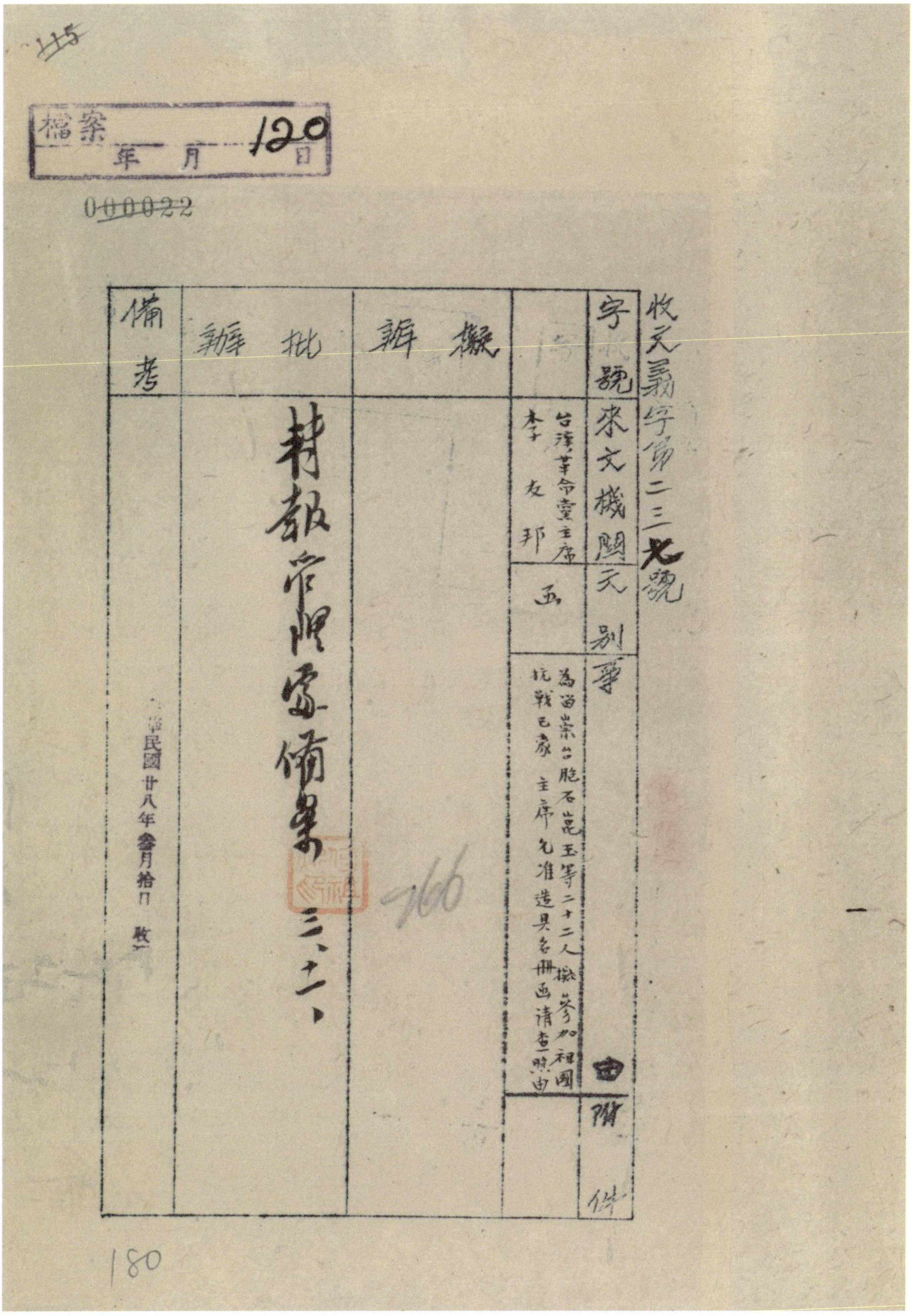

檔案 120 年 月 日

000022

收文義勇字第二三七號

字號 來文機關：台灣革命黨主席 李友邦

文別：函

事由：為留崇台胞石崑玉等二十二人擬參加祖國抗戰已蒙主席允准造具名冊函請查照由

附件

擬辦　批示　辦理　備考

存備案 三、十二

中華民國廿八年叁月拾日 收

166

180

台湾独立革命党主席李友邦关于选送留崇台胞参加台湾义勇队名册给崇安县垦务所的函

一九三九年三月九日

台灣獨立革命黨總部用箋

逕啓者：前有留居崇安台胞石崑玉等二十二人擬參加台灣義勇隊協助祖國抗戰，已蒙 主席准由假黨員責成帶往浙江訓練，前將石崑玉等姓名造册函送，即希查照並轉呈省府備案爲荷。此致

墾務所所長何

付名册一份

台灣獨立革命黨主席 李友邦

姓名	次章	性别	年龄	赴浙日期	留崇家屬	年齡
王克明	逸容	男	五二	廿八年二月十日	林秋蓮	三九
王宏容	正西	男	二七	仝	仝	仝
王素馨	嫩芳	女	一〇	仝	仝	仝
王訪生	德民	男	二八	仝		
石崑玉	志英	男	三	仝	石米素、蔡清臺、謝水	七、三二、一八
吳木鐸	省三	男	四九	仝		
楊挪業	純青	男	三二	仝	王淑英、楊德華	二三、四
蔡長帆	振起	男	二二	仝	謝氏、蔡長京	五四、一八

182

曾玉芳		女	一三	仝	陳甜 曾啟評	三五 六
					曾啟崇 曾玉珠	一 八
曾啟章		男	一〇	仝	仝	仝
林長松		男	一七	仝	林王氏 林長梅	四七 一二
周金石		男	二四	仝	周阿勃 周黃氏	五〇 四八
鄒伯奇		男	一九	仝	鄒陳氏 鄒張氏	四八 六五
陳約翰		男	三三	仝	張赤白	三九
劉榮春		男	三四	仝	莊謹慎 劉燕玉	二五 二
					劉燕秋	六
吳阿天		男	三七	仝		

183

0118

楊光琳	振東	男	三四	廿八年三月十日	李氏批	六〇
					楊玉標	一五
蔡丙傳	逸民	男	三一	仝	翁欄	二九
					蔡攀鑾	六
					蔡康維	二
					蔡佩琛	四
郭源	裕民	男	三二	仝		
黃漢岳	志旋	男	二七	仝	黃啟明	六一
					吳文敏	二八
					黃國泰	三
					黃玉燕	四
李國明		男	三四	仝	王京	六八
					孫玉英	二五
					李秀錦	六
					李永華	四
					李永崇	二
李鍾慶	明法	男		仝	此人乃独立生活	

184

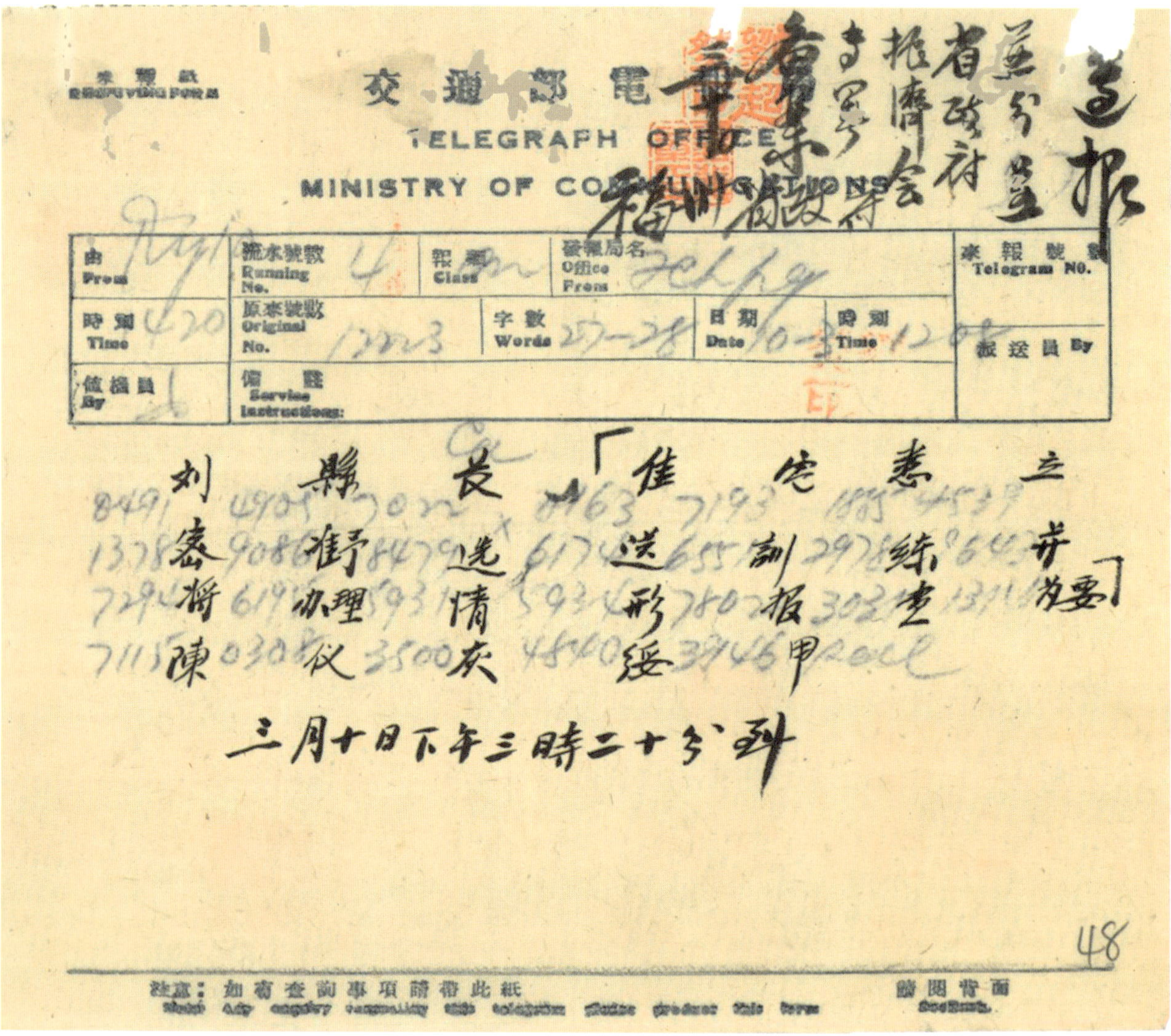
交通部電報
TELEGRAPH OFFICE
MINISTRY OF COMMUNICATIONS

由 From	流水號數 Running No. 4	報類 Class	發報局名 Office From	來報號數 Telegram NO.
時刻 Time 420	原來號數 Original No. 12223	字數 Words 27—28	日期 Date 10	時刻 Time 1208
值機員 By	備註 Service Instructions:			派送員 By

刘縣長「佳壹憲之
密准予选送副练并
將办理情形报查为要」
陳仪灰綏甲

三月十日下午三時二十分到

注意：如有查詢事項請帶此紙　　請閱背面

福建省政府关于准予选送留崇台胞赴训给崇安县政府的电　　一九三九年三月十日

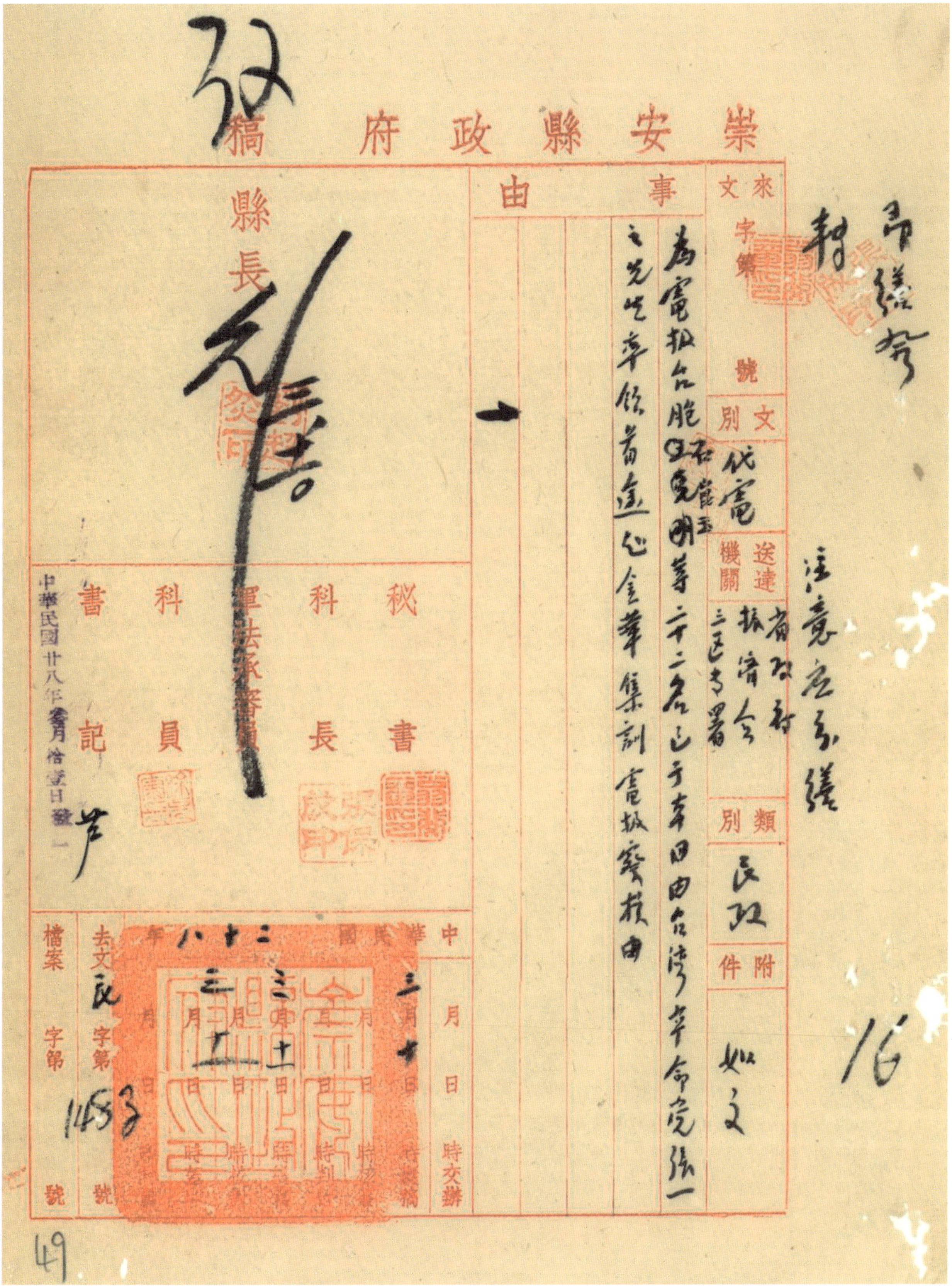

崇安县政府关于石崐玉等已赴金华集训给福建省政府、福建省振济会等的代电（附：出发金华台民名册）

一九三九年三月十一日

南平福建省政府主席陳、福建省賑濟委員會、第三區行政督察專員陳鈞鑒：案准台灣革命黨主席李友邦函請遣送台胞石崑玉等廿二名參加台灣義勇隊，協同祖國抗戰，並由該黨派秘書張一之率領赴浙金華集訓等由，准此。業于本月九日以佳電請核示，旋奉

駐閩綏靖主任陳灰綏甲電內開：「佳電悉。云云。叙至擬查為要」等因。奉此。查該台胞石崑玉等廿二名，業于本月十日下午六時由台灣獨立革命黨總部秘書張一之率領，乘兵站專車護送首途赴浙江金華集訓。縣長以該台胞服膺祖國參加抗敵工作，表現大民族團結精神，增強抗戰力量，意義深長，經于先一日召開茶話會，竭誠招待，並

50

注意

存

于本十四日下午四时召集各界举行欢送大会，热烈欢

送，以资勉励，奉电前因，除分呈驻闽绥靖主任公署、福建省政府、振

济委员会、第三行政督察专员公署

江西第三行政专署、省振济委员会、连城县

备案外，理合将欢送办情形，

并抄同花名清册一份，电请鉴核备查，崇安县长[illegible]

○叩（寒）

附花名册一份

崇安县政府笺

51

35

出發金華姓名

姓名	次章	性別	姓名	次章	性別
王克明	逸客	男	楊光琳	振東	男
王宏客	正西	男	吳阿天	宗明	男
王素馨	嫩芳	女	李鍾慶	明法	男
王訪生	德民	男	蔡丙傳	逸民	男
石崑玉	志英	男	郭源	裕民	男
吳木鐸	省三	男	黃漢岳	志旋	男
楊柳葉	紀青	男	鄒伯奇		男
蔡長帆	振起	男	李國明		男

54

曾玉芳		女
曾啟章		男
林長松		男
周金石		男
陳約翰		男
劉榮春		男

出发金华集训第二批台民名单

姓名	性别	年龄	籍贯	备考
王克明	男	五二	台湾	原系组长
王宏容	男	二七 五〇	〃	〃
王素馨	女	十	〃	〃
王访生	男	三八	〃	〃
石崑玉	男	三七	〃	〃
吴木锂	男	四九	〃	〃
杨柳叶	男	三二	〃	〃
蔡长帆	男	二二	〃	〃
曾玉芳	女	一三	〃	〃

曾秋善	男	十	〃	〃
林長松	男	一七	〃	〃
周金石	男	二四	〃	〃
陳伯輪	男	三二	〃	〃
劉華春	男	三四	〃	〃
楊克琳	男	三四	〃	〃
吳阿天	男	三二	〃	〃
李鐘六	男	二八	〃	原係[illegible]主生活
蔡雨傳	男	三一	〃	原係[illegible]
郭源	男	三二	〃	〃

崇安縣政府製

51

37

黄凌岳	男	三四	台湾	原係船长
郭伯香	男	一九	〃	〃
李国明	男	三四	〃	〃

崇安縣政府製

58

38

崇安縣墾務所墾荒台民赴浙參戰名冊

59

崇安縣墾務所墾荒台民赴浙參戰名冊

姓名	性別	年齡	原有職業	有無資產	現在情況	備考
黃國瑞	男	三九	醫	無	廿八年二月九日由台灣獨立革命黨主席李友邦率領來浙 眷屬五人留崇	
鄧秉輝	男	三二	醫	無	眷屬五人留崇	
鄧秉仁	男	三四	醫	無	眷屬五人留崇	
郭汝候	男	四〇	醫	無	眷屬四人留崇	
陳永裕	男	二六	醫	無		
吳雪花	女	二四	無	無		陳永裕之妻
李國星	男	四二	醫	無	眷屬四人留崇	
李祥裕	男	二六	工	無	眷屬六人留崇	

崇安縣墾務所

謝子培	男	二八	醫	無	妻一人留崇	
曾健齡	男	三九	醫	無	眷屬六人留崇	
翁以義	男	三〇	醫	無	眷屬四人留崇	
劉道榮	男	三三	醫	無	家屬二人留崇	
莊添和	男	三七	醫	無	家屬二人留崇	莊添智之兄
莊添智	男	二五	學	無	仝上	莊添和之弟
黃邦榮	男	三七	醫	無	眷屬四人留崇	
王宏寧	男	三〇	醫	無	家屬四人留崇	
王宏宜	男	一四	學	無	仝上	王宏寧之弟
黃宏鯨	男	一〇	學	無	家屬四人留崇	黃邦榮之子

崇安縣縣務所

61

40

李恒福	男	一三	學	無	家屬四人留崇	李國星之子
郭崑泉	男	一一	學	無	家屬四人留崇	郭汝俟之子
黃月華	女	一五	學	無	家屬五人留崇	黃國瑞之女
黃鍾靈	男	九	學	無	家屬五人留崇	黃國瑞之子
合計		二〇人				

崇安縣墾務所

62

所長何祖炘

中華民國三十一年三月六日

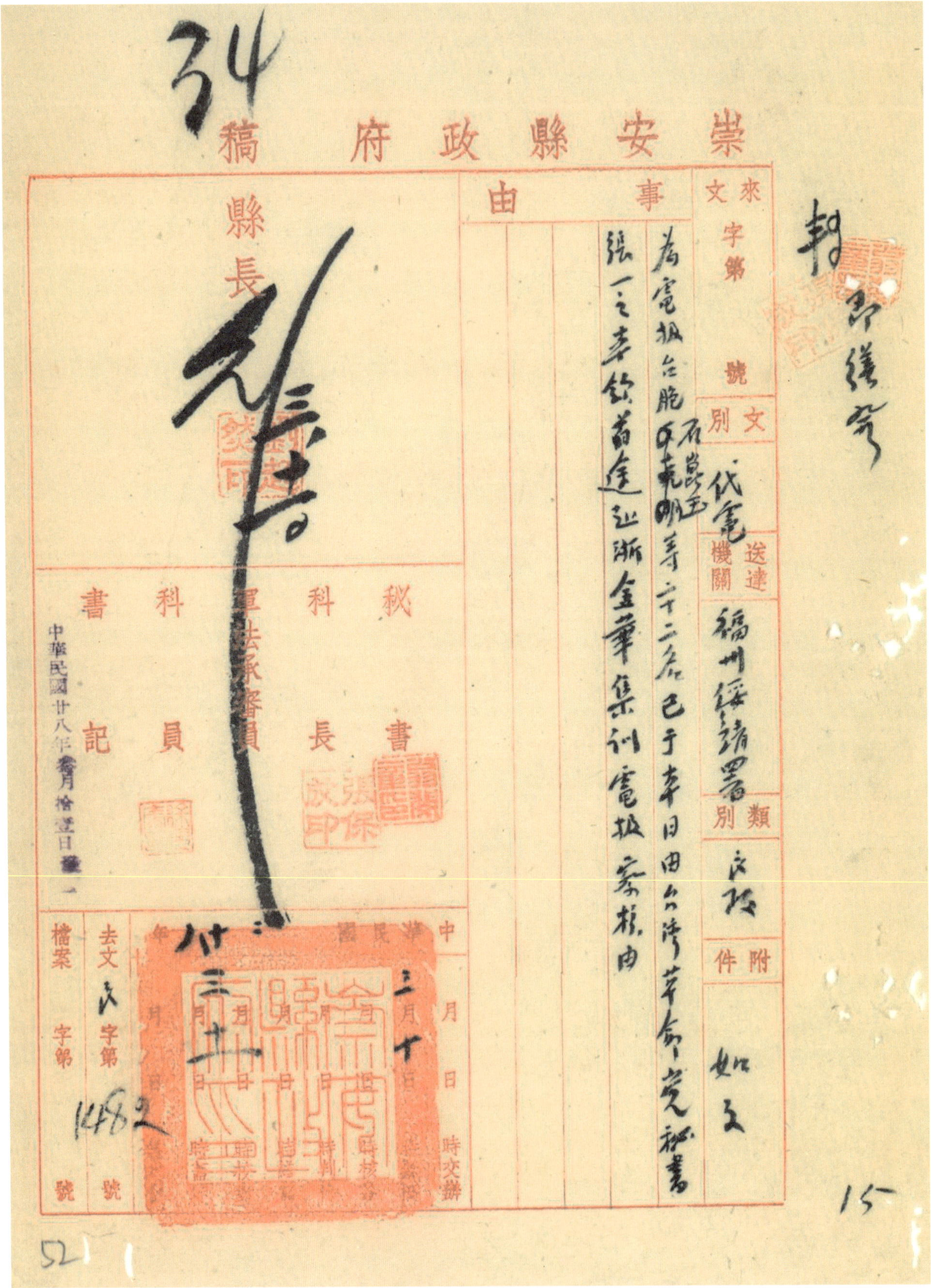
崇安縣政府稿

來文 字第 號

文別 代電

送達機關 福州綏靖署

類別 民政

附件 如文

事由 為電報台胞石崑玉朱乾明等二十二名已于本日由台灣革命黨秘書張一之率領首途赴浙金華集訓電報察核由

縣長

秘書 科長 軍法承審員 科員 書記

中華民國廿八年叁月拾壹日發

去文 民字第 1482 號

檔案 字第 號

報部備案

崇安县政府关于石崐玉等于本日由张一之率领赴金华集训情形给驻闽绥靖公署的代电

一九三九年三月十一日

福州綏靖主任陳（兼）

鈞鑒：灰綏甲電奉悉。謹查該台胞石○○等六十二名，業于本月灰日下午二時由台灣獨立革命黨張一之、蕭世本率領，乘兵站專車護送首途赴浙江金華集訓。縣長以該台胞服膺祖國參加抗敵工作，以表現大民族團結之精神，增強抗戰力量，意義深長，經于先一日召開茶話會，竭誠招待，并于十日上午四時召集各界舉行歡送大會，熱烈歡送，以資勉勵。奉電前因，除分呈省政府、第三區專員公署、省振濟會備案外，理合將送出情形，并抄同花名清冊一份，電報察核備查。崇安縣長劉○○叩（灰）

附呈花名冊一份

53

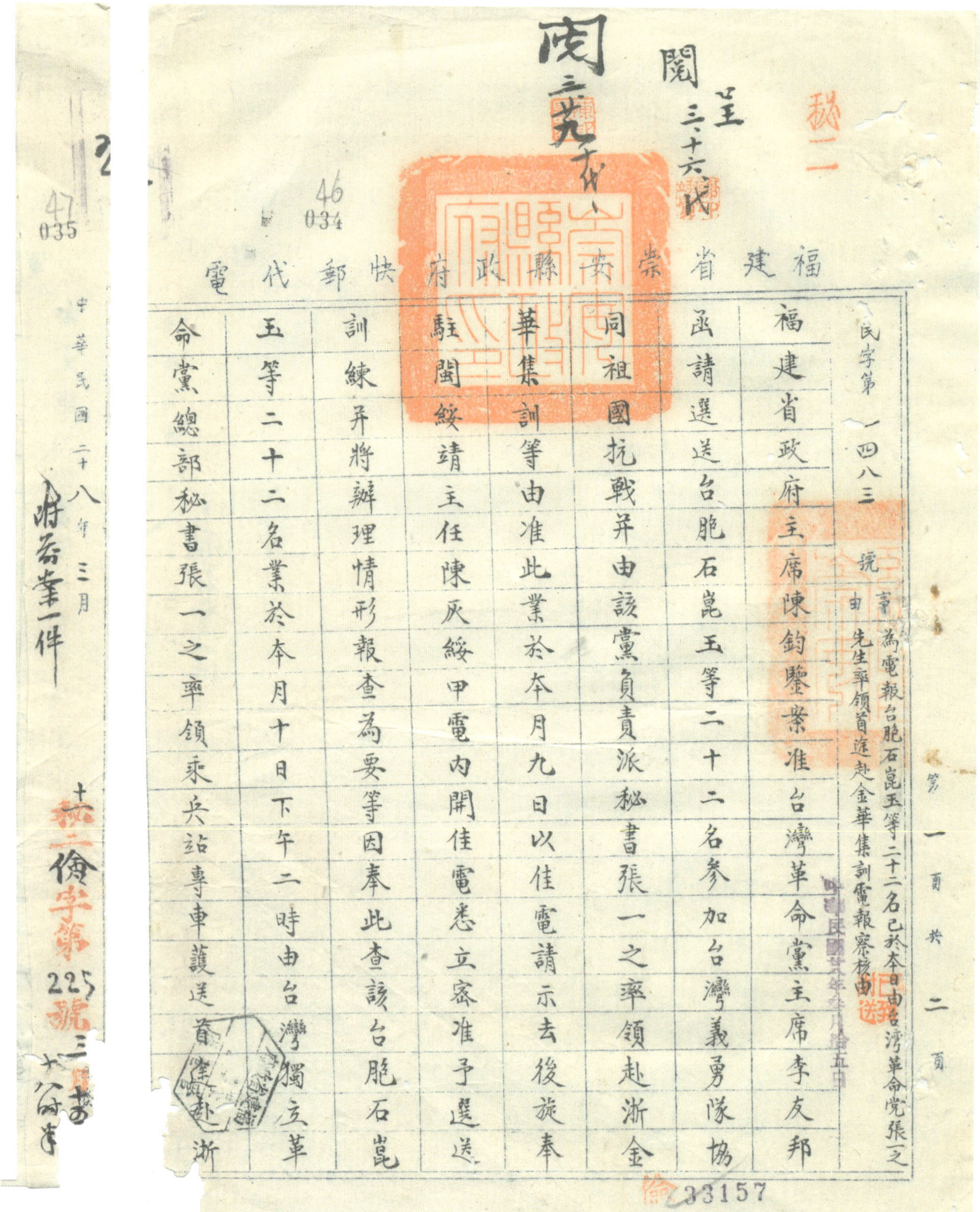
閱

秘二

福建省崇安縣政府快郵代電

民字第一四八三號

事由：為電報台胞石崑玉等二十二名已於本日由台灣革命党張一之先生率領首途赴金華集訓電報察核由

第一頁共二頁

福建省政府主席陳鈞鑒：案准台灣革命黨主席李友邦函請選送台胞石崑玉等二十二名參加台灣義勇隊協同祖國抗戰，并由該黨負責派秘書張一之率領赴浙金華集訓等由。准此，業於本月九日以佳電請示，去後旋奉駐閩綏靖主任陳灰綏甲電內開：佳電悉，立案准予選送訓練，并將辦理情形報查為要等因。奉此，查該台胞石崑玉等二十二名業於本月十日下午二時由台灣獨立革命黨總部秘書張一之率領乘兵站專車護送首途赴浙

中華民國二十八年三月

附名單一件

秘二倫字第225號

33157

崇安县政府关于台湾革命党张一之率领石崐玉等人赴金华集训给福建省政府的代电（附：出发金华集训第二批台民名单）

一九三九年三月十一日

48
036

福建省崇安縣政府快郵代電

字第　號　由

江金華集訓縣長以該台胞服膺祖國參加抗敵工作表
現大民族團結精神增強抗戰力量意義深長經於先一
日召開茶話會竭誠招待并於十日午召集各界舉行歡
送大會熱烈歡送以資勉勵奉電前因除分呈駐閩綏靖
主任公署福建省振濟委員會第三行政督察專員公署
備案外理合將遵辦情形并抄同花名清冊一份電請
核備查崇安縣縣長劉超然叩真
劉超然印

附花名冊一份

第二頁　共二頁

49
037

中華民國二十八年三月十一日發

038

出發金華集訓第二批台民名單

12
039

出發金華集訓第二批台民名單

姓名	性别	年齡	籍貫	備考
石崑玉	男	三七	台灣	原係臺籍
王克明	男	五二	台灣	仝
王宏容	男	二七	台灣	仝
王素馨	女	一〇	台灣	仝
王訪生	男	三八	台灣	仝
吳木鐸	男	四九	台灣	仝
楊柳葉	男	三二	台灣	仝
蔡長帆	男	二二	台灣	仝

曾玉芳	女	一三	台灣	仝
曾啟章	男	一〇	台灣	仝
林長松	男	一七	台灣	仝
周金石	男	二四	台灣	仝
陳約翰	男	三二	台灣	仝
劉榮春	男	三四	台灣	仝
楊光琳	男	三四	台灣	仝
吳阿天	男	三二	台灣	仝
李鍾慶	男	二八	台灣	原係獨立生活
蔡兩傳	男	三一	台灣	原係墾荒

郭　源	男	三二	台灣	仝
黃漢岳	男	三四	台灣	仝
鄒伯齊	男	一九	台灣	仝
李國明	男	三四	台灣	仝

中華民國二十八年三月 日

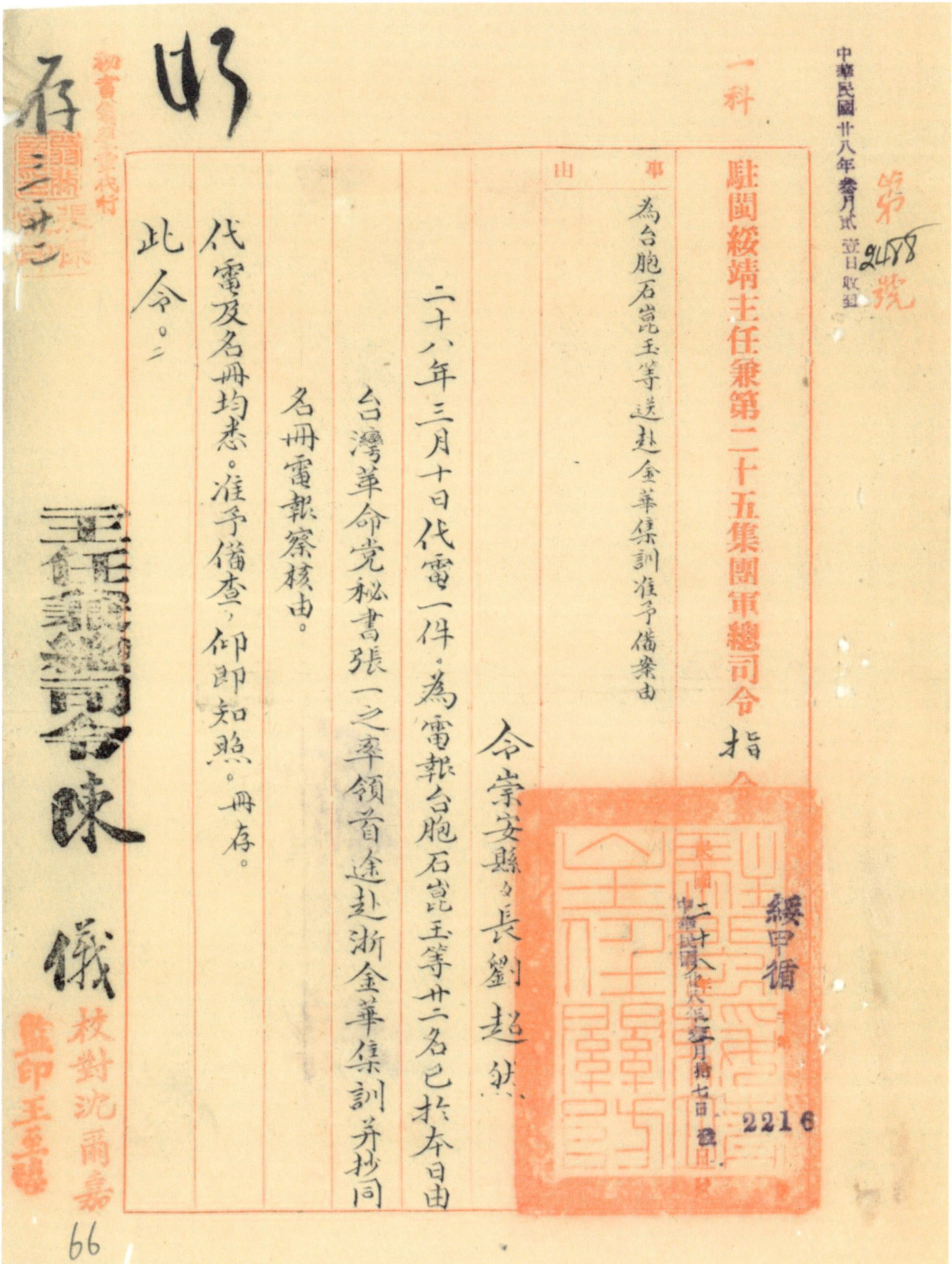

中華民國廿八年叁月貳壹日收到
第2458號

一科

駐閩綏靖主任兼第二十五集團軍總司令 指令

綏甲循 2216

事由：為台胞石崑玉等送赴金華集訓准予備案由

令崇安縣縣長劉超然

二十八年三月十日代電一件，為電報台胞石崑玉等廿二名已於本日由台灣革命党秘書張一之率領首途赴浙金華集訓并抄同名冊電報察核由。

代電及名冊均悉。准予備查，仰即知照。冊存。

此令。

主任兼總司令 陳儀

校對 沈爾嘉
監印 王至[illegible]

存

66

驻闽绥靖主任兼第二十五集团军总司令关于石崐玉等赴金华集训准予备案给崇安县政府的指令

一九三九年三月十七日

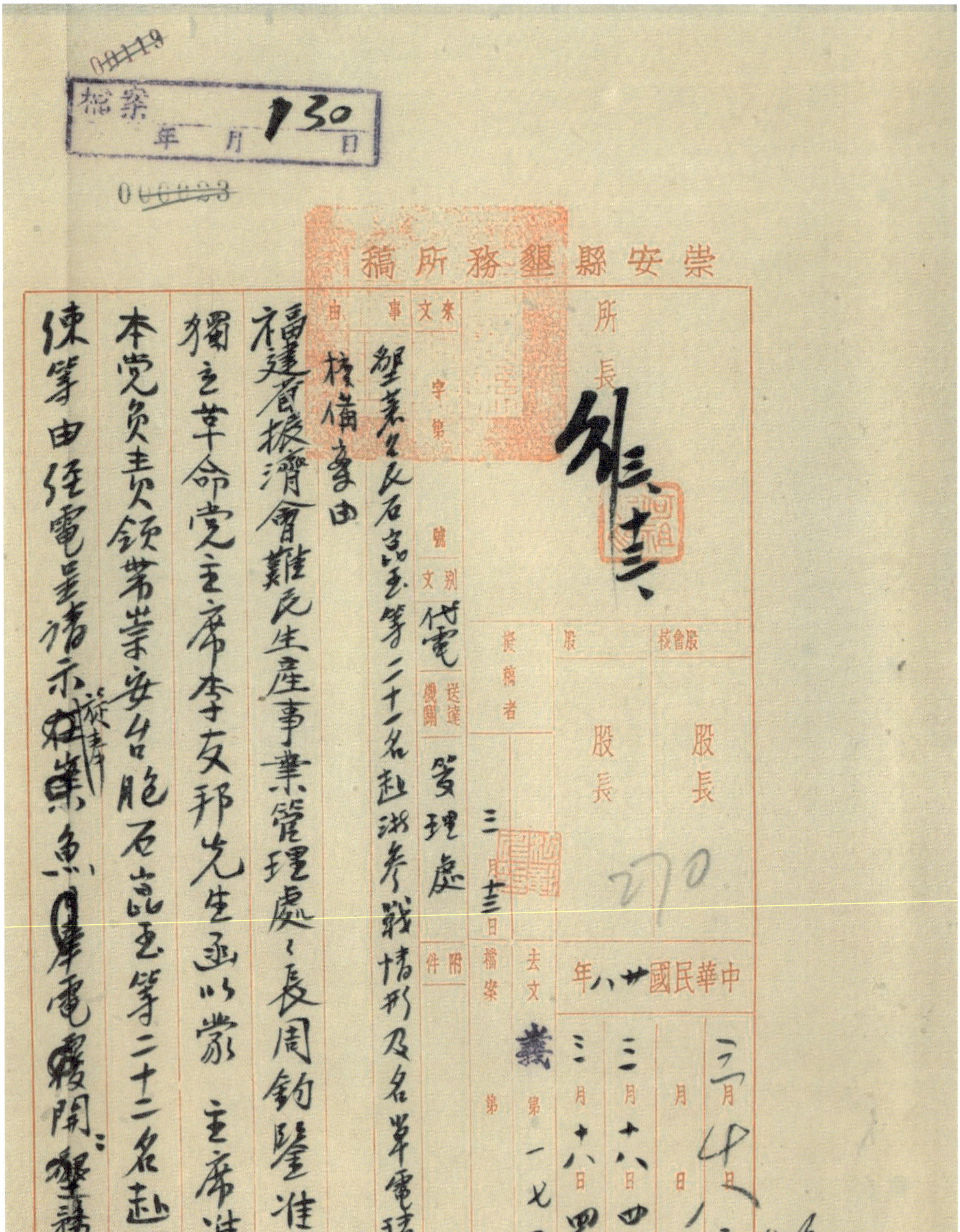
崇安縣墾務所稿

所長

事由：墾荒台民石崐玉等二十一名赴浙參戰情形及名單電請鑒核備案由

文別：代電

送達機關：管理處

福建省振濟會難民生產事業管理處處長周鈞鑒：准台灣獨立革命黨主席李友邦先生函以崇本黨負責領帶崇安台胞石崐玉等二十二名赴浙訓練，等由，經電呈請示在案。旋奉魚日電覆開：……墾務所

中華民國廿八年 三月十八日

崇安县垦务所关于石崐玉等赴浙参战情形给福建省振济会难民生产管理处的代电（附：垦荒台民赴浙名单及留崇家属名单）

一九三九年三月十八日

歌電悉如係赴浙前方工作准照前案辦理否則應將詳情報核等因奉此查自應遵辦該墾荒台民二十一名獨立生活台民一名計二十二名業於十日下午一時設行赴浙為鼓勵台胞愛護祖國參加前後方各種工作爰由本所聯合各界特於是日上午十時舉行盛大歡送會贈送各種旗幟物品所有辦理經過情形理合抄附赴浙台民名單電請鑒核備案崇安縣墾務所所長何祖炘叩元巧

186

崇安縣墾務所墾荒台民赴浙名單

姓名	次章	性別	年齡	留崇眷屬	合計	備考
王克明	逸冬	男	五二	妻一人	一人	
王宏容	正西	男	二七	母一人	一人	王克明之子
王素馨	嫩芳	女	一〇	母一人	一人	王克明之女
王訪生	德民	男	二八			
石崑玉	志英	男	三〇	妻一人 女一人 子一人	三人	
吳木鐸	省三	男	四九			
楊柳葉	純青	男	三二	妻一人 子一人	二人	
葉長帆	振起	男	二二	母一人 弟一人	二人	

(187)

曾玉芳		女	一三	母一人 弟一人 妹一人	四人	
曾啟章		男	一〇	母一人 弟一人 妹一人	四人	曾玉芳之弟
林長松		男	一七	母一人 弟一人	二人	
周金石		男	二四	父一人 母一人	二人	
鄒伯魯		男	一九	母一人 嫂一人	二人	
陳約翰		男	三三			
劉華春		男	三四	妻一人 女二人	三人	
吳阿天		男	三七			
楊克琳	振東	男	三四	母一人 妹一人	二人	
葉雨侍	逸民	男	三一	妻一人 男一人 女一人	三人	

188

郭源	裕民	男	三二		
黃漢岳	志旋	男	二七	父一人 女一人 妻一人 子一人	四人
李國明		男	三四	母一人 女一人 妻一人 子一人	四人
合計	二十一人				

184

00122

墾荒台民赴浙姓名　　留崇家屬姓名

姓名	次章	性别	年齡	姓名	關係	性别	年齡
楊椰葉	純青	男	三二	王淑英	妻	女	二三
吳阿天				楊德華	子	男	四
林長松		男	一七	林王氏	母	女	四七
				林長梅	弟	男	一二
周金石		男	二四	周阿勃	父	男	五〇
				周黃氏	母	女	四八
鄒伯齊		男	一九	鄒陳氏	母	女	四八

190

				鄭彭氏	嫂	女	二五
陳約翰		男	三二	彭赤白	姊	女	三九
王克明	逸客	男	五二	林秋蓮	妻	女	三九
王宏寧		男	三〇	仝	母	女	三九
王宏善	正西	男	二七	仝	母	女	三九
王宏宜		男	一四	仝	母	女	三九
王素馨	嫩芳	女	一〇	仝	母	女	三九
黃邦榮		男	三七	許淑娟	妻	女	三〇
黃宏鯤				黃宏輝	子	男	八
				黃宏仁	子	男	五

崇安縣警察所

191

					黄紫霞	女	女			二
李國明		男	三	四	王京	母	女	六		八
					孫玉英	妻	女	二		五
					李秀錦	女	女			六
					李永華	子	男			四
					李永崇	子	男			二
王銘生	德民	男	二	八						
蔡寿帆	振起	男	二	二	謝氏	母	女	五		四
					蔡寿京	弟	男	一		八
莊豫和		男	三	七	林謝氏	母	女	五		八

莊添智					莊添恩	弟	男	二	七
					曹慧英	表姨	女	三	九
劉榮春		男	三	四	莊謹慎	妻	女	二	五
					劉燕秋	女	女		六
					劉燕玉	女	女		二
劉道榮		男	三	三	林淑美	母	女	五	三
					劉道生	弟	男	二	七
					劉素敏	女	女		七
翁明文		男	三	〇	黃遷	妻	女	二	八
					翁振元	子	男		五

193

					翁裕光	子	男	四
					翁崇元	子	男	二
曾健鄰		男	三九		陈甜	妻	女	三五
曾玉芳					曾啟祥	子	男	六
曾啟英					曾啟棠	子	男	一
					曾玉珠	女	女	八
蔡西俊	逸民	男	三一		翁楠	妻	女	二九
	·	·	·		蔡攀龚	子	男	六
	·				蔡康维	子	男	二
	·				蔡佩琮	女	女	四

崇安縣警務所

194

謝子培		男	二八	施美鍷	妻	女	二三
吳木鐸	省三	男	四九				
李祥裕		男	乙六	羅王氏	母	女	五三
				羅新和	弟	男	乙五
李國星		男	四二	朱阿妹	妻	女	三〇
李恆福				李金福	子	男	一〇
				李加福	子	男	八
				李秀鑾	女	女	五
黃漢岳	志旋	男	二七	黃啟明	父	男	六一
				吳文敏	妻	女	二八

195

陳永裕		男	二六	
吳雪苑		女	二四	
郭應	裕民	男	三二	
鄧秉仁		男	三四	
黃國泰	子	男		三
黃玉燕	女	女		四
林美良	妻	女	三	三
鄧揚秋	子	男		八
鄧贊鏗	子	男		六
鄧今宜	女	女		四
鄧彩霞	女	女		三

196

郭汝侯		男	四	〇	林淑惠	妻	女	三	八
郭崑泉		男	一	一	郭崑海	子	男		六
					郭崑岳	子	男		八
					郭燕治	女	女	一	四
鄧秉輝		男	三	二	陳伴治	妻	女	三	〇
					鄧基順	子	男		八
					鄧新穎	子	男		六
					鄧亮頌	子	男		四
					鄧安然	女	女		一
楊光琳	振東	男	三	四	李氏批	母	女	六	〇

197

黃國瑞		男	三	九	
石崑玉	志英	男	三	六	

楊玉標	女	女	一	五
張絢	妻	女	三	二
黃月娟	女	女	一	一
黃月仙	女	女		七
黃月瑞	女	女		三
黃鑲亮	子	男		五
秦靖鑾	妻	女	三	二
石米美	女	女		七
謝水友	友	男	一	八

民眾服務所

198

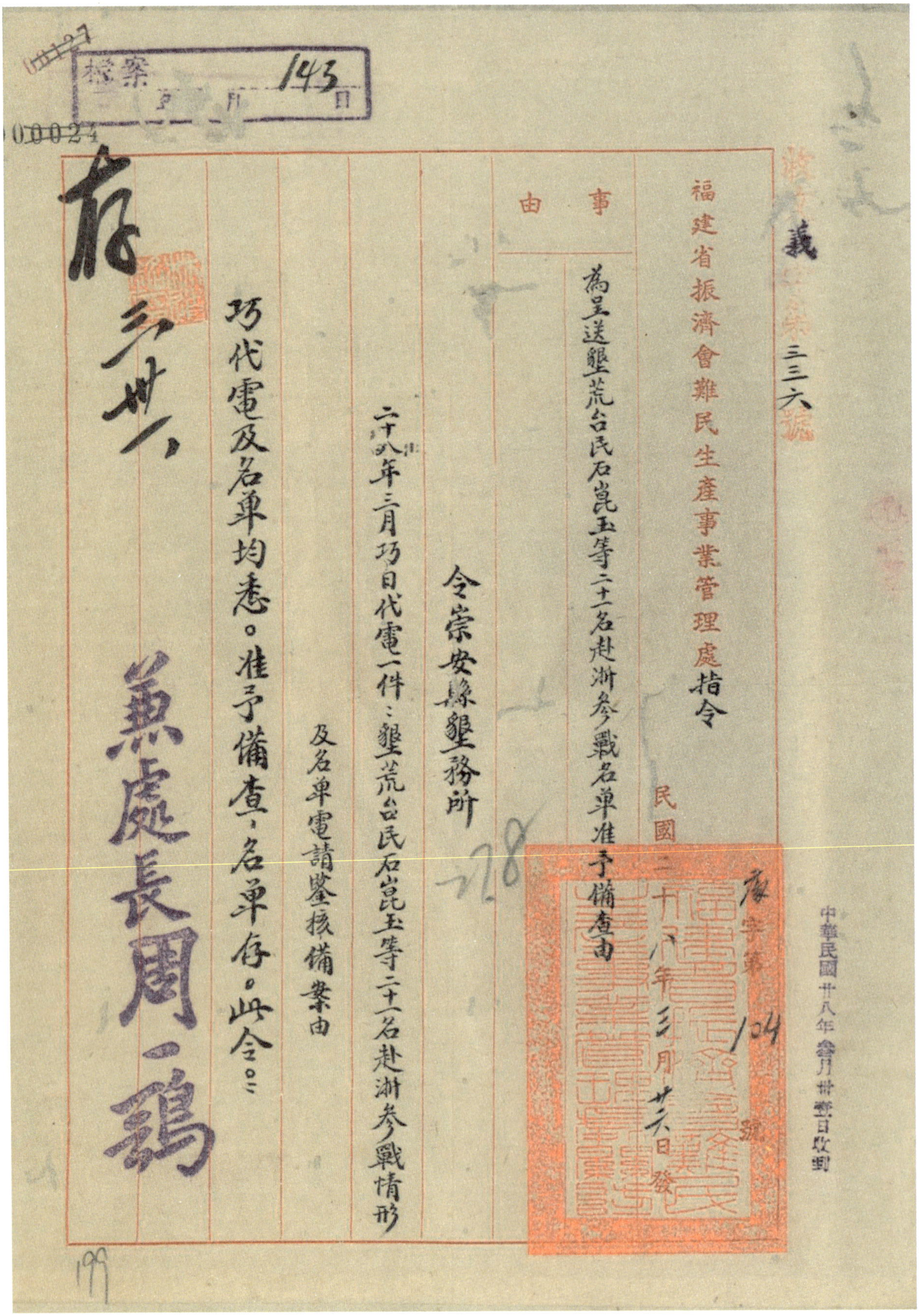
檔案 143

福建省振濟會難民生產事業管理處指令

義字第三三六號

事由：為呈送墾荒台民石崑玉等二十一名赴浙參戰名單准予備查由

民國二十八年三月廿六日發

慶字第104號

中華民國廿八年叁月卅一日收到

令崇安縣墾務所

二十八年三月巧日代電一件：為墾荒台民石崑玉等二十一名赴浙參戰情形及名單電請鑒核備案由

巧代電及名單均悉。准予備查，名單存。此令。

兼處長周一鶚

存 三廿八

福建省振济会难民生产事业管理处关于石崐玉等赴浙参战准予备查给崇安县垦务所的指令

一九三九年三月二十六日

崇安县政府、台湾义勇队等关于队员李国星等人因病回崇调养的来往函件

一九三九年四月—一九四〇年三月

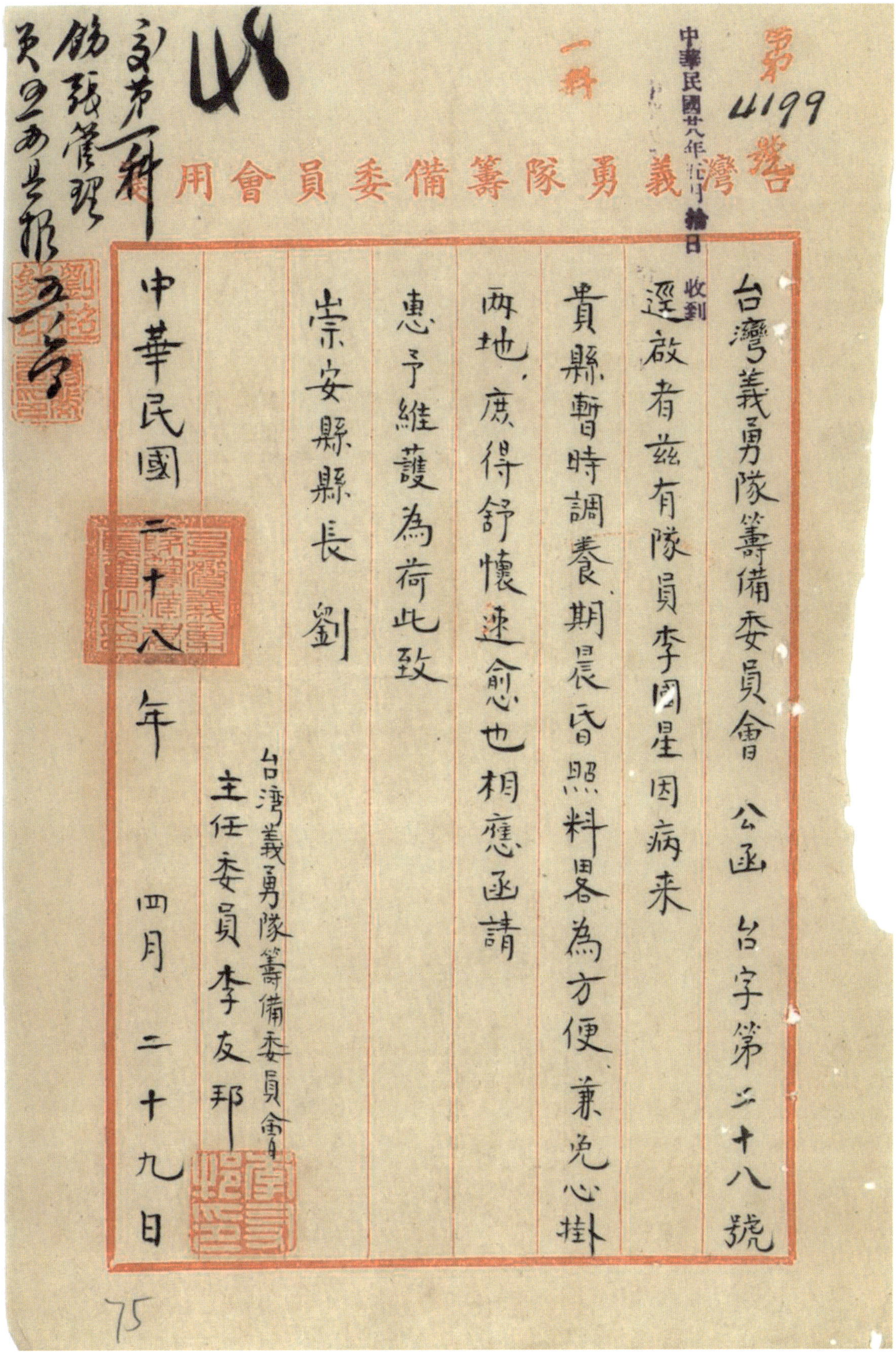
臺灣義勇隊籌備委員會用箋

第4199號

台灣義勇隊籌備委員會　公函　台字第二十八號

逕啟者茲有隊員李國星因病来
貴縣暫時調養期間晨昏照料尽為方便、兼免心掛
两地，庶得舒懷速愈也相應函請
惠予維護為荷此致
崇安縣縣長　劉

台灣義勇隊籌備委員會
主任委員　李友邦

中華民國二十八年四月二十九日

交第一科
飭該管理

台湾义勇队筹备委员会关于队员李国星因病回崇暂时调养给崇安县政府的函

一九三九年四月二十九日

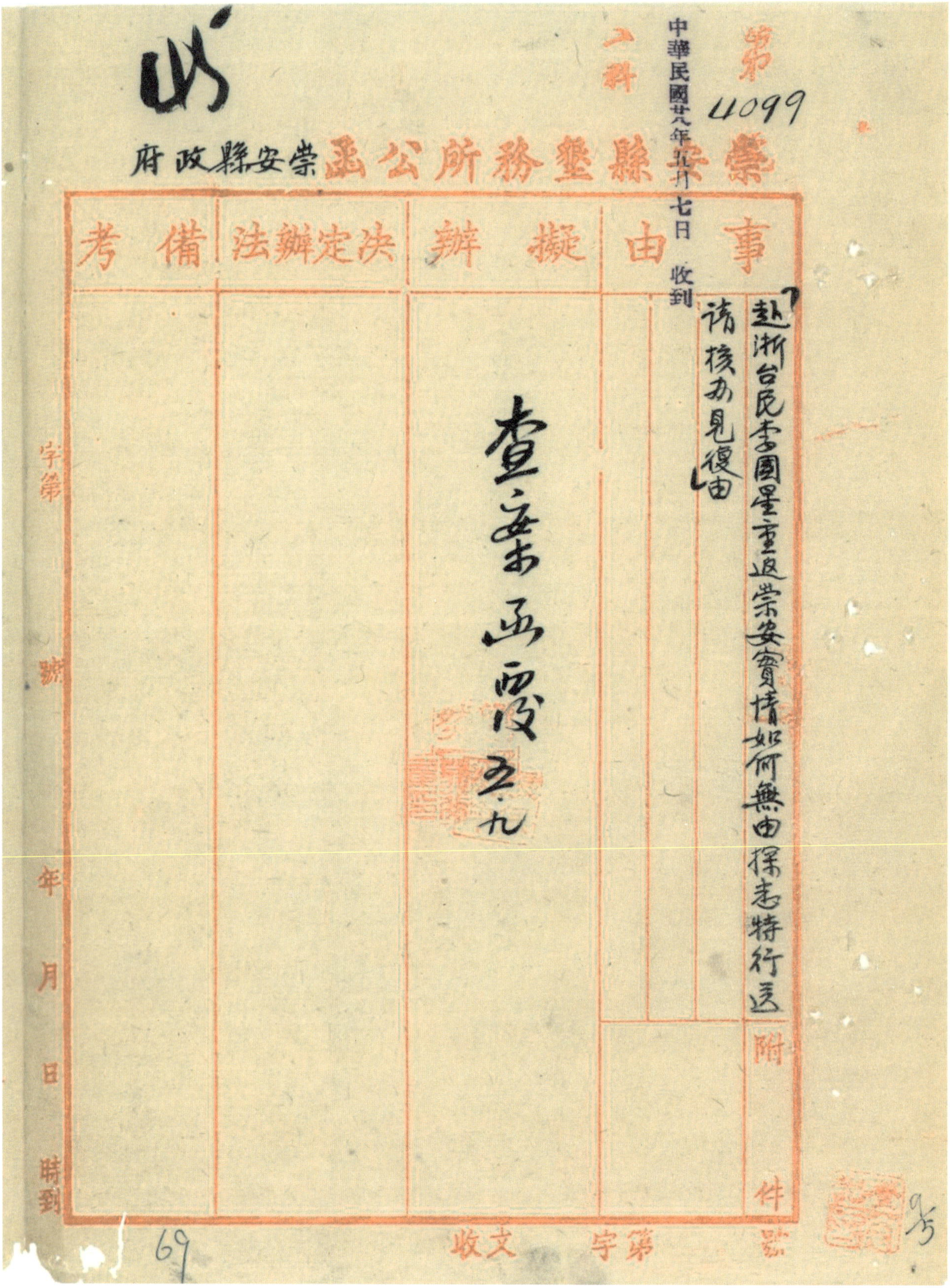
阅

崇安縣墾務所公函 崇安縣政府

第 字 一科

中華民國廿八年五月七日收到

4099

事由	擬辦	決定辦法	備考
赴浙台民李國星重返崇安實情如何無由探悉特行送請核办見復由	查案函復 五.九		

附件

字第 號 年 月 日 時到

收文 第 字 號

69

95

崇安县垦务所关于调查李国星返崇疗养实情给崇安县政府的函　　一九三九年五月六日

崇安縣墾務所公函

仁字第 0023 號

查本所墾荒台民李国星前參加台灣獨立革命黨義勇隊由該黨主席李友邦等護送赴浙經報請福建省農業改進處備案在案現該李国星返抵崇安據稱因病暫回療養惟未接該黨函知究竟實情如何無由探悉為慎重計相應備文帶同該李国星送請

貴府查照核辦見復為荷

此致

崇安縣政府縣長劉

70

附送台民李国星一名

此人由[illegible]

兼所长刘超然

副所长何祖炘

中華民國廿八年三月六日

宣巷口廣百城製

72

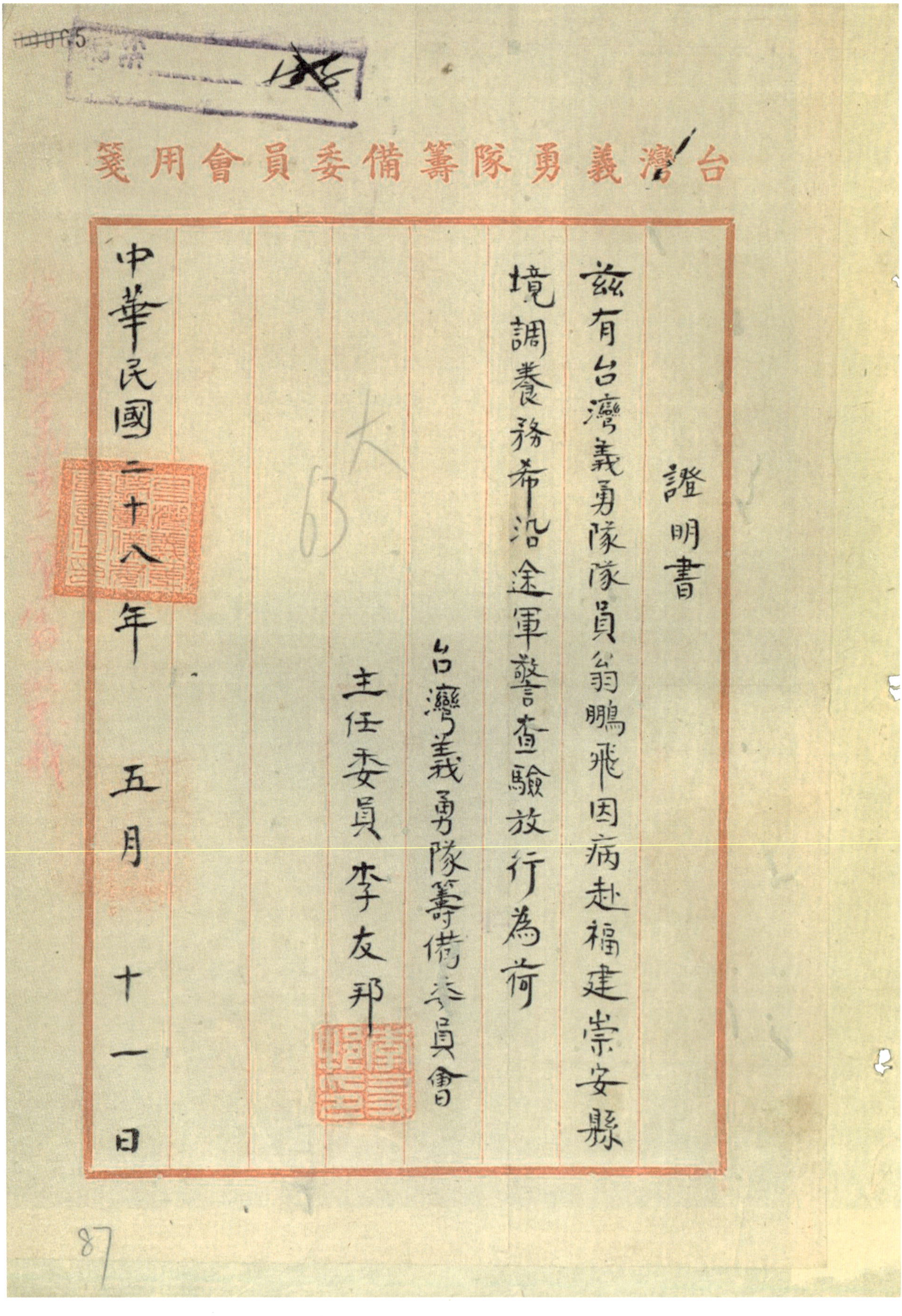

台灣義勇隊籌備委員會用箋

證明書

茲有台灣義勇隊隊員翁鵬飛因病赴福建崇安縣境調養務希沿途軍警查驗放行為荷

台灣義勇隊籌備委員會

主任委員 李友邦

中華民國二十八年五月十一日

台湾义勇队筹备委员会关于队员翁鹏飞因病赴崇安调养证明书　　一九三九年五月十一日

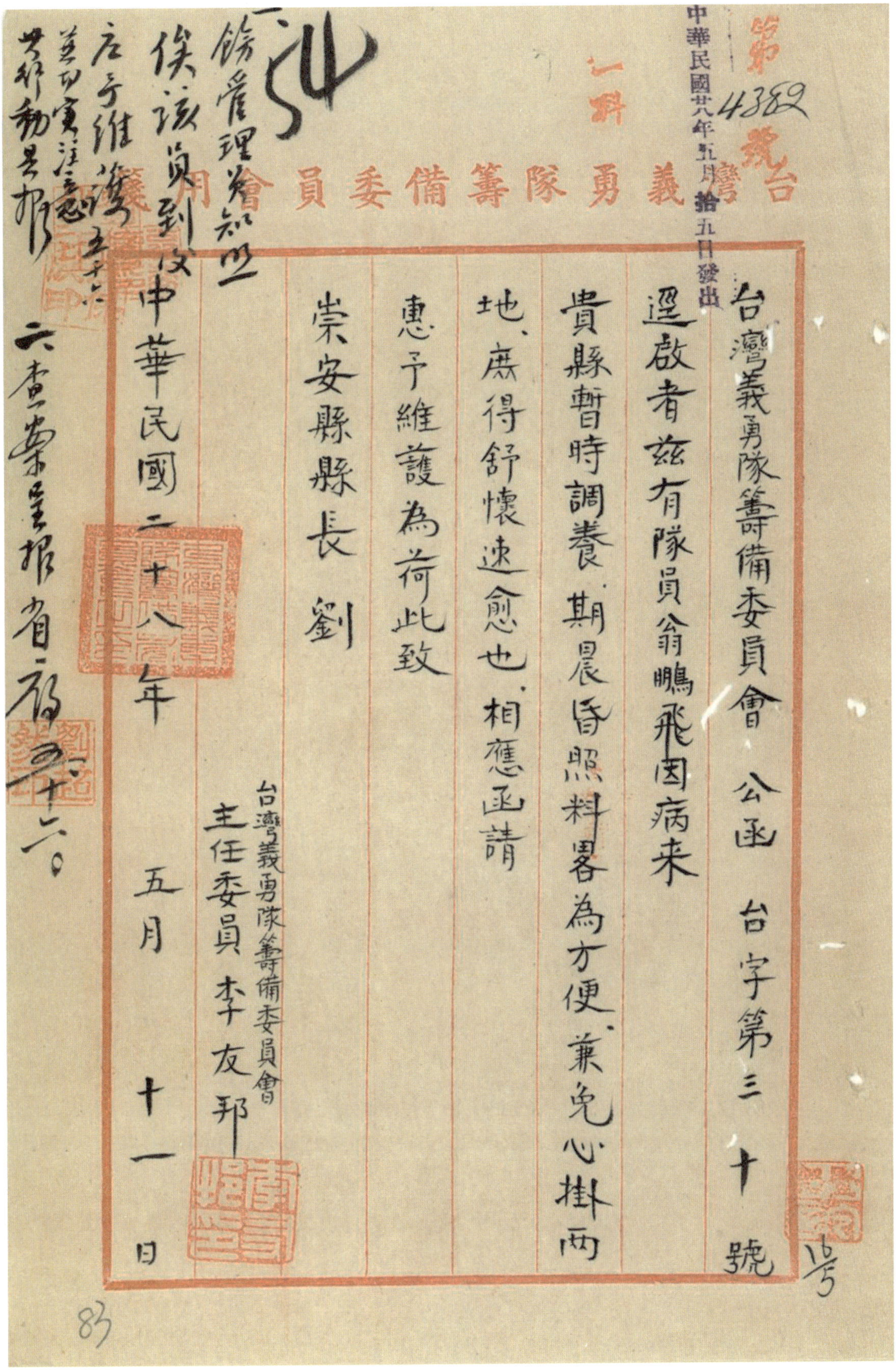
台灣義勇隊籌備委員會用箋

第4382號

中華民國廿八年五月拾五日發出

台灣義勇隊籌備委員會 公函 台字第三十號

逕啟者茲有隊員翁鵬飛因病来

貴縣暫時調養，期晨昏照料畧為方便，兼免心掛兩

地，庶得舒懷速愈也，相應函請

惠予維護為荷此致

崇安縣縣長 劉

台灣義勇隊籌備委員會

主任委員 李友邦

中華民國二十八年 五月 十一日

台湾义勇队筹备委员会关于请照料因病到崇调养队员翁鹏飞给崇安县政府的函

一九三九年五月十一日

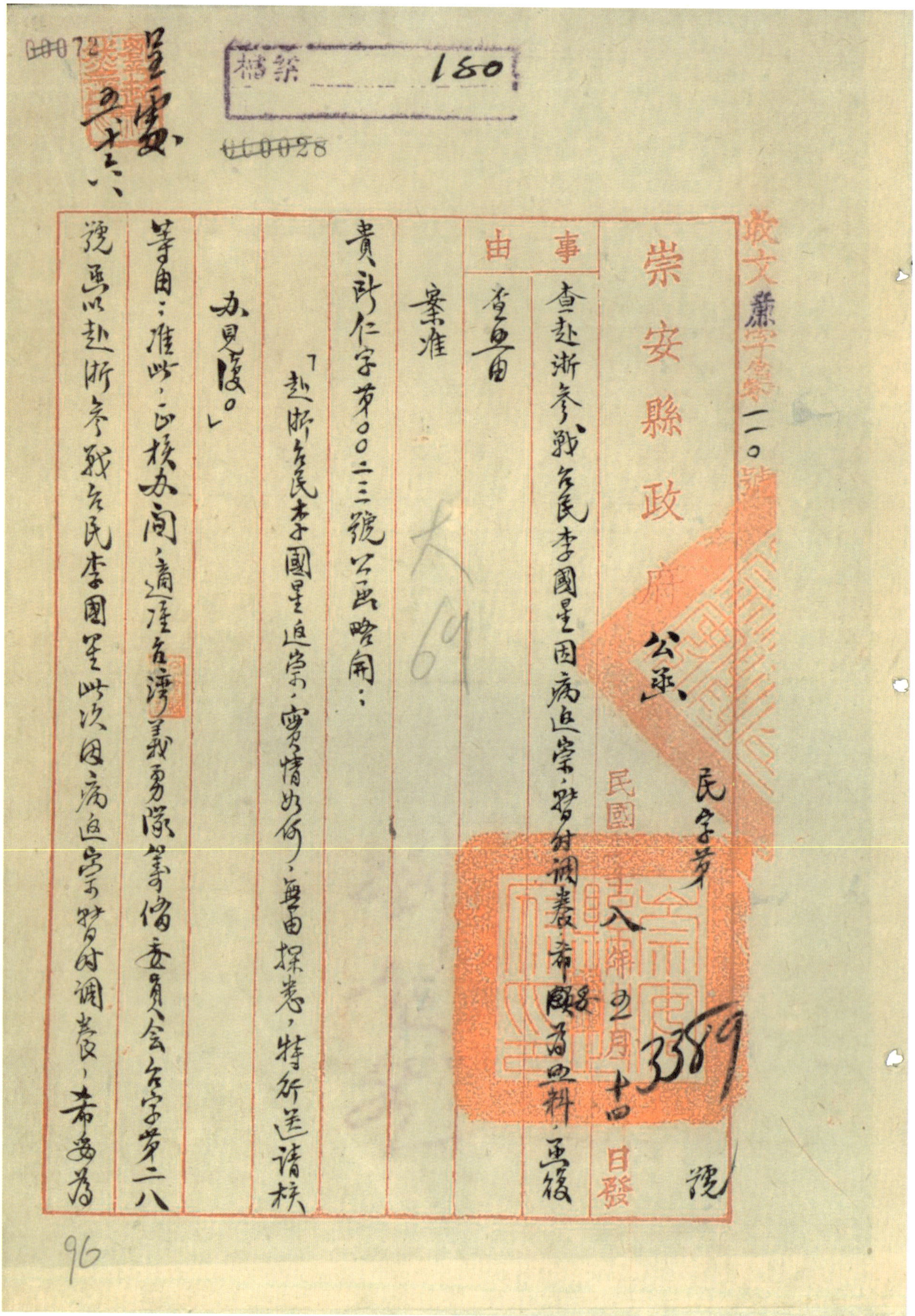
呈閱 五·十六

檔案 180

崇安縣政府公函 民字第 號

收文崇字第一一〇號

民國二八年五月十四日發

事由：查赴浙參戰台民李國星因病返崇，暫行調養，希爲照料，函復查照由

案准

貴所仁字第〇〇二三號公函略開：

「赴浙台民李國星返崇，實情如何，無由探悉，特函送請核辦見復。」

等由；准此。正核辦間，適准台灣義勇隊籌備委員會台字第二八號函以赴浙參戰台民李國星此次因病返崇，暫行調養，希妥爲

崇安县政府关于李国星因病返崇调养希妥为照料给崇安县垦务所的函　一九三九年五月十四日

照料，等由前來，相應特函復請
查照！
此致
崇安縣墾務所

縣長 劉超然

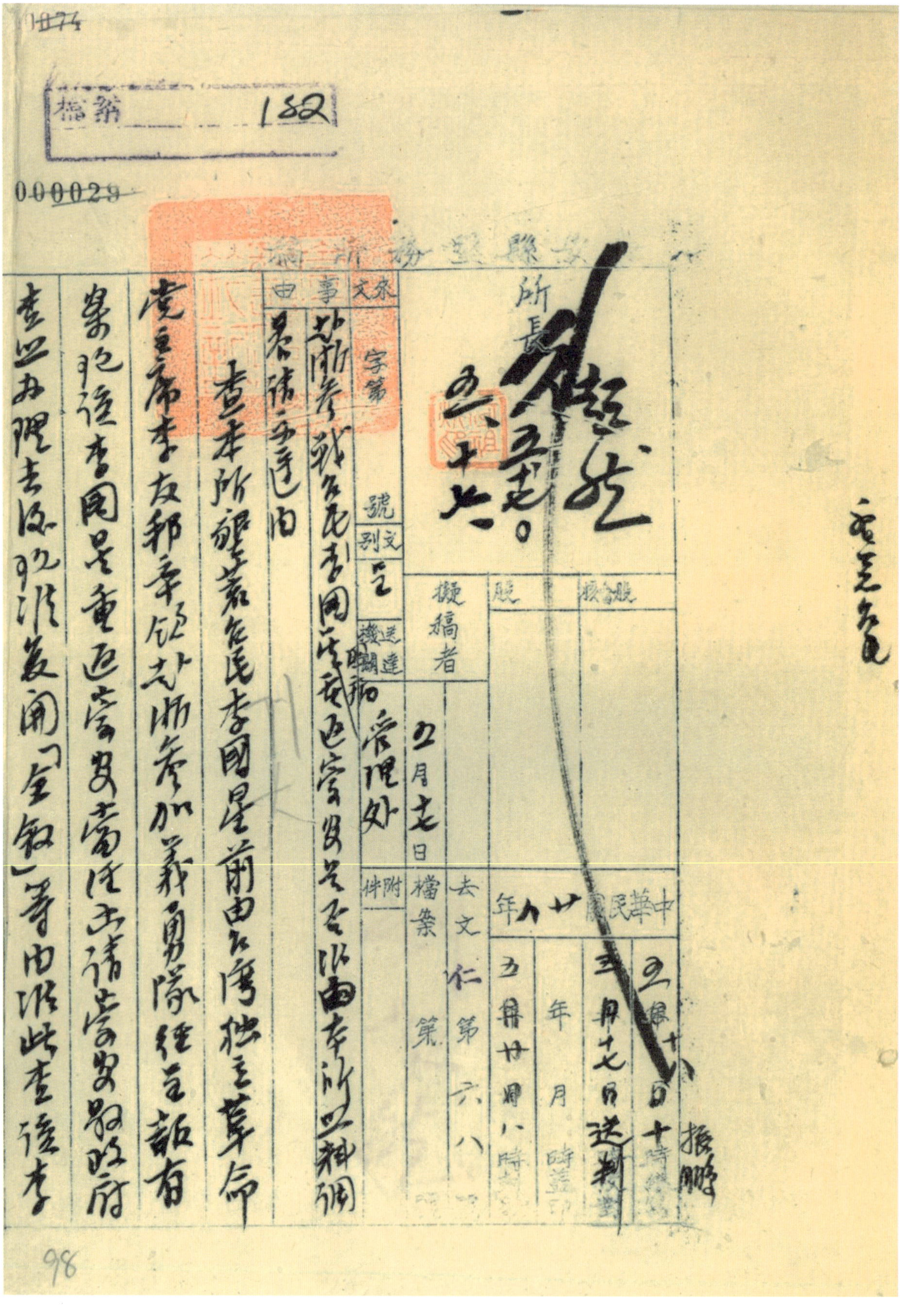

崇安县垦务所关于李国星因病返崇调养给福建省振济会难民生产事业管理处的呈

一九三九年五月二十日

团员既已脱离职务及因病回家是否准由本处在本
所另拟调员来补擅手附令备文呈请
鉴核示遵
谨呈
福建省振济会兼民生农事业管理处处长周
合衔

99

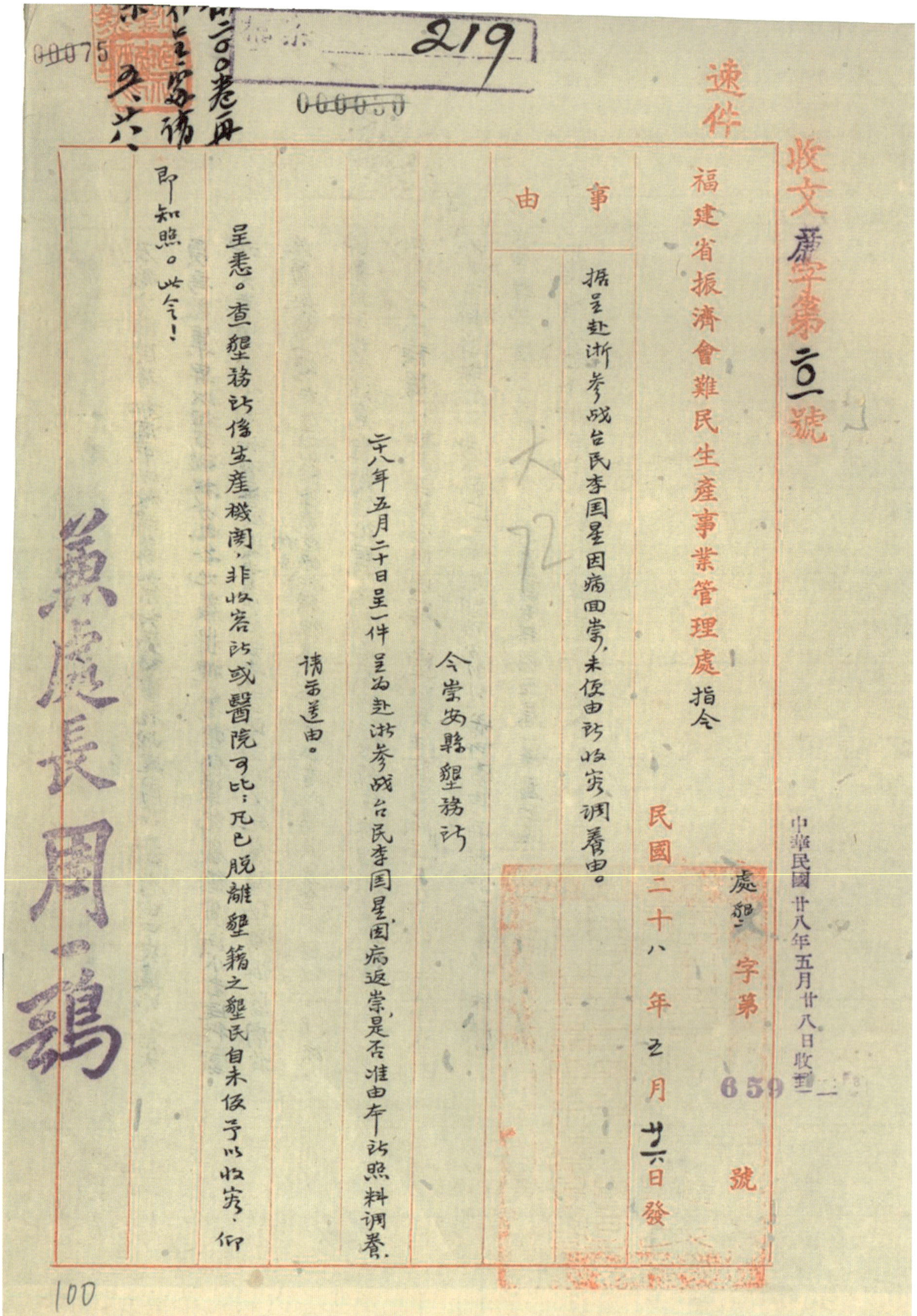

收文賑字第三一號

速件

福建省振濟會難民生產事業管理處指令　處墾字第　號

中華民國廿八年五月廿八日收到

事由：据呈赴浙参戰台民李国星因病回崇，未便由所收容調養由。

民國二十八年五月廿六日發

令崇安縣墾務所

二十八年五月二十日呈一件，呈為赴浙参戰台民李国星因病返崇，是否准由本所照料調養，請示遵由。

呈悉。查墾務所係生產機關，非收容所或醫院可比；凡已脫離墾籍之墾民，自未便予以收容，仰即知照。此令！

處長　周一鶚

福建省振济会难民生产事业管理处关于李国星未便由所收容调养给崇安县垦务所的指令

一九三九年五月二十六日

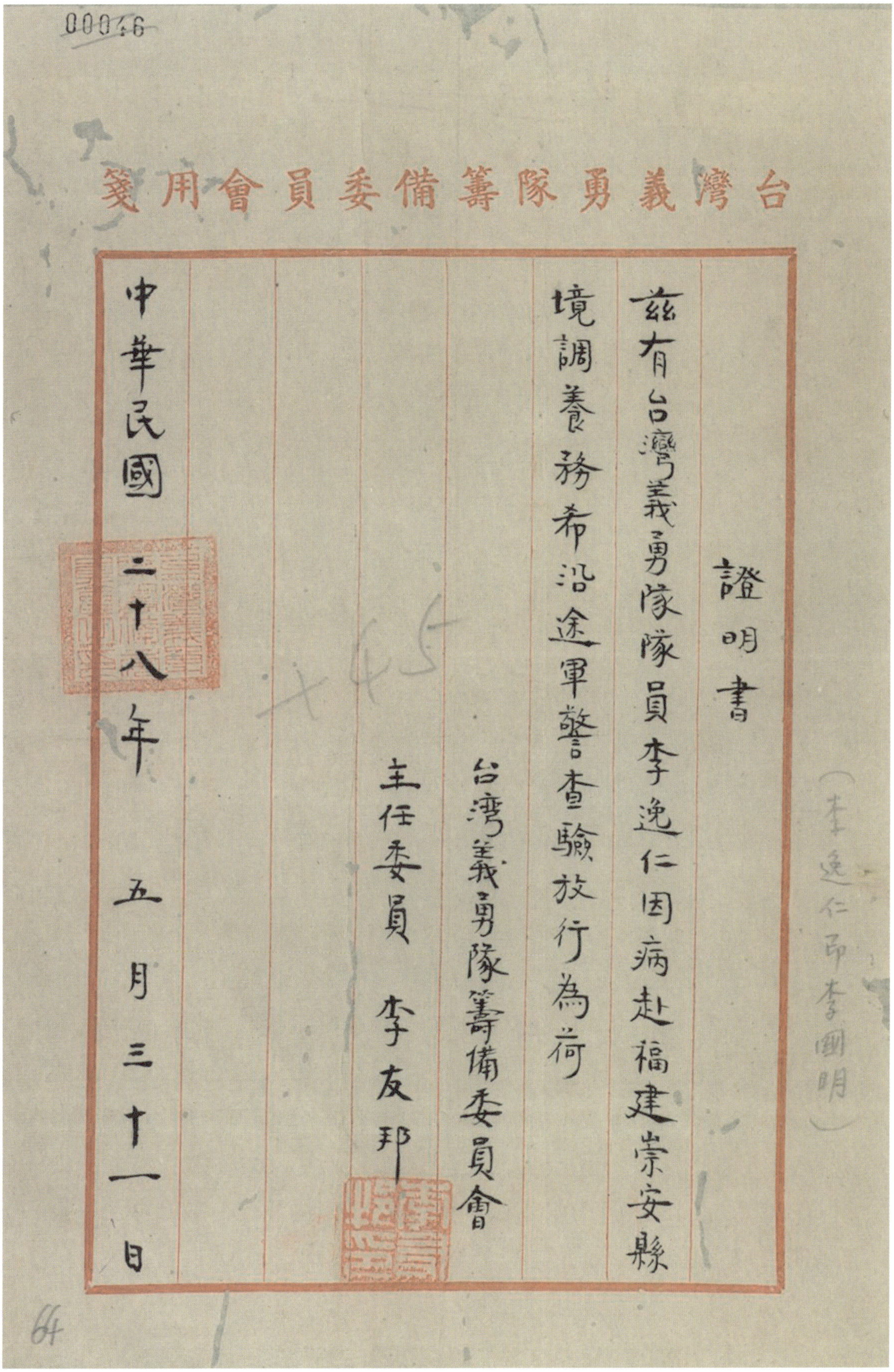

00046

台灣義勇隊籌備委員會用箋

證明書

茲有台灣義勇隊隊員李逸仁因病赴福建崇安縣境調養務希沿途軍警查驗放行為荷

台灣義勇隊籌備委員會

主任委員 李友邦

中華民國二十八年五月三十一日

（李逸仁即李國明）

台湾义勇队筹备委员会关于队员李逸仁因病赴崇安调养证明书　　一九三九年五月三十一日

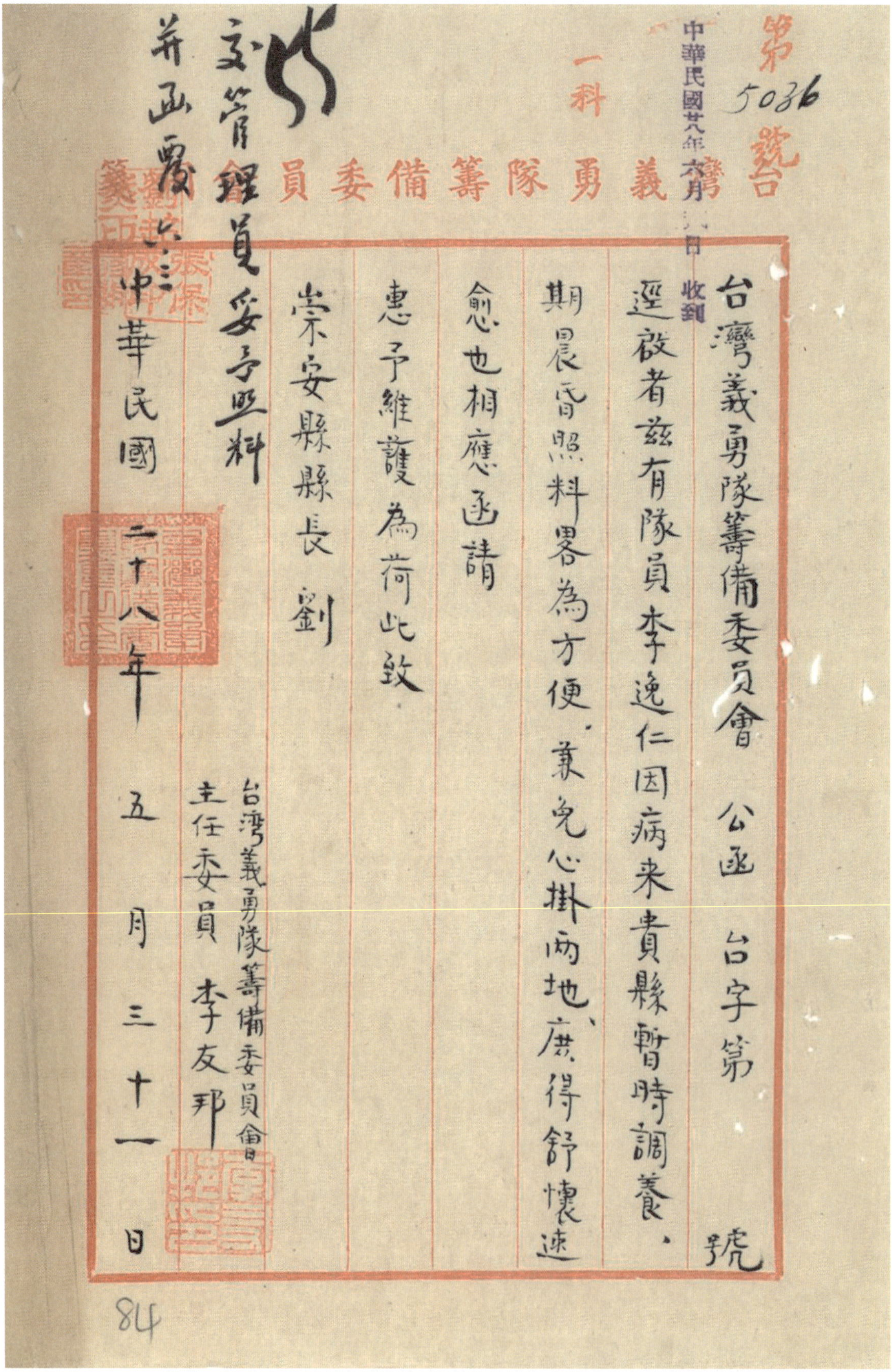
台灣義勇隊籌備委員會

第 5036 號
一科
中華民國廿八年六月 日 收到

台灣義勇隊籌備委員會 公函 台字第 號

逕啟者茲有隊員李逸仁因病来貴縣暫時調養，期晨昏照料畧為方便，兼免心掛兩地，庶得舒懷速愈也相應函請

惠予維護為荷此致

崇安縣縣長 劉

台灣義勇隊籌備委員會
主任委員 李友邦

中華民國二十八年五月三十一日

交管理員妥予照料
并函覆 六.三

84

台湾义勇队筹备委员会关于请照料因病到崇调养队员李逸仁给崇安县政府的函

一九三九年五月三十一日

報告 六、六。

竊查近有由浙金回崇之墾荒台民李國星等三人。職於日昨赴墾務所傳其本人到詢，據稱李逸仁即李國明別號、翁鵬飛即翁羽以義別號以及李國星等均係前留崇台民，赴金參加祖國抗戰，近因身患肺疾，前方諸多不便，以家屬在崇，故遂告假兩月來歸調養，俟疾癒仍需赴金服務等云。據此，查該李國星、翁鵬飛、李逸仁確有妻子留崇（在墾務所），伊等亦確每日在衛生院及本城基督教醫院就醫。為此理合將情報請

台民管理员关于李国星等患病情形给崇安县政府的报告　　一九三九年六月六日

鈞長察核，實爲公便。謹呈
縣長劉
職 張巽 謹簽

函復台灣義勇隊
查此並令該李國華
假滿後仍回原隊服務 六、廿六

據稱李遠係即李國華所冒膳飛印領
以冀移華僑是否屬實，仰再行根究 六、六

77

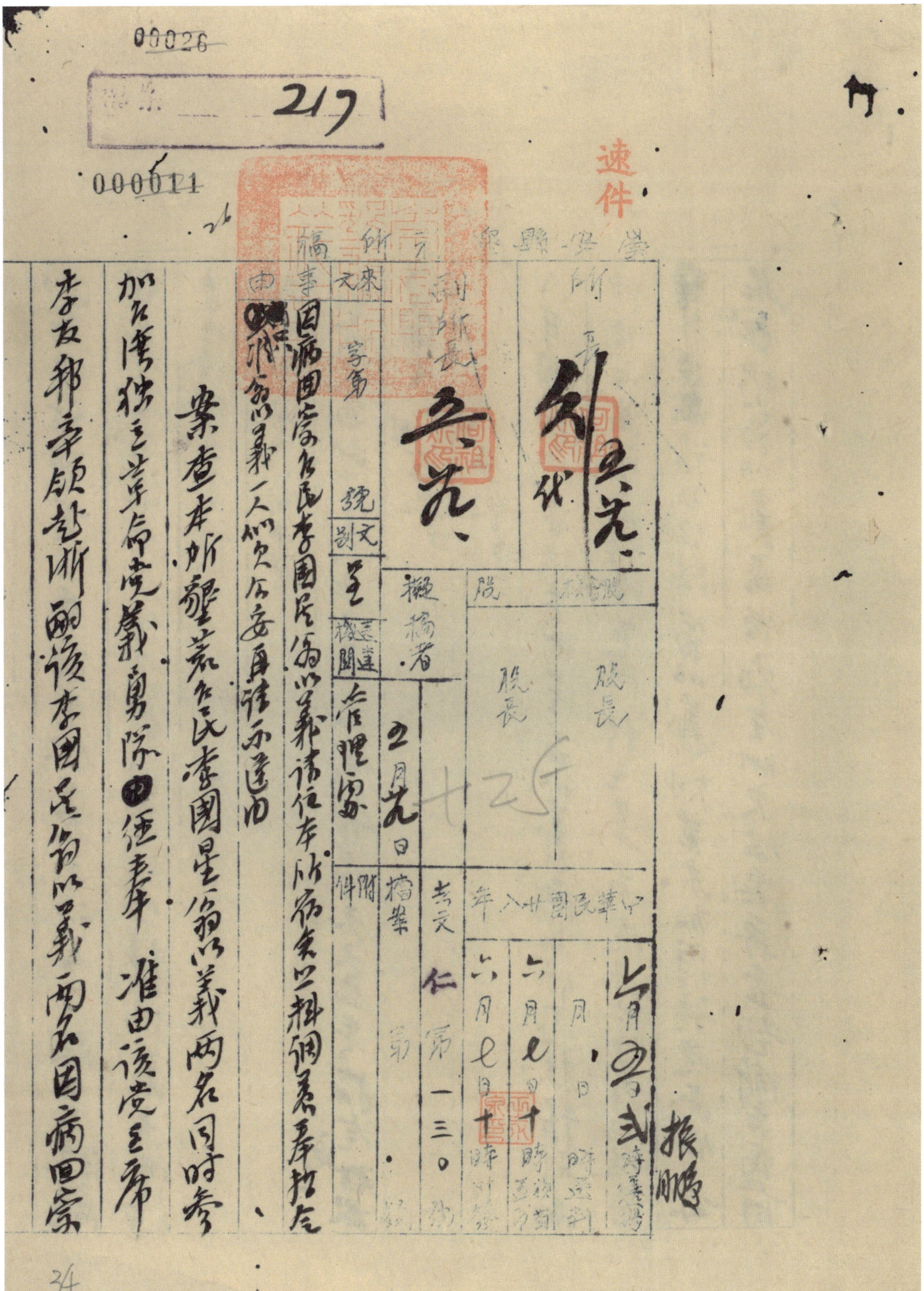
速件

由因病回宗之民李国星翁以义请住本所宿舍以资调养等情转呈鉴核由

案查本所垦荒民李国星翁以义两名同时参加台湾独立革命党义勇队，经来本所准由该党主席李友邦率领赴浙，嗣该李国星翁以义两名因病回宗

崇安县垦务所关于李国星、翁以义住宿调养事宜给福建省振济会难民生产事业管理处的呈

一九三九年六月七日

拟在本所訓着台民宿舍休养者，该台民既已脱離
日籍，是否准予居住宿舍由本所以料调養，未便擅
專，此添備文呈請
核示祇遵，并呈
鈞處處訓字六五九號及處訓字七五五號指令兩案
[illegible]全叙
全叙
奉等因。奉此。查该李国居、翁以義两名仍同样情形，而
李国居曾由该處台湾独立革命党函学安招政府
[illegible]請為以耕翁以義則並未取得该党証件，系
若准翁以義居住宿舍，似欠妥。再查该台民前

00027

由该队主席李友邦负责率领离台如有因故必须返台
者似应先由该党先行徵得本省同意否则任意来去於
管理上发生似欠完妥~~[illegible]~~拟请
钧察转呈
福建省政府查迳饬该党知以杜混是否有当理合
备文呈请
鉴核示遵
谨呈
福建省——海[illegible]长周
全衔

36

签呈 六、七

查李逸仁確屬李國明，翁鵬飛確屬翁以義，除令該台民等仍回原隊服務外，合再簽復

鈞核。謹呈

縣長劉

職 張英（張英之章） 謹簽

存查 六、八

78

台民管理员查复李逸仁及翁鹏飞身份给崇安县政府的签呈　　一九三九年六月七日

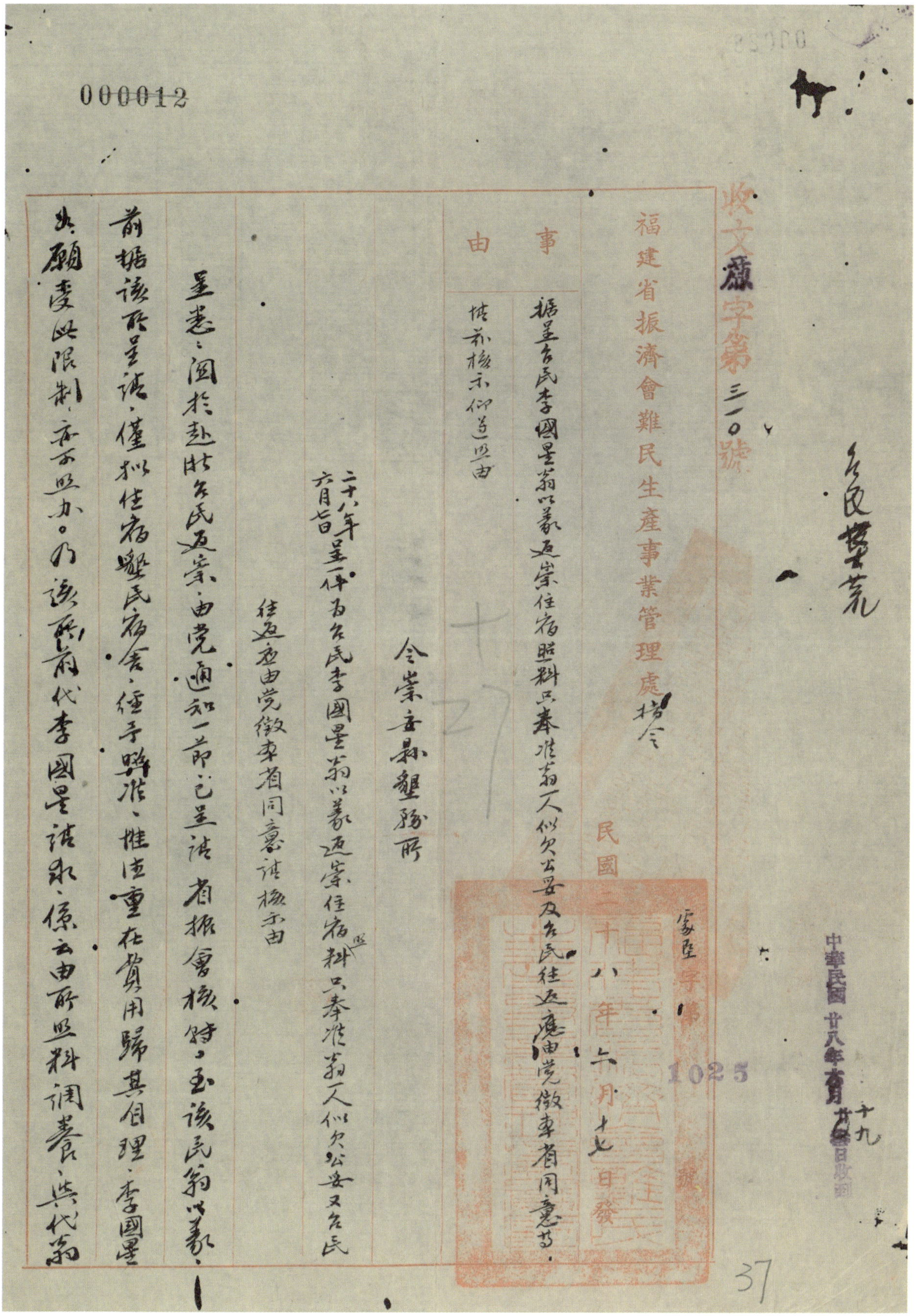

福建省振济会难民生产事业管理处关于李国星、翁以义住宿调养事宜给崇安县垦务所的指令

一九三九年六月十七日

以蒙请求办法，显有不同。且既知翁以蒙未取得党函，何以前呈并不声叙。特

此批明。并仰知照。

此令。

兼处长 周一鹤

交赵管理员查明签复 六.十六

翁以义请仍准照民宿舍调养，俾其养贵用，

归其自理。李因兼无须受此限制，请

呈核，

晋照呈 胡佑祖 六.廿四

拟准查明签复

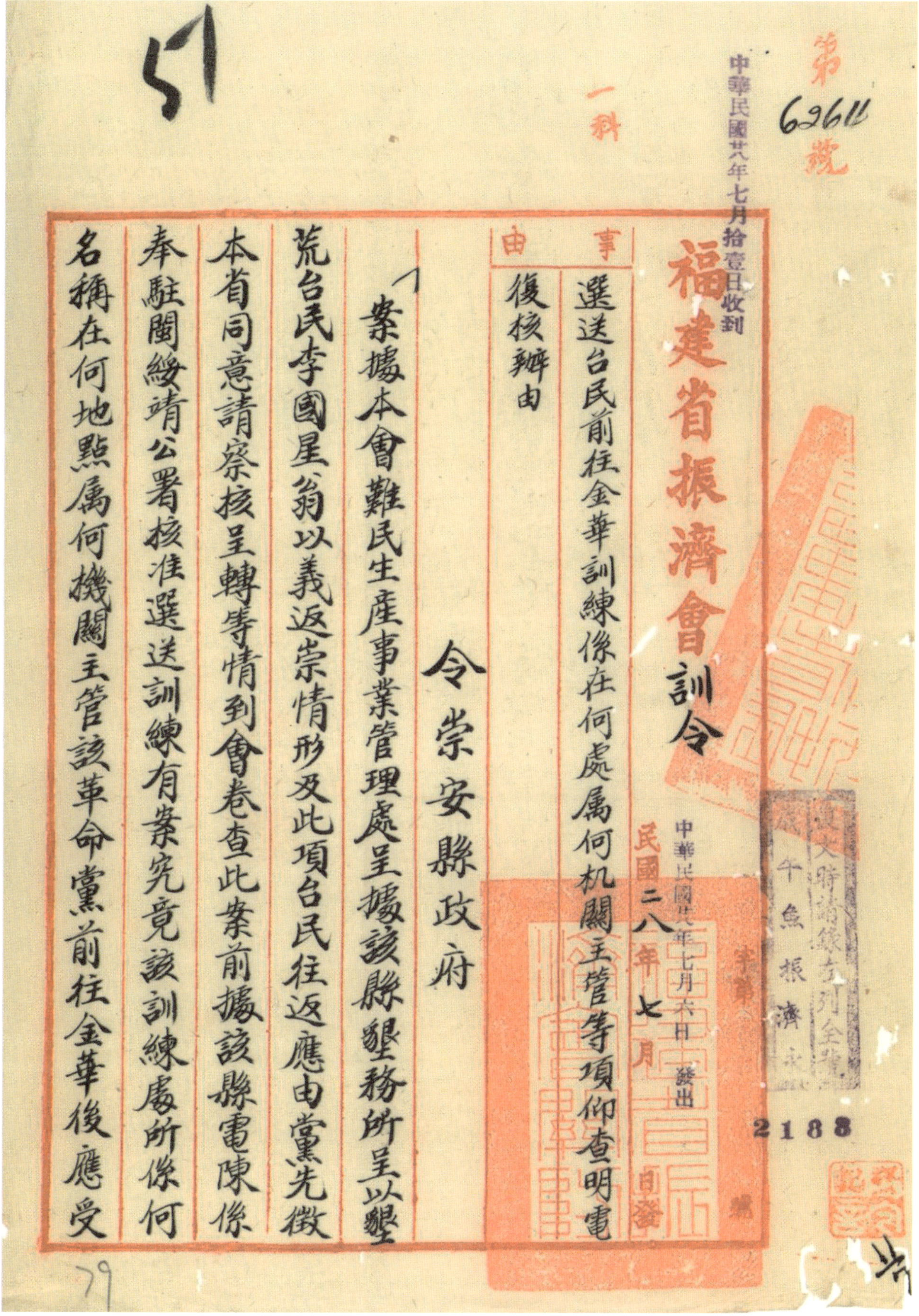

福建省振济会关于查询台民前往金华训练详情给崇安县政府的训令　　一九三九年七月六日

何處指揮務仰查明逐一電復以憑核辦切切此令

兼主任委員陳儀

查案代電呈覆 七卅一

函金華（信箱三十號）該黨李友邦先生查照

務逐一詳復以憑核 七卅

以

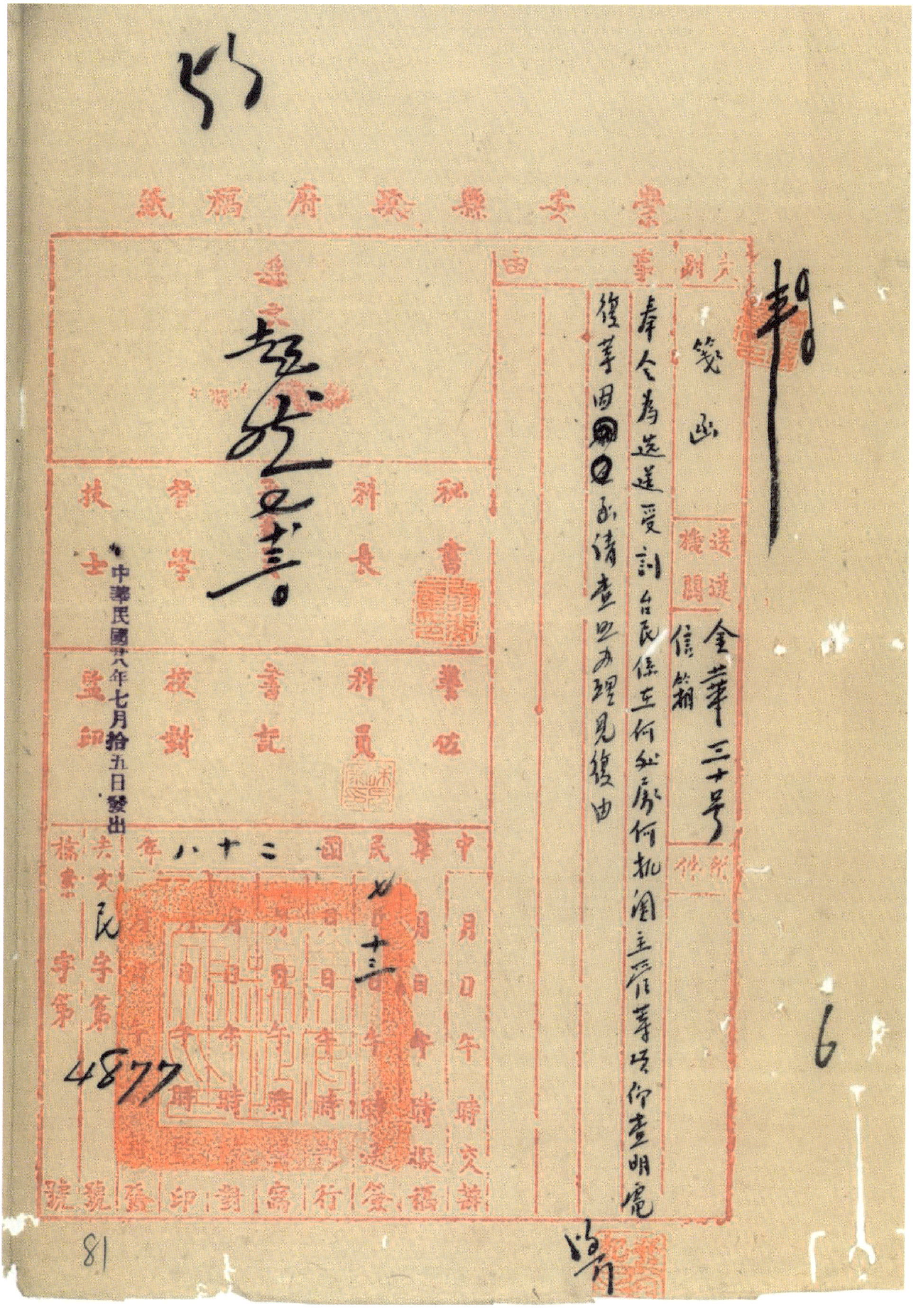

崇安县政府关于李国星等返崇事给台湾义勇队筹备委员会的函　　一九三九年七月十五日

逕启者：案奉　福建省振济会六年鱼振济永二一八三号
训令内开："案据本会难民生产事业管理处云云　叙至切切
此令"等因；奉此，查本县民李国忠、翁以义等迳返崇已久，
究竟应否回原地服务，奉令前因，相应函请
查照办理见复，俾便转报为荷。

此致

友邦先生

崇安县政府启　七、十五

82

64

第6983號

一科

中華民國廿八年七月卅壹日收到

台灣義勇隊籌備委員會用箋

台灣義勇隊籌備委員會公函台字第叁拾肆號

逕復者頃接 貴縣政府七月十四日函示，敬就所詢各點，答復如次：

一、台灣義勇隊籌備委員會係奉 最高當局之命，由朝鮮義勇隊指導委員會與台灣獨立革命黨派員會同組織之。會址在浙江金華酒坊巷。關於義勇隊組訓事宜，籌委會直接向軍事委員會負責。

(03)

台湾义勇队筹备委员会关于该会组织情形及队员李国星等三人回崇调养给崇安县政府的函

一九三九年七月二十三日

65

台湾义勇队筹备委员会用笺

(二)台义队筹委会自得驻闽绥靖公署之核许，即率领台胞离闽来浙，集中金华训练，在集训期间，队员李国星、翁以义、李国明三人，因病曾分别准许给假，暂回崇安调养，并各随带公函商请

贵县政府，加以监护，现查该三员假期已满，敝筹委会业经令饬回队矣。

(三)该三员在

贵县调养期间，除曾商请监

104

14

台灣義勇隊籌備委員會用箋

護外，並希詳告三員之言行舉止，以便考核糾正

致生活費用，亦經飭歸自己負擔。

上項三端，即盼

貴縣政府查察办理為荷。此致

崇安縣長劉

台灣義勇隊
籌備委員會
主任委員 李友邦

中華民國二十八年七月二十三日

人查案呈復
又該李國日等三員
言動舉止
由管理員查復 八、一

105

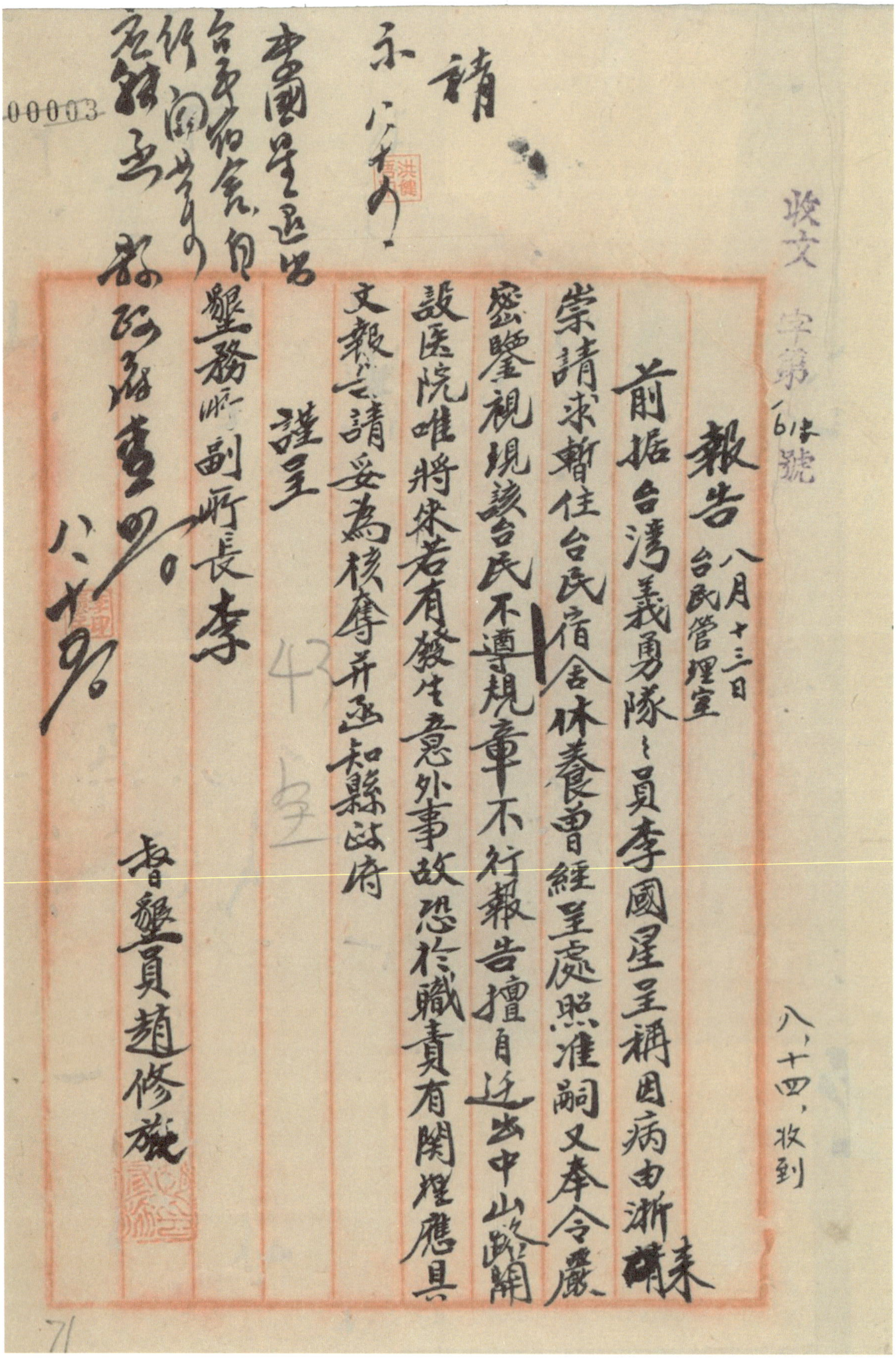

收文 字第616號

八、十四、收到

報告 八月十三日 台民管理室

前據台灣義勇隊隊員李國星呈稱因病由浙來崇請求暫住台民宿舍休養曾經呈處照准嗣又奉令嚴密鑒視現該台民不遵守規章不行報告擅自迁出中山路開設医院唯將來若有發生意外事故恐於職責有關理應具文報告請妥為核奪并函知縣政府

謹呈

墾務所副所長李

督墾員趙修齡

請示。少石 八

李國星遷出台民宿舍自行開業の應錄函縣府查照。 八、廿四

00003

崇安县垦务所督垦员关于李国星擅自迁出并开设医院给垦务所的报告　　一九三九年八月十三日

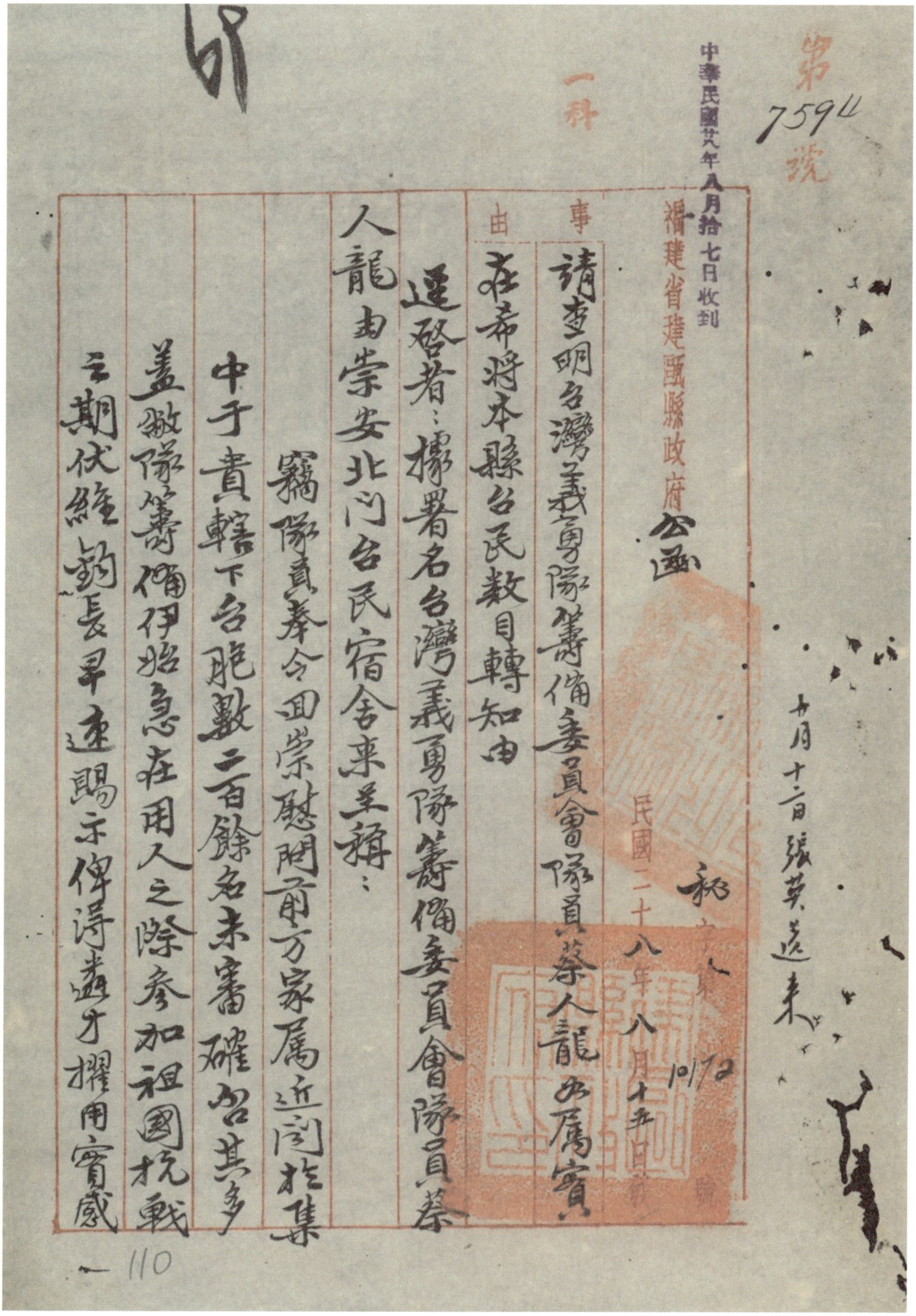
第7594號
中華民國廿八年八月拾七日收到
一科
福建省建甌縣政府公函
事由：請查明台灣義勇隊籌備委員會隊員蔡人龍如屬實在希將本縣台民數目轉知由
逕啓者：據署名台灣義勇隊籌備委員會隊員蔡人龍由崇安北門台民宿舍來呈稱：
竊隊員奉令回崇慰問前方家屬，近聞於集中于貴轄下台胞數二百餘名，未審確否，其多盖微隊籌備伊始，急在用人之際，參加祖國抗戰，亟期伏維鈞長早速賜示，俾得盡其擢用，實感
—110
民國二十八年八月十五日
秘字第1017號
十月十二日張英送來

建瓯县政府关于请查复台湾义勇队筹备委员会是否合法给崇安县政府的函

一九三九年八月十五日

公使

等情。據此，查本縣前奉 省令分派台民七十餘人到
縣，飭縣妥爲看管，現在居留城内，惟該蔡人龍究
竟有無其人，所稱台灣義勇隊籌備委員會已
否經軍政機關許可組織，以及有無其他作用，用特
管理負函請
貴府詳爲查照，如係合法，則希將本縣台民數目轉飭
查復以憑如上統希見復爲荷。此致
崇安縣政府

縣長高塏

111

報告　八月十五日

竊職奉

飭查復出征台民李國明、李國星、翁鵬飛等三名返崇行動舉止，遵經各方秘密偵查，茲將所得情形列報如左：

一、李國星以病告假返崇後，即因依戀妻眷，且懼前方危險，故種種設計措辭去函李友邦處續告長假，一面則在本城大街開設牙科店，景況頗佳。

二、翁鵬飛、李國明二名，半因肺疾未痊，亦有畏縮不前的原因，故退避想不歸隊，聞其均有取具醫生証明書逕向台灣義勇隊續行乞假矣。

台民管理员关于查报李国明、李国星及翁鹏飞返崇情形给崇安县政府的报告

一九三九年八月十五日

3、該李國星等常係與台民同人來往接觸，尚無越軌行為與不良思想，至詳細情形，應容陸續偵查再行報告。

謹呈

縣長劉

職張英（張英之章）謹簽

查案

函覆台灣義勇隊查照 六．十三

仍查報[illegible]。

102

第 2552 號

中華民國廿八年八月拾六日收到

一科

呈

事由	擬辦	批示	備考
呈為因患肺癆症請假回崇醫治久未痊癒不能早日到部听訓完成抗敵使命懇祈 恳予代將病情报聞李領袖若得早痊决然速趋到部聽命以尽義勇之职任由	呈悉。既據声称已[illegible]醫生診斷，亦應逕呈李主席處請假，仰候批示可也。此批 八.十七	[illegible]	字第 號 年 月 日 時到

附件

收文 字第 號

91

翁鹏飞为因病未愈请代向李友邦主席宽假给崇安县政府的理由书　　一九三九年八月十六日

具呈理由書台湾義勇隊隊員翁鵬飛素以視敵如仇有心為祖國効力未逢机會難遂寸丹幸得台湾義勇隊籌備委員會主席李先生蒞崇引導方能少遂為國効勞抗敵誅仇之本衷是以十分踴躍矢志向前追隨李領袖到達訓練抗敵目的地熱心研究殺敵破敵方畧矢勤矢勇夙夜匪懈急欲完成使命乃不幸因研究過力以致患肺癆咯血之症雖已得病志願猶堅尚冀早痊繼續進行故在浙江醫治月餘未見功効至五月十一日不得已請假回崇調治到達後越日即就衛生院診治迄今已閱數月依然時起時止無法速除病源霍然勿藥方好復赴總部繼續工作完成夙

92

60

志也乃據醫師診察云此係緩症一時無治痊之靈藥雖有醫師調治亦要相當休養方有裨益即于八月四日將衛生院診斷書連同請假信進呈李領袖再度請假調治若得痊癒即當速趁到部聽命決不敢有意偷安而取罪戾乎且病軀雖則沉重而愛國丹忱未嘗少餒無奈現際不能振作精神到部亦屬無益為此謹將事實理由具呈

鈞長 懇祈恩予據寔報聞李領袖實感德便

謹呈

崇安縣縣長 劉

具呈理由書台灣義勇隊隊員翁鵬飛

翁鵬飛印

93

中華民國二十八年八月十六日

94

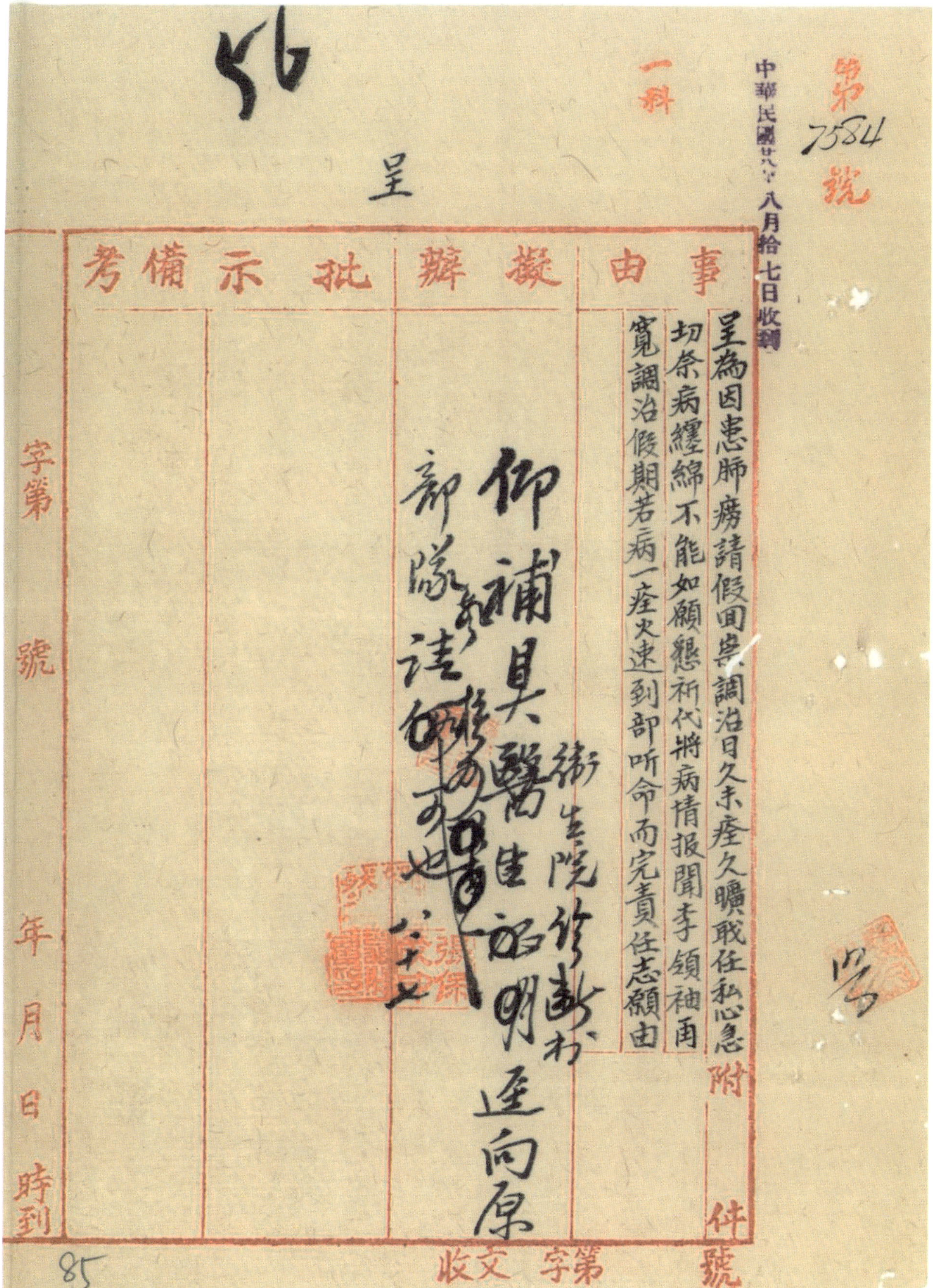

56

呈

一科

中華民國廿八年八月拾七日收到

第7584號

事由	擬辦	批示	備考
呈為因患肺癆請假回崇調治日久未痊久曠職任私心急切奈病纏綿不能如願懇祈代將病情報聞李領袖再寬調治假期若病一痊火速到部听命而完責任志願由		仰補具衛生院診斷書醫生證明逐向原部隊請假為要 八·十七	

附件

字第 號

年 月 日 時到

收文 字第 號

85

李国明为因病未愈请代向李友邦主席宽假给崇安县政府的理由书　　一九三九年八月十七日

具呈理由書台湾義勇隊隊員李國明夙具熱心為祖國効力驅逐侵略者出諸大中國領土之外是[illegible]此同志願參加台湾義勇隊追隨李主席到浙訓練義勇抗敵工作詎料有心為國出力痛恨病魔相擾致患肺癆吐血之症頭暈眼花四肢無力幾成廢人微軀既損難得立即成就初衷無奈向李領袖請假回崇醫治經衛生院醫師優予細心診治雖有少効僅治其標未能悉除其本最切要者冀望早痊好得到部听命驅策殺敵誅仇爭取最後勝利屬於我國完成義勇之夙志可奈病軀不癒防害前途心甚急焉惟是愛國有心恨力不逮奈何徒喚病到如此

86

57

雖則到部亦有若無耳為此謹具確切理由進呈
鈞長　乞祈代為致意李領袖再容寬假調治若得
早驅病魔自應速到部听命驅敵以完志願也千
祈代為轉聞寔感德便

謹呈

崇安縣縣長　劉

具呈理由書台灣義勇隊隊員李國明

87

中華民國二十八年八月十七日

88

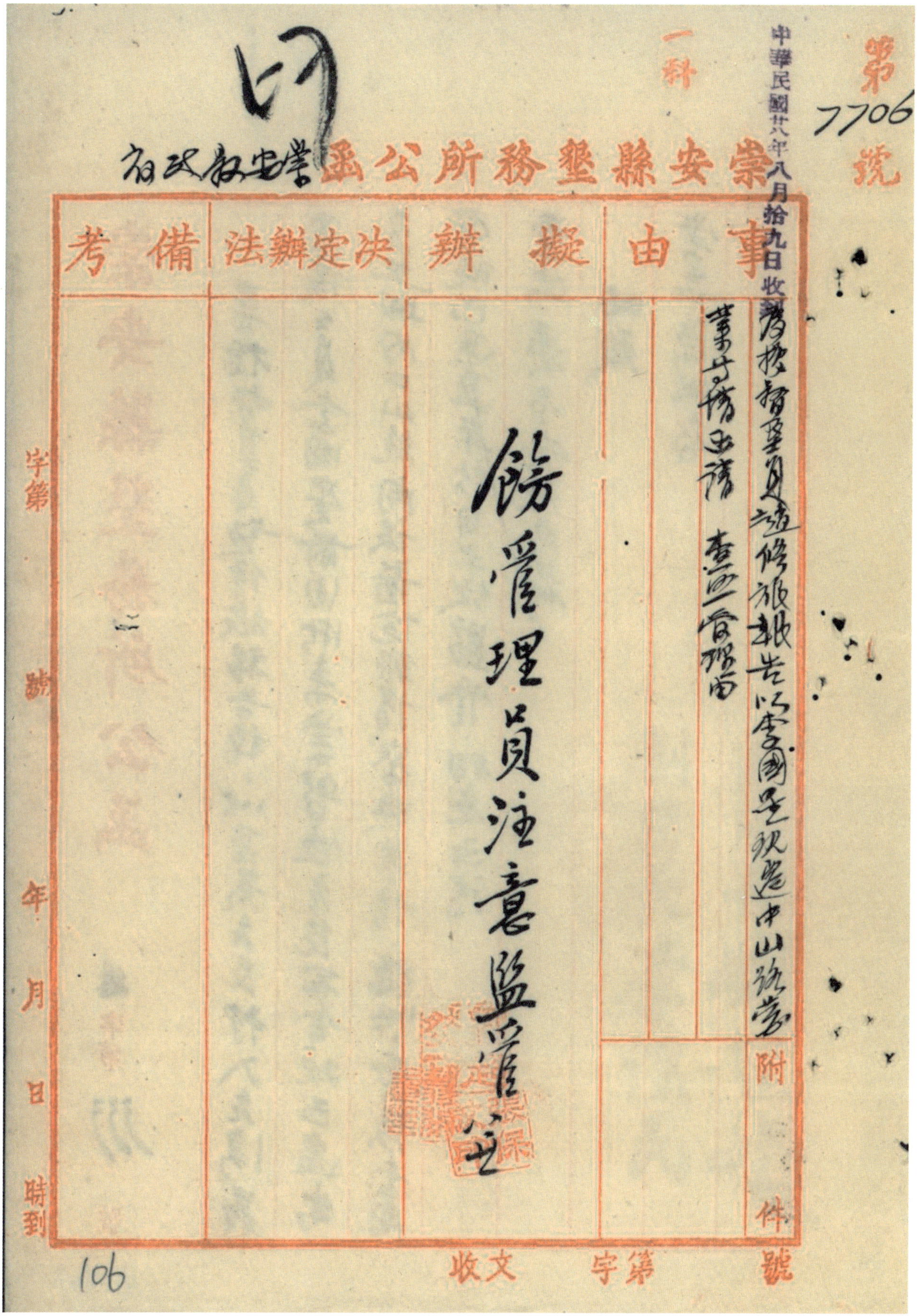

第7706號

一科

中華民國廿八年八月拾九日收到

崇安縣墾務所公函

事由	擬辦	決定辦法	備考
為據[illegible]報告以李國星[illegible]中山路營業等情函請查照管理由	飭管理員注意監管		

附件

收文　字第　號

字第　號　年　月　日　時到

106

崇安县垦务所关于李国星既已退垦迁出本所未便监管给崇安县政府的函　　一九三九年八月十九日

崇安縣墾務所公函

總字第333號

案據督墾員趙修旗報告稱：「以墾荒台民招入台灣義勇隊台員李國墨前由浙來崇暫住台民宿舍，現已遷出，另在城內中山路開設醫院」，報請察核等情。據此，查該李國墨既已遷至本所，自未便監管，相應函請

查照，並予管理為荷。

此致

崇安縣政府

68

兼所長劉啓光

副所長李懷民

108

中華民國廿六年八月十九日

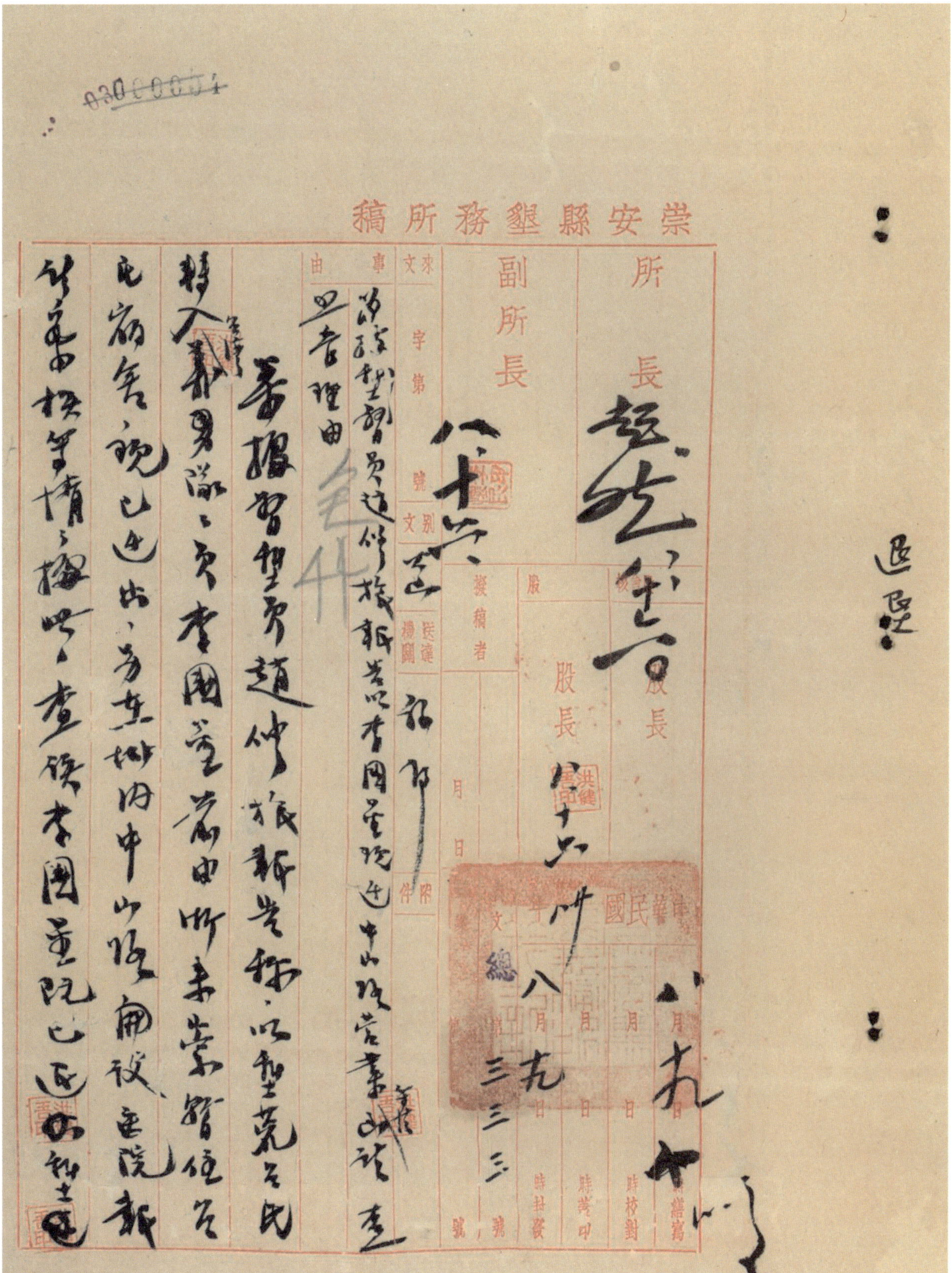

030000004

崇安縣墾務所稿

所長 [signature] 八月廿六

副所長

股長 [signature] 廿六

股長

擬稿者

事由：為據墾民趙炳振等呈以李國星退遷中山路營業請查照見告理由

文別：函

送達機關：縣府

中華民國 年 八月 廿九 日 總字第三三三號

案據墾民趙炳振等呈稱："以墾荒之民轉入義勇隊之李國星前由本所來崇暫住本所宿舍，現已遷出，另在城內中山路開設茶館新營生意"等情。據此，查該李國星既已遷出另謀生

72

崇安县垦务所关于李国星退垦迁出本所未便监管给崇安县政府的函　　一九三九年八月十九日

本所並未收藏該書，相應函復
查照，惠予查照為荷。
此致
司法行政部

73

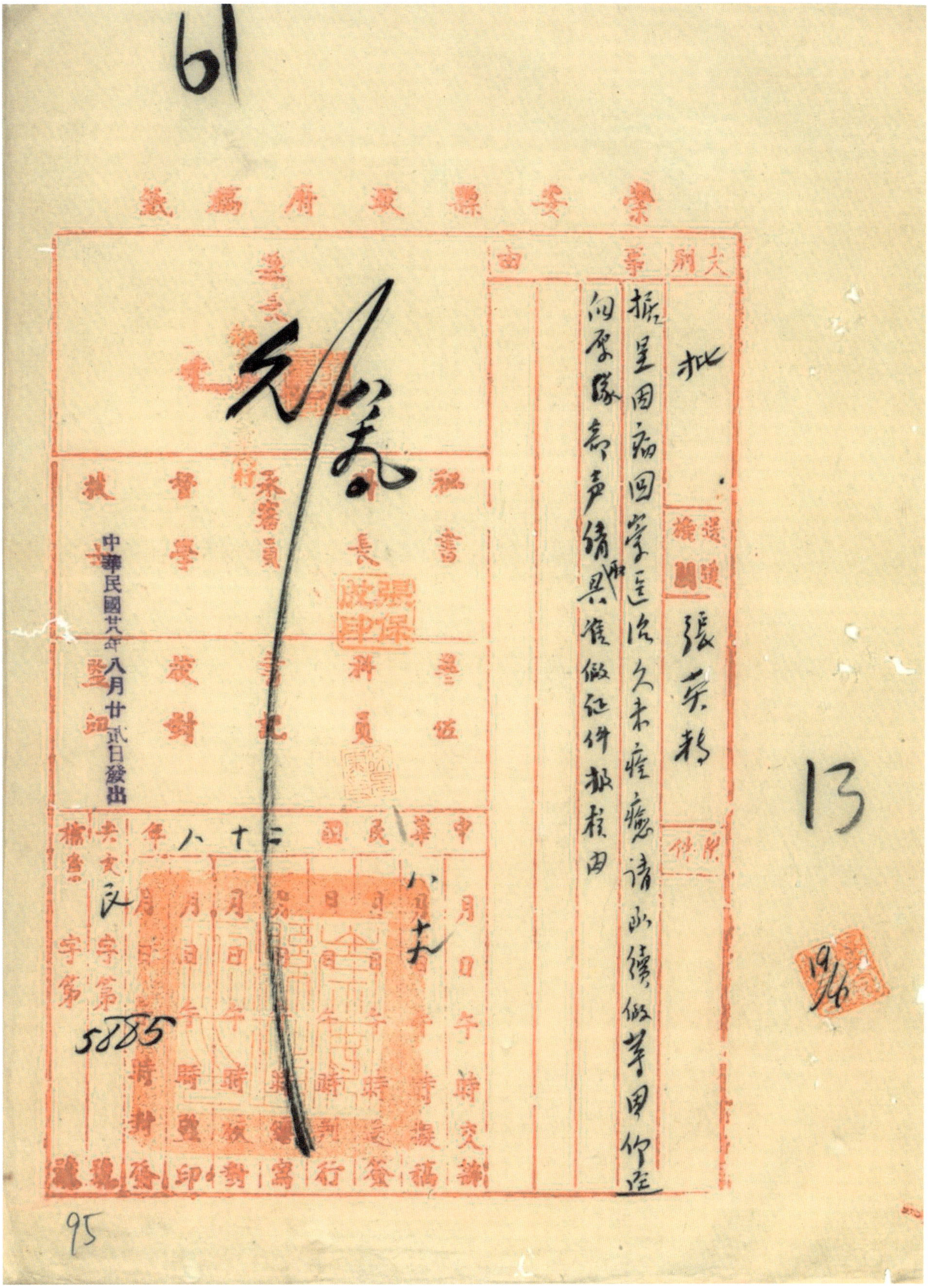

崇安县政府关于迳向原队部请准宽假给翁鹏飞的批　　一九三九年八月二十二日

崇安縣政府批 民字第　　號

具呈人翁鵬飛

廿八年八月十六日呈一件呈一件因病回家逾限久未

痊癒請函續假由

呈悉。據稱各節如果屬實，仰逕向原隊部

聲請給假取具准假證明文件據情核辦切切

此批

縣長劉□

96

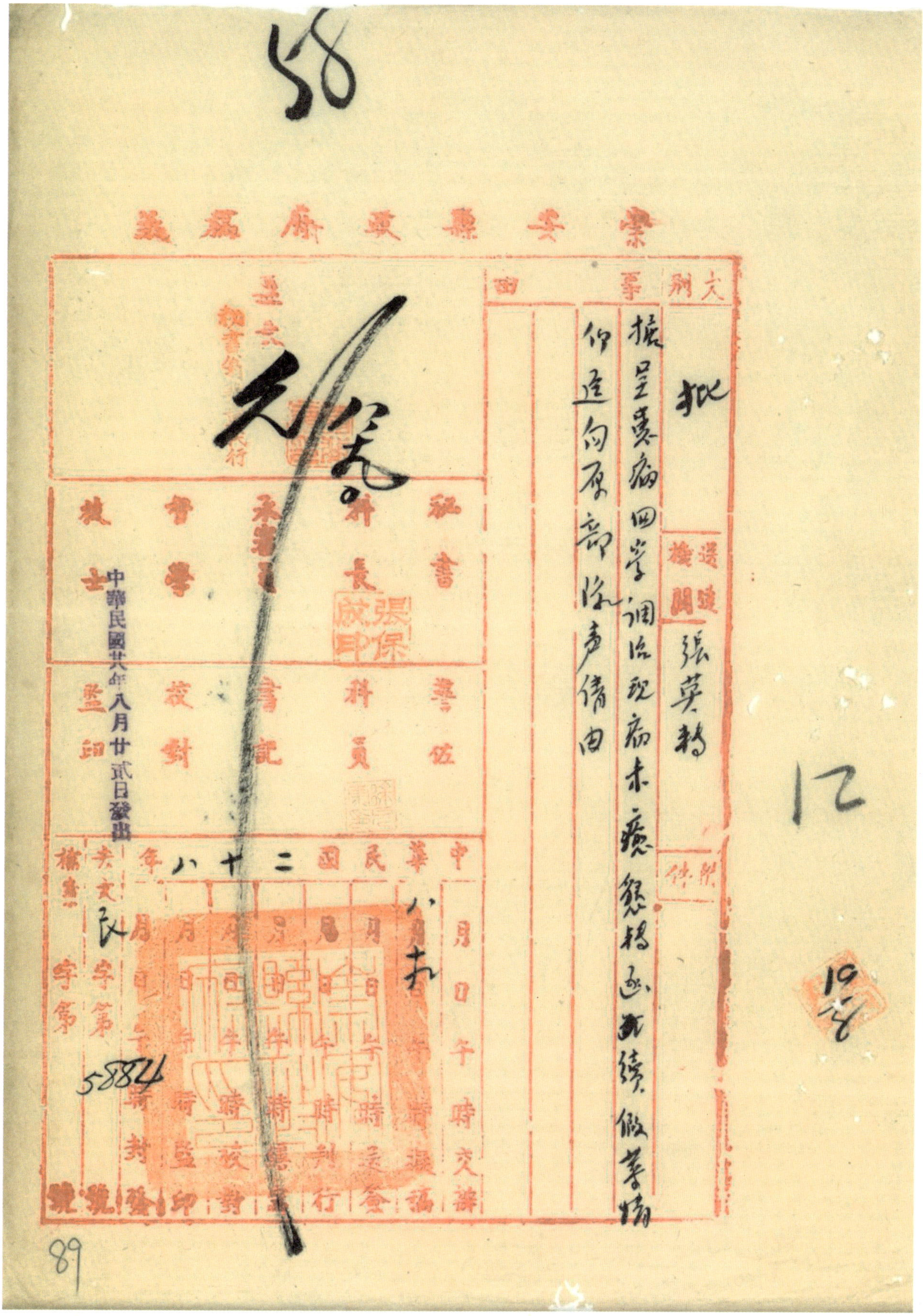

崇安縣政府稿箋

文别	批
事由	據呈患病回家調治現病未癒懇請函續假等情仰逕向原部隊請准續假由
送達機關	張英□

中華民國廿八年八月廿二日發出

崇安县政府关于迳向原队部请准续假给李国明的批　　一九三九年八月二十二日

崇安縣政府批　民字第　號

具呈人李國明

二十八年八月廿七日呈一件呈為因患肺癆病回崇調治因病未愈請再續假俾資調養由

呈悉。仰補具本年七月證明書即將醫院證明書件檢齊逕向原部隊長續請核辦可也。

此批

縣長劉[illegible]

90

第11035號

中華民國廿八年十一月拾四日收到

一科

台灣義勇隊本部用箋

國民政府軍事委員會政治部台灣義勇隊公函　義字第五一號

中華民國廿八年十一月六日

事由：函請扣留本隊隊員李國星以便提回辦理希見復由

查本隊隊員李國星一名，前因病於四月三十日請假往崇安療治，所給假期，已逾多時，經本隊令飭歸隊在案，該隊員竟屢次藉故延宕，久不歸隊銷假，殊屬非是，相應函請貴縣將該李國星一名代為扣押，以便提回按法辦理，並希見復為荷！

此致

117

台湾义勇队李友邦关于请扣留李国星以便提回办理给崇安县政府的函　　一九三九年十一月六日

台灣義勇隊隊本部用箋

崇安縣縣長劉

國民政府軍事委員會政治部台灣義勇隊隊長李友邦

批准扣留并函請提回

118

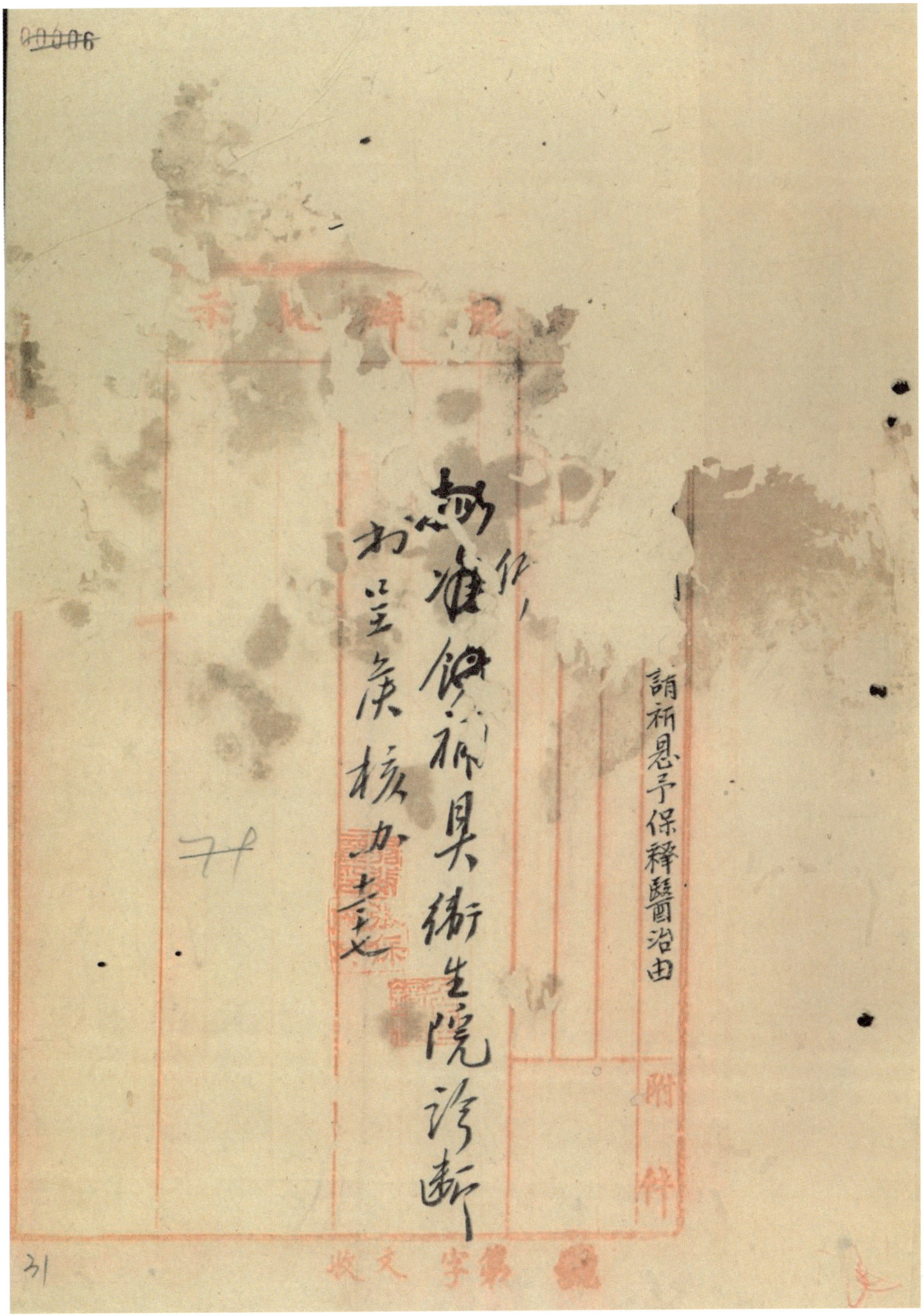

李国星关于请准保释就医给崇安县政府的呈　　一九三九年十一月十七日

呈為〻〻病現在調治中請祈懇予保釋醫治由

具呈民李國星緣參加台灣獨立革命義勇隊到金華訓練〻〻患肺癆之症曾向 主席台前請假回崇安醫治攜有主席公文送呈 鈞〻〻照会准民在崇調治身体回崇後即積極醫〻

〻〻係纏症未能速即痊癒早日重到金華完成義勇〻作爭取最後勝利以盡厥職誠乃熱心愛國恥躬不逮故致〻過假期經台灣獨立革命義勇隊籌備委員會領袖行文〻〻〻 無如〻〻〻難以就〻〻民曾再具呈向領袖續假〻敢故意偷安而取罪戾實因病軀仍調治中為此具呈 鈞長附賜迫日衛

32

迅[illegible]甄別真偽病情伏乞恩予保釋繼續
光[illegible]輩以尽義勇之天職而遂愛國初衷
准如[illegible]感公便

謹呈

[illegible]縣政府縣長劉

具呈民在押李國星

民國二十八年十二月十七日

34

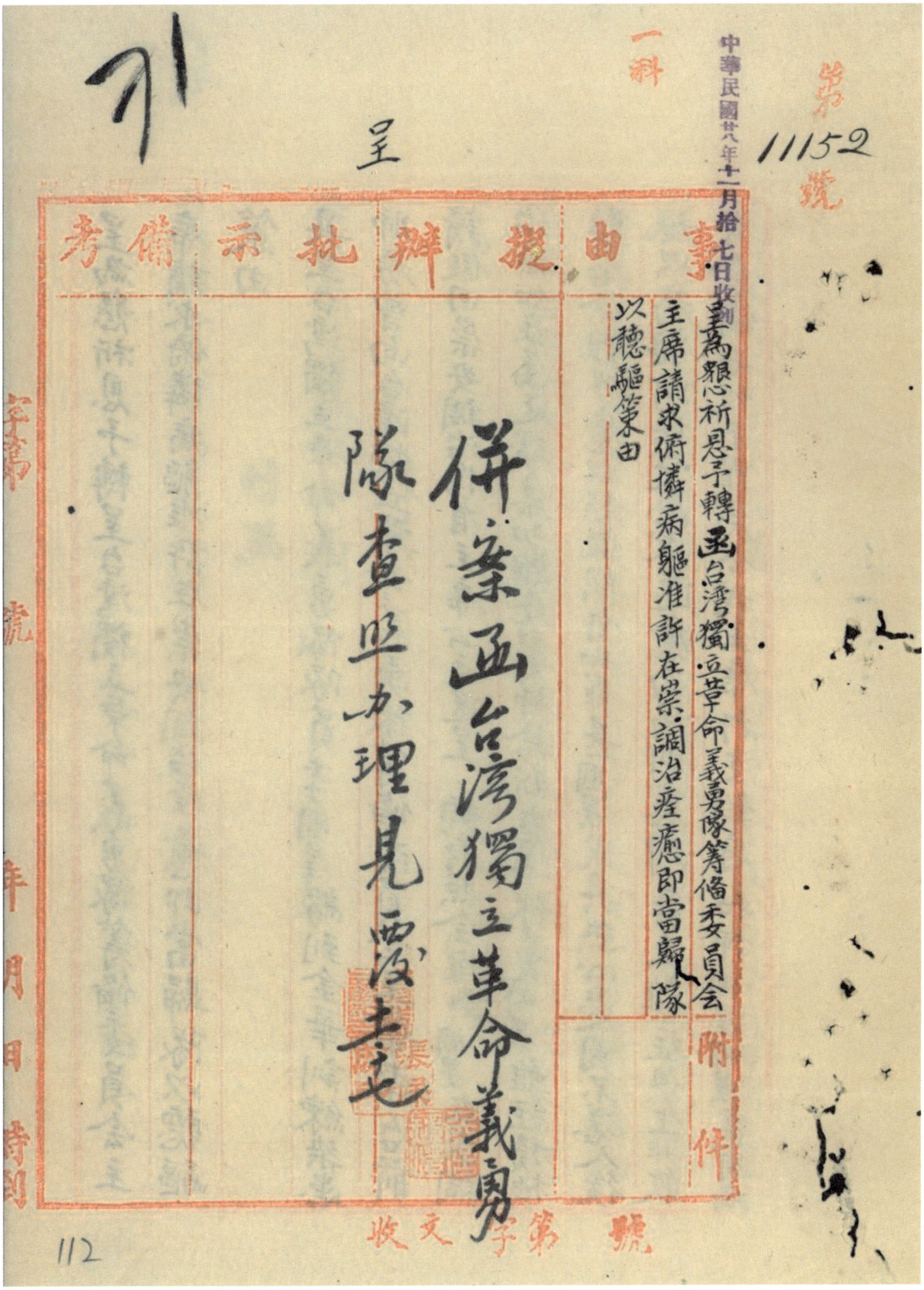

呈

中華民國廿八年十一月拾七日收到

一科

第 11152 號

事由	擬辦	批示	備考
呈為懇祈恳予轉函台灣獨立革命義勇隊籌備委員会主席請求俯憐病軀准許在崇調治瘧癒即當歸隊以聽驅策由	併案函台灣獨立革命義勇隊查照办理 見西霞 十七		

收文 字第 號

李国星为转请李友邦主席准在崇安调治疟愈后归队给崇安县政府的呈

一九三九年十一月十七日

呈為懇祈恩予轉呈台灣獨立革命義勇隊籌備委員会主
席請求俯憐病軀准許在崇安調治痊癒即當歸隊以聽驅
策由

具呈台灣獨立革命義勇隊隊員李國星緣到金華訓練染患
肺病曾向台灣獨立革命義勇隊籌備委員会主席李台前
請假回崇安調治携有主席公文送呈　鈞府照会准許國星在崇調
治無如症属延緩急切難痊醫師診斷應予休養國星雖經積極
醫治奈難早癒以超假期自知罪甚國星夙具熱心愛國不落人後
祇以病軀所悮心愈急求速癒而病則愈增甚至雜症俱生非敢
有意偷安致干罪戾今我主席行文鈞府　扣押國星國星寔有病

113

38

症抑或借故苟安難瞞 鈞長明鏡鑒察現際尚由衛生院醫治有診斷書可證謹具確實情形進呈 鈞長伏乞恳予轉函台灣獨立革命義勇隊籌備委員会主席請求俯賜矜憫病軀准許在崇安調治痊愈即當歸隊以聽鞭策寔感公便

謹呈

崇安縣政府縣長 劉

轉函

台灣獨立革命義勇隊籌備委員會主席 李

具呈在押隊員李國星

114

中華民國二十八年十二月十七日

115

037
28.2

聚談台胞戰地服務班

月 日	調卷人姓名		
2.16	張保成		
1.21	徐名親		
3.22	陳自立		
5.21	徐名泉		
5.22	……		
3.26	—		

116

具保結人陳春圃等今向

崇安縣政府縣長劉

台前保得李國星壹名因病保外就醫隨傳隨到倘有不

到或逃走情事發生保人願負完全責任所具保結是實

具保結人陳春圃 陳春圃 前街門牌三十六號

仝 黃啟明 黃啟明 中山路門牌二十二號

鋪保共和診所 共和診所

號東楊從龍 楊從龍 中正路門牌二四二號

鋪保閩強理髮所 閩強理髮所印

號東林坤 林坤 中正路門牌二三四號

照准 [illegible]

附衛生院診斷書一

中華民國二十八年十一月十八日

[illegible]

119

李国星保外就医保结书 一九三九年十一月十八日

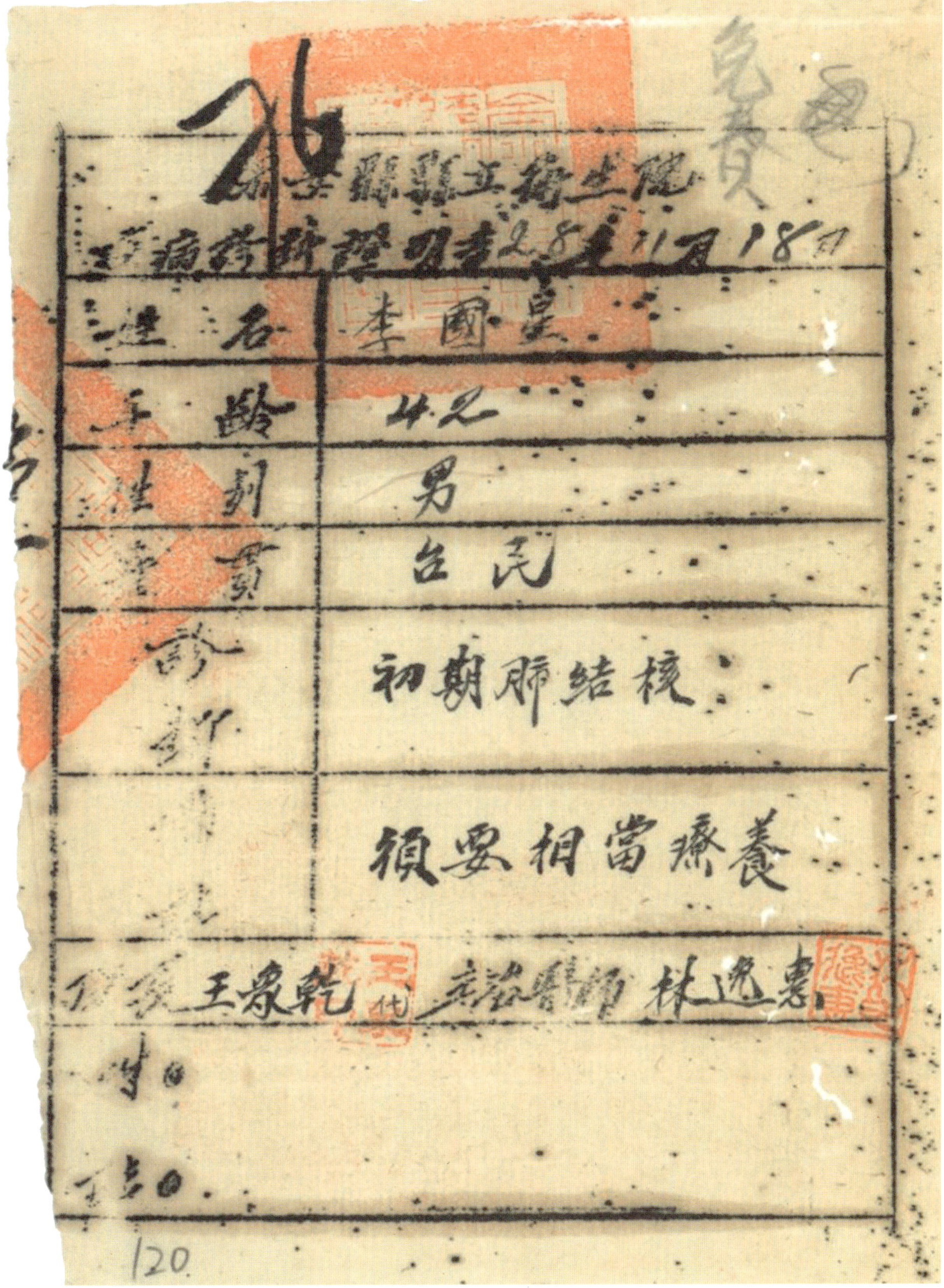

疾病診斷證明書 28年11月18日

姓名	李國星
年齡	42
性別	男
籍貫	台民
診斷	初期肺結核
	須要相當療養

院長 王象乾（代） 主治醫師 林逸

120

李国星疾病诊断证明书 一九三九年十一月十八日

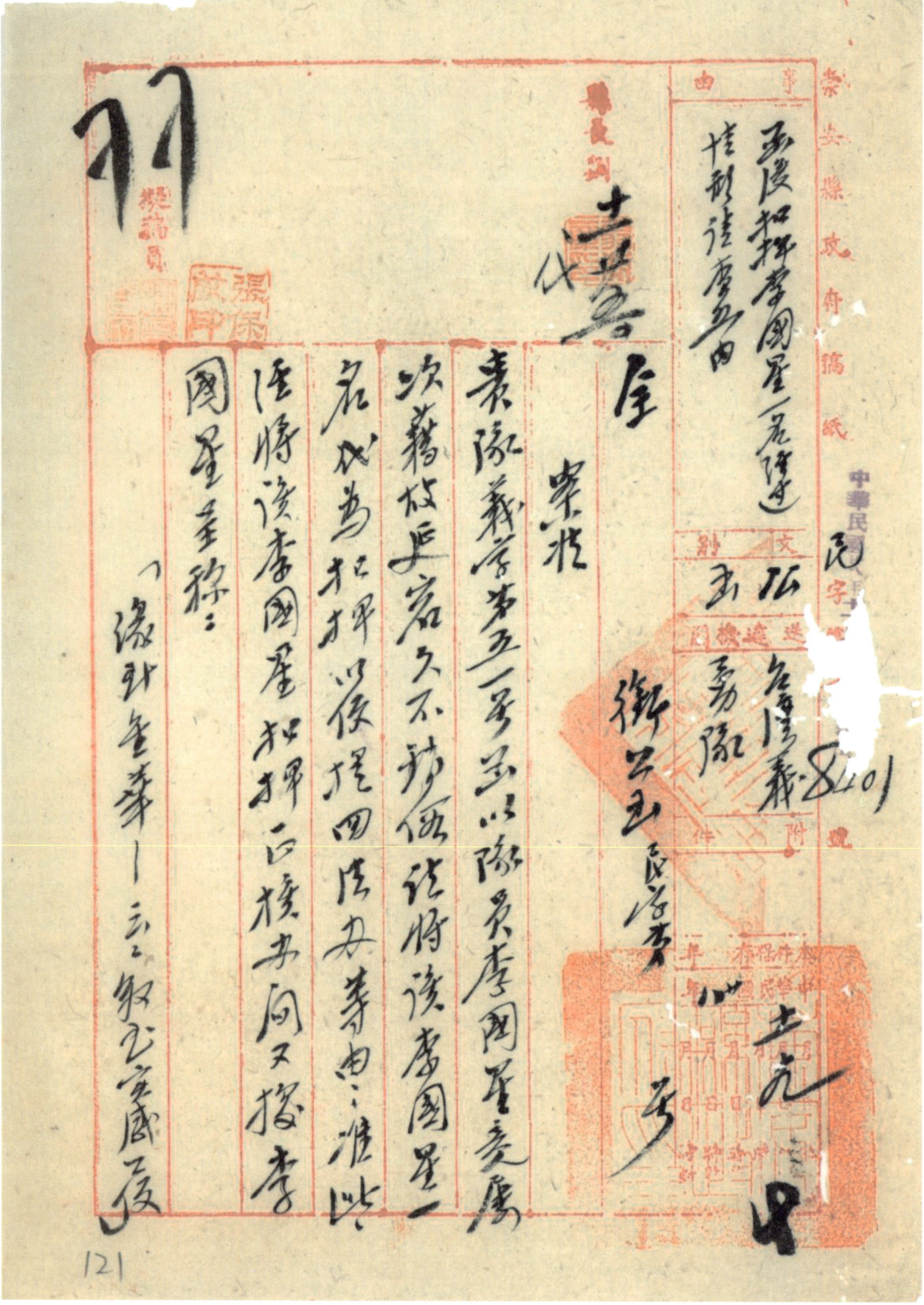

崇安县政府关于暂准李国星保外就医给台湾义勇队的函　　一九三九年十一月二十五日

78

等情。据此。查所称因病于本年本月实情。兹据陈惠国等呈缴保结及疾病诊断证明书前来。除准予暂行保外就医随传随到外，相应函达

查照。为荷。此致

国民政府军事委员会政治部台湾义勇队

衔　名

122

台灣義勇隊隊本部用箋

第 3099 號 一科

中華民國廿九年三月廿壹日收到

國民政府軍事委員會政治部台灣義勇隊公函 義字60號

查本隊隊員李國星前因假期已過仍未回隊銷假曾函請

貴府代為扣押以便提回辦理並准

貴府函復業已將該員扣留待提各在案茲派本隊隊員莊惠民前來請將

李國星一名交下帶隊為荷此致

崇安縣縣長劉

隊長 李友邦

中華民國二十九年三月十四日

台湾义勇队关于派庄惠民赴崇带李国星回队给崇安县政府的函　　一九四〇年三月十四日

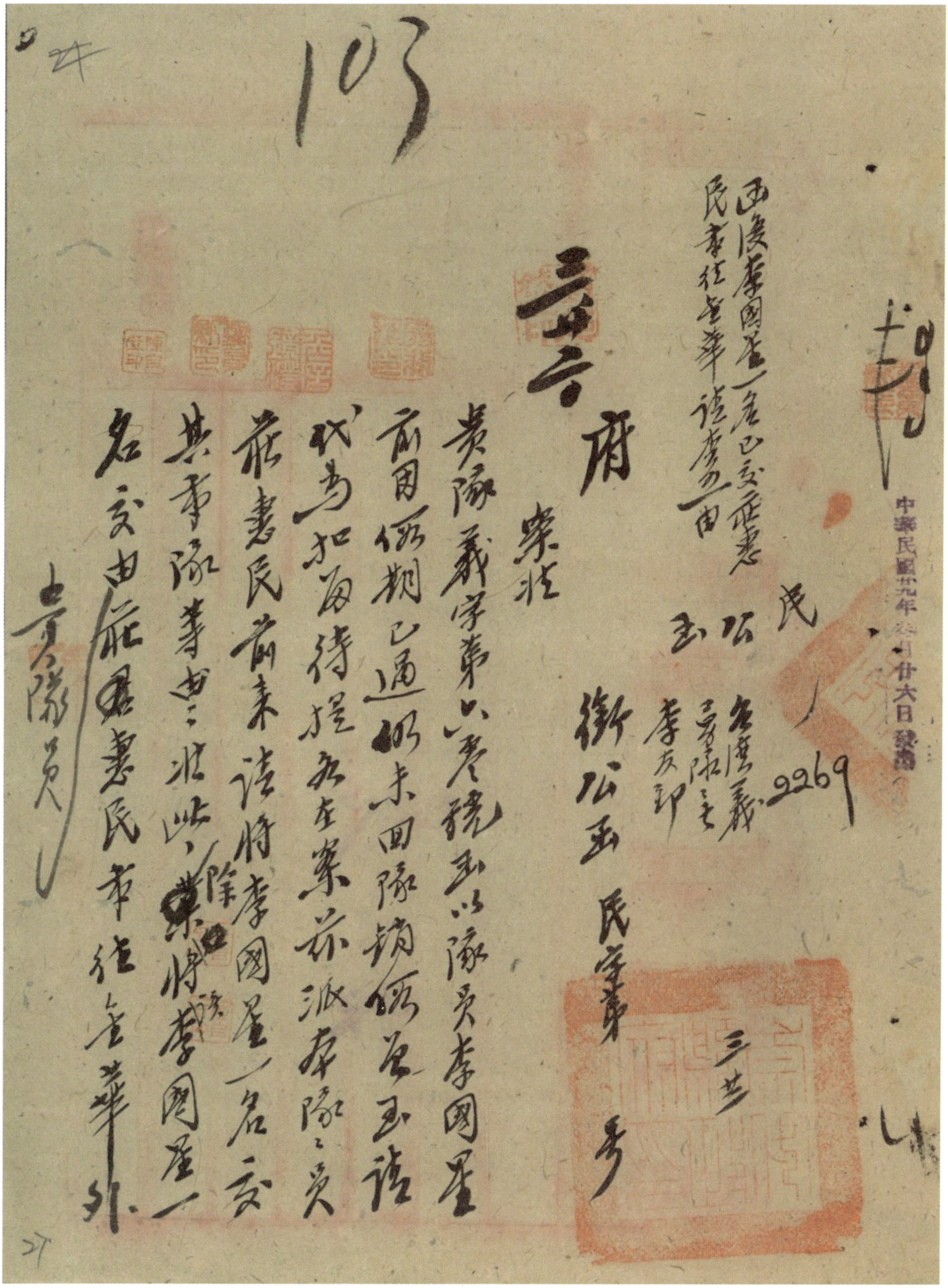
函复李国星一名已交庄惠民带往金华请查照由

崇安县政府 公函 民字第 号

案准

贵队义字第六〇号函以队员李国星前因假期已逾仍未回队销假兹函请代为扣留待提交来案兹派本队队员庄惠民前来请将李国星一名交其带队等由准此除将李国星一名交由庄惠民带往金华外

中华民国廿九年叁月廿六日发出

崇安县政府关于已将李国星交由庄惠民带往金华给台湾义勇队的函

一九四〇年三月二十六日

104

准函前由，相应函复

查照，为荷！

此致

台湾义勇队队长李

附送李国基一名

衔

名

28

军事委员会政治部、第三战区副司令长官部政治部等关于台湾义勇队成立及组织人员经费等的相关文件

一九三九年五月—一九四五年二月

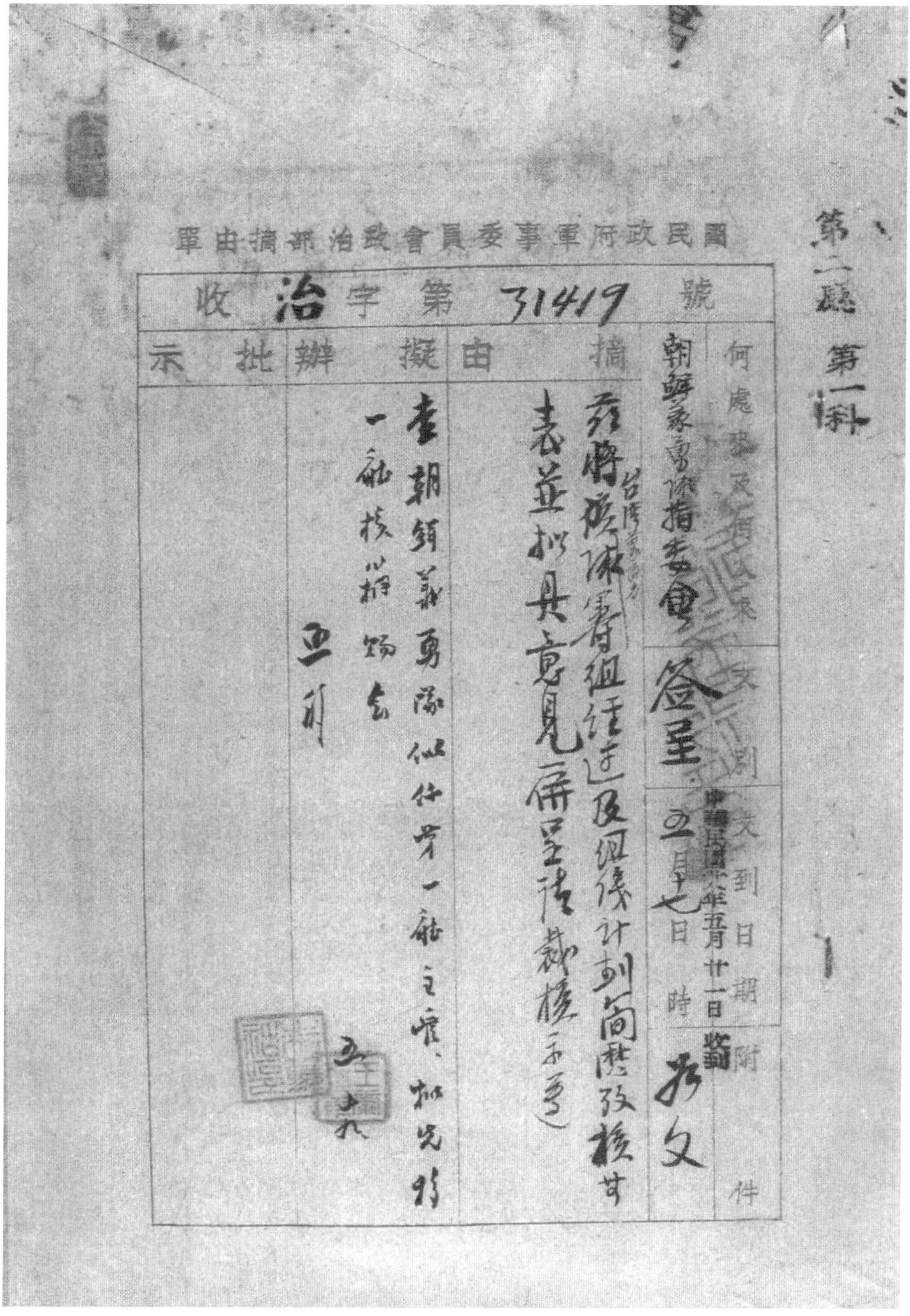

朝鲜义勇队指导委员会关于台湾义勇队筹组经过给军委会政治部的签呈（附：台湾义勇队筹组经过、组织训练计划及简历考核等文件）

一九三九年五月六日

簽呈 五月六日 于桂林碼坪街二十八號

頃由台灣義勇隊籌備委員會張委員一之，持來該會申請轉報成立台灣義勇隊函及組織計劃書等各件，業經詳細審查，茲將該隊籌組經過，計劃內容要點，及該會所送各件，一併呈報，並擬具意見如下：

(甲)台灣義勇隊籌組經過：

(一)該隊自去年一月，經朝鮮義勇隊指導委員會決議，並呈准桂林行營政治部後，即着由台灣獨立革命黨主席李友邦氏在金華負責籌備，併由行營政治部批准，自一月份起由朝鮮義勇隊經常費項下，每月津貼籌備費用國幣三百元正，後以該會之請求增加，復呈准自四月份起，每月增加二百元，為五百元。

(二)一月二十日台灣義勇隊籌備委員會正式成立，由李友邦、張一之、郭汝侯、林心平、張應璋、五氏任籌備委員開始工作。

(三)於二月二十日並三月十四日先後由閩浙皖等省召集台胞二批計六十三名內少年團九名，集中金華。

(四)二月二十七日開始「預備訓練」，以三個月為期，課目計分軍事、政治、經濟、歷史、語言、及對敵宣傳技術等，各科均以三民主義及抗戰建國綱領為依歸，內容頗充實，同時本「學行合一」之精神，在當地展開各種抗戰後援工作，備承各界贊譽。

(五)朝鮮義勇隊指導委員會，不時將總政治部及桂林行營政治部，對於義勇隊工作之指示要點轉達該[illegible]，以資遵循；併時根據其報告，給以正確指導。其中關於參加隊員之成分一點，更促其特別注意。

(六)茲，預備訓練，行將期滿，隊員份子，經詳細考核，結果尚稱純潔，同時其他籌備事項，亦告就緒，即日可請成立。

(乙)關於台灣義勇隊組織計劃：

(一)內容要點：

一、隊本部設文書、政治、總務三組，以支隊為訓練單位，每支隊人數，以六十名為標準，先成立第一支隊。

二、經費，總計國幣六千九百零九元正，內一次臨時費二千三百九十四元正，暨按月經常費四千五百十五元正。

一、訓練完畢後，隊員之工作，計分醫療、救護、對敵宣傳及貢獻特殊技能、協助國防生產等方面，惟工作地區，擬以閩浙粵等沿海各地為宜，如有必要時，亦可調往他處。

(二)職等之意以為：

一、隊本部組織，頗合理，似可照辦，因東南沿海各省台胞為數甚多、願參加者頗衆，故第一支隊正式成立後，即須開始籌組第二三……支隊，俾可繼續訓練，分派工作，即使一時參加隊員名額不足時，本隊部組織亦應照常成立，以便指揮派出隊員之工作，並從事台灣義勇隊本身之單位活動。

二、經費預算內所列各項，皆屬最低限度之必需，其按月經常費總數(四千五百十五元)較朝鮮義勇隊(五千六百四十元)，減少一千一百四十五元以兩隊隊務比較之似應照數成立。
三、不論工作地區抑工作部門為何該隊隊員一經派出後即應由其所屬單位負責指揮並支給生活及工作等費用以免妨碍該隊以後之活動及發展。

(丙)朝鮮義勇隊及台灣義勇隊聯合組織芻議：
(一)將朝鮮及台灣兩義勇隊合組為國際義勇軍而以「國際義勇軍朝鮮隊」及「國際義勇軍台灣隊」等名分別之，經費及隊本部以下組織概照各該隊原先規定不予更改。
(二)組織國際義勇軍指導委員會向總政治部負一切責任而為該二隊最高指導機關。

(三)國際義勇軍指導委員會人事分配，以中國同志佔四分之二，朝鮮與台灣同志各佔四分之一，中國同志由總政治部委任，朝鮮及台灣同志以確可領導該隊，併經多數隊員同意者呈准總政治部指派之。

(四)改組國際義勇軍之理由如下：

一、查朝鮮義勇隊成立之最初計劃，本為國際義勇軍，後以僅朝鮮同志參加，乃奉命改稱今名，是以今次台灣義勇隊參加後之改組為國際義勇軍，原與最初計劃相符。

二、國際義勇軍成立後，對兩義勇隊工作之指揮，較能統一，以便增強效能。

三、國際義勇軍之號召力與包括性，遠大於兩義勇隊個別組織。

直韓台之聯合助我，將給國際以極大之衝動，及注意，不難由此促進世界同情我國者更進一步之助力，併為東亞各弱小民族共同抗日之先聲，有助我抗戰匪淺，亦為我國定國策之一。是以台灣義勇隊之急待成立，自不待言。今籌備事項既告就緒，同時隊員成分亦頗純潔，似可即時予以成立。以上所呈各點是否可行，伏乞

裁核示遵。　謹呈

桂林行營政治部主任梁
副主任　轉呈

秘書長賀轉呈

部長陳

副部長周
張

職周咸堂

潘文治

謹呈

附件

一、台灣義勇隊籌備委員會致朝鮮義勇隊指導委員會原函一件

二、籌組台灣義勇隊前閩浙粵等地台胞情形一件

三、台灣義勇隊組織計劃草案一件

四、台灣義勇隊隊員簡歷表
台灣少年團團員簡歷表一件

五、台灣義勇隊隊員成績考核表
台灣少年團團員成績考核表一件

六、隊員統計圖表一件

七、台灣義勇隊隊員「預備訓練」計劃一件

八、台湾义勇队「预备训练」期间工作概况一件

九、台湾义勇队筹备期内队员生活情形之一般一件

1218 15

(一)台灣義勇隊籌備委員會来函

台湾义勇队筹备委员会用笺

敬启者敝会自本年一月间在
贵会指导及援助之下成立以来先后已集合队
员六十余名在金华开始编队训练并展开一般
文化工作经过尚称良好兹以一切筹备事项业告
就绪而于队员成份亦经详细调查结果颇为纯洁
为早达台胞参加抗战起见似有将台湾义勇队正
式组织成立之必要爰派张委员一之携带台湾
义勇队组织计划草案及其他各件趋前请教务恳

台灣義勇隊籌備委員會用箋

貴會予以指示並乞代為呈報
政治部審察裁核俾便早日成立而利抗戰工作
為禱此致
朝鮮義勇隊指導委員會

台灣義勇隊籌備委員會
四月二十九日

計送
一、籌備組織台灣義勇隊前閩浙粵等地台胞情形一件
二、台灣義勇隊組織計劃草案一件
三、台灣義勇隊隊員簡歷表台灣義勇隊少年團
團員簡歷表共八一件

11218

18

台灣義勇隊籌備委員會用箋

四、台灣義勇隊隊員成績考核表台灣義勇隊少年團團員成績考核表共一件

五、台灣義勇隊隊員預備訓練計劃一件

六、台灣義勇隊隊員訓練期內工作概況一件

七、台灣義勇隊統計表一件

八、台灣義勇隊隊員籌備期內生活情形之一班（相片十張）一件

（完）

（二）籌組台灣義勇隊前閩浙粵等地台胞情形

台灣義勇隊籌備委員會

籌組台灣義勇隊前閩、浙、粵等地台胞情形

(甲)抗戰以前台胞在華情形

(1)人數及分散地點：因地理和歷史，都有着很密切的關係，所以台胞在華的，都散居在福建、浙江、廣東三省。其中以在福建的為最多，在福建的，又都集中在廈門、福州、晉江三處。據政府之調查，約萬人。在浙江、廣東的，則在平陽、澳門一帶，數目不詳。

(乙)來華目的：在華的台胞，雖然很多，但可總括分為下列三種：

1. 第一種曾在台灣做反日工作，因不堪壓迫，逃回祖國者。
2. 第二種來祖國經商者。(佔來華者多數)
3. 日本軍閥加以間諜訓練後，特别派來中國，或者是在台灣犯法的浪人、逃祖國者。

(3)在華工作。上述第一種人皆有政治意識、來華後、希望在祖國政府提攜下從事革命工作。但因祖國外交關係、不克十分活動活躍。第二種人大抵平平庸庸、只有痛恨日人之情緒、甚少積極行動。第三種人於日領事館指揮之下、在福建省大肆活動、做間諜工作。

(乙)抗戰後台胞在福建的情形

抗戰開始後、日本當局迫令台胞回台、第一種人堅不回去、在廈門甚多、因此被殺。在晉江等地者、亦表示誓不返台。在浙江的、因來華既久、更不顧及日本命令。關於福建台胞不顧回國者、福建報紙、曾有詳細記載、他們在晋江成立「抗日復土同盟會」、積極工作、對於敵國公債的購買、和各地獻金運動之參加、計自抗戰以來即以晋江一地而論已有六千元之多。而第二種人、一部分業已回台、一部分則分走南洋各地、另一部分則堅不返台、請祖國在分散人時、指定地點、令其集中。第三種人則因不復為中國人民、所以大抵回台、亦有極少數逃往各地做間諜工作者。

所以現在留在福建者、在成分上、革命者佔十分之八九、在浙江、廣東的則一向不與日本浪人相関、極為良好。

(丙)現在人數及生活情形

現在留在福建崇安者、男女老幼、共四百二十一人、在連城的七十九人，散在各縣，調查未完者不詳。大約估計，當在八九百人之多。在浙江、廣東者，正切實調查中。

在崇安連城者，係由福建省府指定移居地點後集中之，多半來自晉江、福州、業醫者很多，大多有家庭父母妻子。在崇安、連城二地，除各自謀生外，對於抗日工作，只能從事於一般宣傳工作，一般的說來，留華台胞，均甚希望在祖國政府提攜之下，參加作戰。

(丁) 台灣獨立革命黨的活動經過

台灣獨立革命黨，十三年在廣東成立。十數年來，都在台灣本部，和中國做着反日工作。祖國抗戰以來，曾提出三個基本口號，和兩件具体工作，為一切工作者努力之標準。

三個基本口號：

1、統一台灣一切革命力量，推翻日本帝國主義在台灣之統治，歸返祖國。

2、結合朝鮮革命力量，與祖國革命力量，共同打倒日本帝國主義。

3、聯合日本民衆，反對日本軍閥。

兩件具體工作是：

1、派黨員回台，與在台黨員，共同建立革命基礎，以便隨時發動暴動，牽制日寇，使之不能侵略祖國。

2、號召在華台胞，參加祖國抗戰。

因為要返台發動暴動，所以曾屢派黨員，密返台灣活動。因為要參加祖國抗戰，所以獨立革命黨代表李友邦，曾赴台胞集中的福建，組織台胞。

赴閩係由浙江省黨部主任委員谷正綱介紹與閩省黨政當局。因崇安的台胞很多，故先往崇安。到達後，即以參加祖國抗戰之主張，向留崇台胞詳細說明，他們極願參加。曾寫有長信一封，給獨立革命黨代表，除述說過往在福建的情形及現在的情形與對抗戰的意見外，併提出幾個具體的要求。其原文如次：

「1.吾輩中業醫者頗多，願組織在華台胞醫療隊，在後方做傷病兵民之醫療工作。

乙、吾輩中亦有年富力强者，願在　委員長領導之下，参加抗戰。去秋以來，留漢口之日，曾有國際縱隊之組織，朝鮮同志固無論矣，而日本民衆，尚且反抗日本軍閥，彼等且能之，而吾輩台胞獨不能之乎？故欲組織義勇隊，参加是項國際縱隊，望政府予以補助。

丙、其他亦曾有學過救護術者，亦有雖未學過而願参加此類工作者，請准給予短期訓練後，組織台胞前線救護隊到前方從事救護工作。

丁、吾輩多善操日語能日文，願做軍隊中之政治工作，如對敵宣傳等。

接得彼等請求後，即赴福州，晋謁黨政當局，陳特派員肇英先生，對台胞參加抗戰極為贊同，而陳主席儀則面示下列三點：

第一、他們既欲參加抗戰很好，政府可予以各種方便、各種補助，並可由獨立革命黨負責組織、率領參加。

第二、若一部分不能立刻工作，欲暫留崇安，政府當予以補助，使其生活安定。

第三、出而參戰之家屬，政府可酌予以給養。

會陳主席後，回到崇安時，留崇台胞當即請求組織台灣義勇隊，並開會討論組織辦法等，請獨立革命黨代表向祖國政府請示。

離崇安後，回到浙江，獨立革命黨即將一切情形，向浙省黨政當局陈述，并请求补助，黄主席和谷主任委员，十分赞同，并准给予协助，已由浙省府和省党部会呈中央，请求指示办法矣。

11218 24

(三)

台灣義勇隊組織計劃草案

台灣義勇隊籌備委員會

台灣義勇隊組織計劃草案

一、宗旨：

甲、參加祖國抗戰，驅逐日本帝國主義在華勢力，以求中華民族之自由解放。

乙、發展台灣革命運動，爭取台灣之獨立與自由，俾得重返祖國共同建立三民主義之新國家。

丙、聯合遠東被壓迫民族，打倒日本法西斯強盜，保障東亞永久和平。

二、工作：

甲、瓦解敵軍之工作。

乙、教化日台俘虜。

丙、貢獻特殊技能，協助國防生產。

丁、從事國內及國際宣傳。

戊、號召台胞來華參戰。

己、組織前方救護隊、慰勞隊、醫療隊等。

三、組織：

甲、體系：

隊本部—隊長—文書組、政治組、事務組

—支隊—支隊長

—班—班長

乙、說明：

(一)本隊設隊長一人，統理本隊一切隊務。

(二)隊本部下，設文書、政治、事務三組，每組各設主任一名，組員二名。

(三)支隊人數以六十名作標準，設支隊長一名，下分為六班，每班十人，各設班長一名。

四、經費：

本隊每月經常費及一次臨時費預算如下：

項目	金額	備考
第一項 經常費	四千五百十五元	
第一節 生活費	一千六百十五元	
第一目 職員生活費	二百九十五元	隊長、文書組主任、政治組主任、事務組主任、各支

		三十元，組員共六人，支隊長一人，各支二十五元，共支如上數。
第一目隊員生活費	一千三百二十元	隊員六十人，班長六人，各支二十元，共支如上數。
第二節辦公費	五百元	文具、紙張、灯油、茶水、房屋、伕役、通訊等。
第三節事業費	一千五百元	宣傳、交通、聯絡、派遣隊員家屬津貼等費。
第四節醫藥費	二百元	
第五節台灣獨立革命黨津貼費	五百元	籌組台灣義勇隊原（發動）為台灣獨立革命黨負責人發起主持，該黨經費向由募捐維持，從無定款，擬由義勇隊經費項下，每月津貼五百元，以利工作。
第六節預備費	二百元	以備繼續編隊時之隊員服裝費及其他意外開支。
第二項臨時費	二千三百九十四元	
第一節服裝費	五百九十四元	每人以九元計。
第二節移動費	五百元	
第三節籌備費	一千三百元	一、二、三月由朝鮮義勇隊每月津貼三百元，自四月份起增加二百元，為五百元，但因籌備伊始，諸感不足，尚托欠一千三百元，急待清還。
總計	六千九百零九元	

五、訓練：

甲、本隊隊員之訓練，分二種，一為編隊前之預備訓練，一為編隊後之經常訓練。
乙、預備訓練，即在隊未成立前三個月舉行之；經常訓練，則在成立後經常舉行之。
丙、預備訓練，以支隊爲單位；經常訓練，以班爲單位。
丁、預備訓練，由籌備委員會負責訓練，人員得聘隊外人士充任之；經常訓練，由本隊政治組負責。
（完）

1218 27

（四）

台灣義勇隊隊員簡歷表（一）

台灣少年團團員簡歷表（二）

台灣義勇隊籌備委員會

台灣義勇隊隊員簡歷表（一）

姓名	性别	年龄	在華年數	學歷	經歷	現屬黨派	志願工作	通訊處
莊德三	男	二五	一〇	福建泉州培元中學肄業五年	曾任小學教員		製樟腦教育俘虜	浙江金華酒坊巷十八號
陳一鳴	男	三〇	二〇	福建中學肄業三年	曾在菸酒捐局服務		政治工作	仝上
郭裕民	男	三二	八	台灣台北市幸町商工學校	曾任事務員及教員等職		仝上	仝上
李昇平	男	二六	三	台灣新竹中學肄業五年	曾任書記公司職員		製樟腦教育俘虜	金華郵箱三十号
莊惠民	男	三七	一〇	台灣長老教中學肄業三年	曾任集金員簿記醫生		治療兼政治工作	金華酒坊巷十八号
黃授傑	男	三七	一〇	閩南醫校五年肄業	業醫		醫務工作	福建崇安北門台民宿舍
楊振東	男	三四	一〇	台北醫學院肄業五年	業醫		醫務工作	仝上
劉新民	男	三三	二〇	台灣總督府博愛醫專內外科肄業五年	業醫並歷任軍醫	台灣獨立革命黨	政治及救護工作	福建晉江南門外青梅市街頭濟生醫院

郭汝侯	男	四〇	九	台灣台南書院漢文專修一年	革命運動	台灣獨立革命黨	對敵宣傳教育俘虜救護傷兵	浙江金華郵箱三十号
黃國瑞	男	三九	一〇	台灣台南醫院齒科口腔外科肄業五年	曾任會計及作革命工作	台灣獨立革命黨	書記及宣傳	仝上
李玉麟	男	四二	一〇	台灣第一公學二年肄業	醫生		醫治工作及教化俘虜	福建崇安北門台民宿舍
李逸仁	男	三四	九	台灣台南醫學部五年肄業	醫業		治療傷兵	仝上
曾健齡	男	三八	一三	日本東京大學齒科專門二年肄業	醫業及革命工作		醫務及教育俘虜	福建晋江第三區衙門口鎮衙口施至福交
翁鵬飛	男	三〇	一〇	浙江國醫專門學校內外科五年肄業	醫業		療治傷兵	福建晋江東石鎮民生醫院蔡春山交
吳者三	男	四五	一四	閩南醫學醫科五年醫業	醫業及革命工作	台灣獨立革命黨	療治傷兵	福建晋江衙口鎮衙口安濟醫院錢金球交
高魁	男	二八	二〇	福建南平戰時民衆教育訓練所六個月肄業	曾任民教股員及小學教員	仝上	瓦解敵軍教育俘虜	福州後嶼鄉
謝掙強	男	二八	七	台灣醫學研究院五年肄業	醫業	仝上	救護及政治工作	福建晋江第三區石獅大崙鄉東頭蔡懸抗交
陳志成	男	二六	七	台灣神庇醫學院五年醫業	任醫及革命工作		治療傷兵	金華酒坊巷十八号

吴雪花	女	二四	一七	厦門壽全産科專門肄業五年	業醫		看護傷兵	金華三十號郵箱
鄧東介	男	三四	九	台湾長老教醫院四年肄業	曾任校醫及救護部主任		療治傷兵教育俘虜	福州晉江三區石獅禮拜堂交
蔡人龍	男	三一	九	生理醫學院四年肄業	曾任醫院主任	台湾獨立革命黨	治療傷兵教化俘虜	福建泉州東石鎮民生醫院
鄧東光	男	三二	九	台南基督醫院五年肄業	曾任校醫及看護主任		仝上	福建晉江金井禮拜堂
蔡振起	男	二一	二〇	小學三年肄業	曾參加軍訓及救護工作		救護工作	福建晉江石鎮玉井戶
李明法	男	二八	九	上海中國醫學院二年肄業	業醫	台湾獨立革命黨	政治工作	福建晉江陳埭街法水堂藥舖
劉敏夫	男	三四	一一	東京醫院專門四年肄業	曾任醫員軍醫醫生		醫療及政治工作	福建晉江陳江鎮
王德民	男	三二	六	台湾第一公學五年肄業	曾參加台湾抗日宣傳工作		教育俘虜	福建晉江城內土地巷
吴宗明	男	三六	二〇	福州永生醫院研究肄業	業醫		醫療及宣傳工作	福州南港吴厝村
黄志施	男	三四	一〇	台湾回生醫院五年肄業	曾任醫生及校醫		療治傷兵教化俘虜	福建晉江南門外陳埭

石志英	男	三六	八	台南市惠牙科專門醫院肄業六年	業醫		治療傷兵教化俘虜	福建崇安北門台民寢舍
吴汝敏	女	一九	一七	上海中華職業補習班肄業一年	曾任小學教員		革命工作	金華酒坊巷十八号
鄒伯齊	男	一九	一一	福建民教師資訓練所肄業四月	曾任教員一年	台灣獨立革命黨	政治工作	福建福州東街路一四九号
楊純青	男	三二	一〇	台灣新竹公學六年肄業	曾經營印刷事業		仝上	台灣新竹州竹南郡崎頂八十四号
王正東	男	三〇	一〇	厦門中華醫學專門五年肄業	曾任教員		瓦解敵軍救護工作	福建晋江金井鎮華山醫院
王正西	男	二六	八	厦門中華醫學專門五年肄業	曾業醫及革命工作		仝上	福建晋江金井鎮華山醫院
林長松	男	二〇	二〇	福建省立第一小學少年团軍訓三月			政治工作	福建福州東大路五十四号
周文欽	男	二四	二〇	福建福州東瀛學校專修三年	曾在工廠服務	台灣革命党	仝上	福建福州劍光亭十四号
王逸客	男	五二	一〇	台灣總督府國語學校三年肄業	曾任文書及參加民衆党從事革命		教化俘虜政治工作	福建晋江金井華山醫院
施士平	男	三八	八	台灣新竹二中	曾從事革命參加文化協會	台灣獨立革命黨	政治工作	金華三十号信箱

李文	男	二六	九	台湾名孟中学四年肄业	曾从事革命参加文化协会	台湾独立革命党	政治工作	金华信箱三十号
王辉	男	二九	八	台湾新竹中学五年肄业	曾任教员	仝上	仝上	仝上
翁敬忠	男	二五	八	台湾台南中学五年肄业	曾做革命工作	仝上	仝上	仝上
李士良	男	二七	五	台北商工校二年肄业	曾在株式会社服务		政治工作	仝上
林圣三	男	三〇	七	台湾基隆一中五年肄业			救护教化俘虏国防生产	仝上
谢骏声	男	三八	八	台南工业专科三年肄业	曾在株式社会服务		后方生产工作	仝上
陈振义	男	三五	九	高雄一中三年肄业	曾任小学教员		后方生产教化俘虏	福建晋江安海石井林先生交
程德生	男	三七	七	台湾回生医院内外眼科	业医		救护及教育俘虏	仝上
李瑞成	男	二一	八	小学毕业	曾在台北樟脑专卖局服务		制樟脑造军火	金华酒坊巷十八号
庄添恩	男	二七	一〇	日本京都两洋中学五年肄业	曾在株式会社及制樟会社服务		革命工作	仝上

1218 30

林淑惠	女	三七	九	台南書院三年修業	業醫		看護宣傳等	浙江金華三十号信箱
葉逢春	男	三六	八	生理醫學院	日本赤十字會日社台湾支部医院服務		醫療及宣傳工作	仝上
朱春海	男	三二	三	日本高等工業學校二年肄業	曾在株式會社任技師		國防生產	仝上
林可相	男	二九	二〇	日本中華學校二年肄業	曾參加中國國民黨	中國國民黨	政治工作	福建崇安鉄井欄三号
羅新和	男	二五	六	台湾新竹農業學校二年肄業	曾參加復國運動		國防生產	金華三十号信箱
朱賜福	男	四二	一六	台湾公學六年肄業	曾經商		政治工作	仝上

台灣少年團團員簡歷表(二)

姓名	性别	年齡	在華年数	學歷	經歷	現屬党派	志願工作	通訊處
王宏宜	男	一四	三	台湾公學四年肄業		台湾獨立革命党少年團	宣傳工作	金華酒坊巷十八号
黄月華	女	一四	八	台湾女子公學二年肄業		仝上	仝上	仝上
曾玉芳	女	一三	一〇	福建晋江小學二年肄業		仝上	仝上	仝上
王正北	女	一〇	三	福建晋江毓英小學二年肄業		仝上	仝上	仝上
黄鐘靈	男	一〇	八	福建晋江崇德小學二年肄業		仝上	仝上	仝上
李廣	男	一二	一〇	台南寶公小學一年肄業		仝上	仝上	仝上
黄國俊	男	一〇	八	福建晋江檀林小學二年肄業		仝上	仝上	仝上
郭輔義	男	一〇	六	福建泉州晁新小學二年肄業		仝上	仝上	仝上

曾啟章	男	一〇	九	福建晋江縣 新小學二年肄業	仝上	仝上	仝上

（六）台灣義勇隊隊員統計圖表

台灣義勇隊籌備委員會

(一)留華年限統計

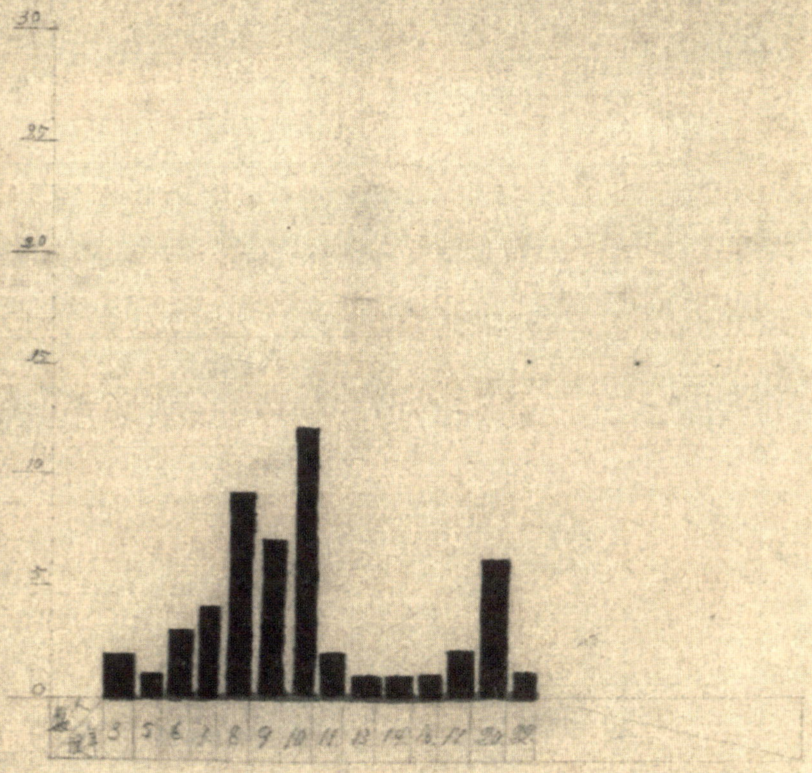

(二) 性别统计

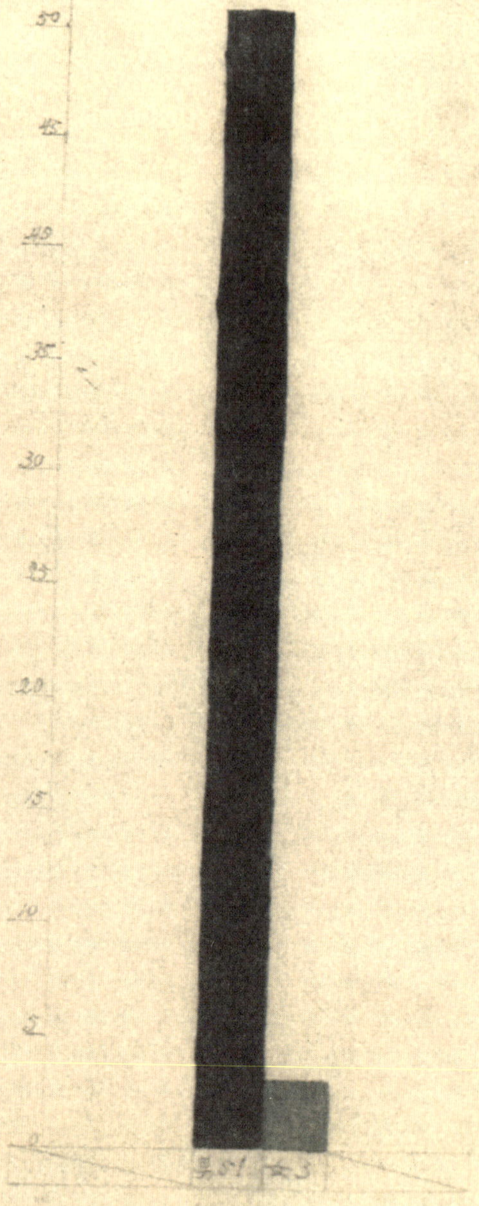

(三)年齡統計

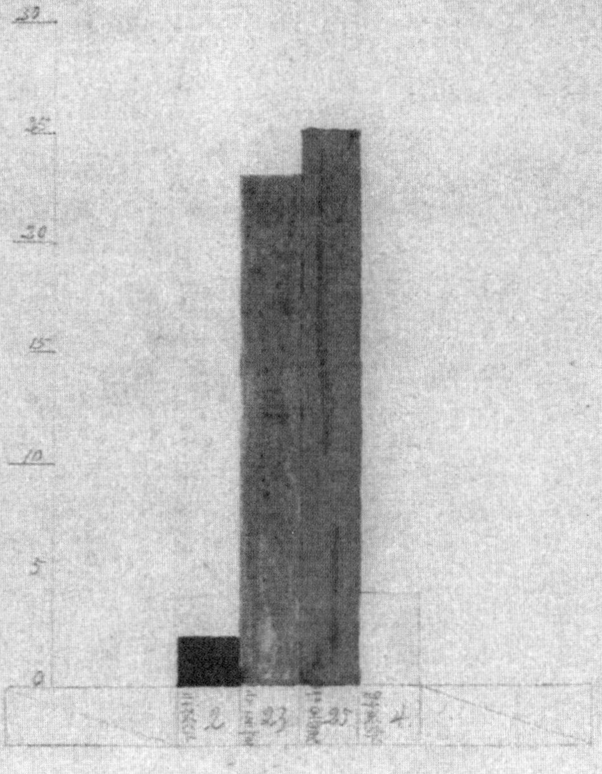

(四)學歷比較統計

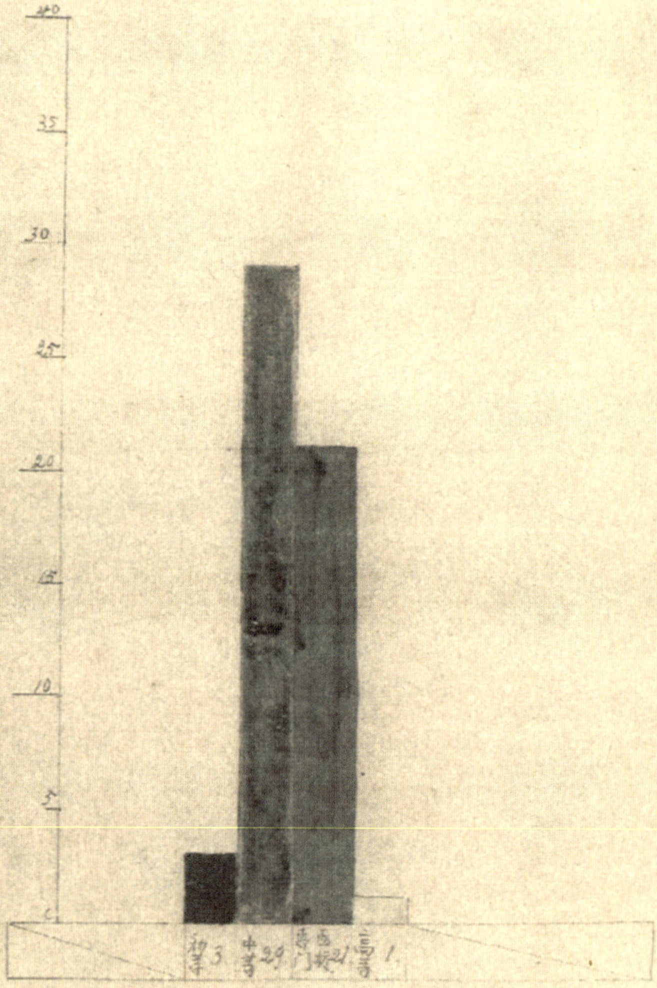

11018 39

（五）語言能力統計

（六）台灣義勇隊少年團團員統計圖

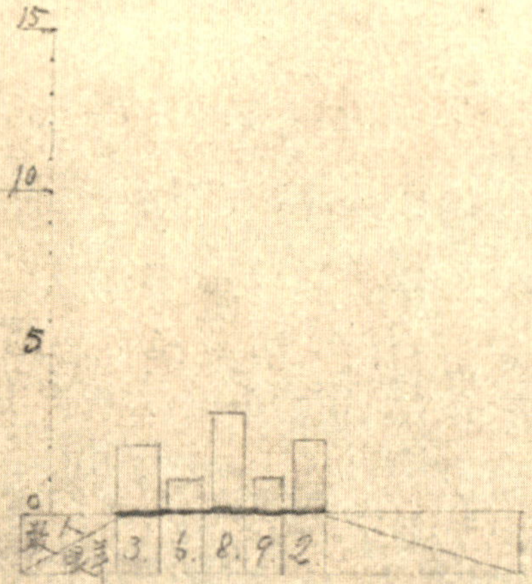

1. 留華年限統計

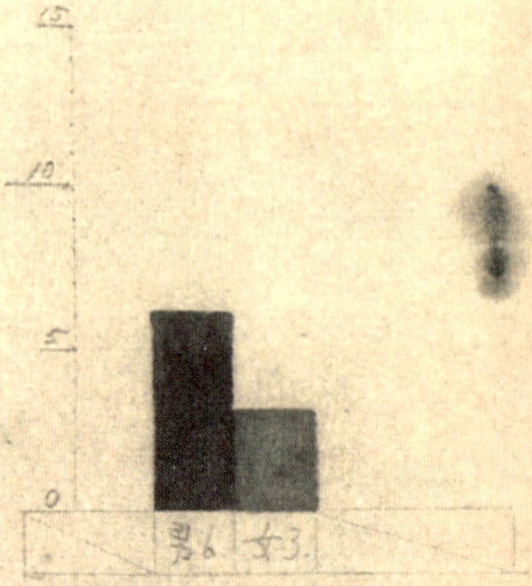

3. 性別統計

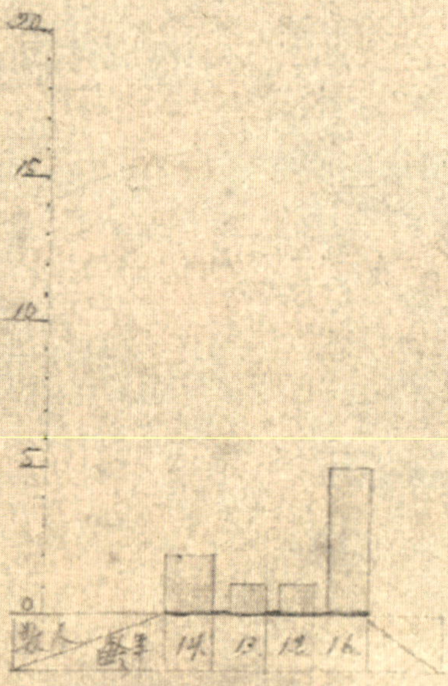

2. 年齡統計

4. 言語能力統計

臺灣義勇隊日常生活表

<table>
<tr><th colspan="2">曜日 科目 分鐘 時間</th><th>月</th><th>火</th><th>水</th><th>木</th><th>金</th><th>土</th><th>日</th></tr>
<tr><td>5.</td><td></td><td colspan="7">起床</td></tr>
<tr><td>5.20—6.10</td><td>50</td><td colspan="7">早操</td></tr>
<tr><td>6.20</td><td></td><td colspan="7">早膳</td></tr>
<tr><td>6.50—7.10</td><td>20</td><td colspan="6">晨會</td><td rowspan="4">內務整理</td></tr>
<tr><td>7.10—7.50</td><td>40</td><td colspan="6">自修</td></tr>
<tr><td>8.—8.50</td><td>50</td><td>紀念週</td><td colspan="5">上課</td></tr>
<tr><td>8.55—9.45</td><td>50</td><td colspan="6">上課</td></tr>
<tr><td>9.50—10.40</td><td>50</td><td colspan="6">上課</td><td rowspan="2">名人演講</td></tr>
<tr><td>10.45—11.35</td><td>50</td><td colspan="6">上課</td></tr>
<tr><td>12.</td><td></td><td colspan="7">午餐</td></tr>
<tr><td>1.50—2.40</td><td>50</td><td colspan="6">上課</td><td rowspan="4">野外活動</td></tr>
<tr><td>2.45—3.35</td><td>50</td><td colspan="6">上課</td></tr>
<tr><td>3.40—4.30</td><td>50</td><td colspan="6">上課</td></tr>
<tr><td>4.35—5.25</td><td>50</td><td colspan="6">上課</td></tr>
<tr><td>6.</td><td></td><td colspan="7">晚餐</td></tr>
<tr><td>6.20—7.10</td><td>50</td><td colspan="6">自修</td><td rowspan="4">自修</td></tr>
<tr><td>7.20—8.10</td><td>50</td><td colspan="5">小組討論</td><td rowspan="3">茶話會</td></tr>
<tr><td>8.15—9.</td><td>45</td><td>生活會議</td><td>時事座談會</td><td>敵工討論會</td><td>救護講習</td><td>時事座談會</td></tr>
<tr><td>9.—9.15</td><td>15</td><td colspan="5">時事報告</td></tr>
<tr><td>9.</td><td></td><td colspan="7">熄燈</td></tr>
<tr><td colspan="2">附註</td><td colspan="7">早操包括、爬山訓練、長跑訓練、越野比賽等。</td></tr>
</table>

台灣義勇隊學術科預定實施進度表

週次	月日	進度	制式教練：徒手各個教練	制式教練：班教練	制式教練：排教練	戰鬥教練：各個	戰鬥教練：班	戰鬥教練：排	各種演習：陣中勤務	各種演習：防毒演習	各種演習：防空演習	學科
第一週		進度	立正、稍息、原地步法、轉法									戰爭之概念及兵種說
第二週		進度	整理、演習點名、及出入列動作									同
第三週		進度	行進間轉法、疑下卧倒									各種兵器之性能及其使用之戰術
第四週		進度		班之整齊、班之行進								同
第五週		進度		班之隊形及方向變換		[illegible]						游擊戰概說
第六週		進度			排之編成、整齊、要表	[illegible]						同
第七週		進度			排之隊形及方向變換		班之散開方法					中日戰爭戰略戰術之檢討
第八週		進度			班排之解散集合		班之攻擊動作					同
第九週		進度					班之防禦動作		[illegible]			抗戰之九年史要
第十週		進度						[illegible]	[illegible]動作			同
第十一週		進度						排之攻擊		防毒演習		義勇隊在抗戰中之基本任務
第十二週		進度						排之防禦			防空演習	同

備考

說明：
術科每週二小時為二、四兩日
四至八週制式及戰鬥教練各一小時
八至十二週戰鬥教練及各種演習各一小時
學科每週二小時為三、五兩日

台灣義勇隊三月訓練課程預定實施進度表

週次	月日	進度	精神講話	總理遺教	政治講話	經濟講話	台灣革命運動史	東方民族革命運動	對敵政治工作講話	軍事學科	軍事術科	日本研究	日語國語演講
第一週	[illegible]	進度	[illegible]	三民主義內容述要	國際政治	三民主義經濟學大意	台灣史略	[illegible]	對敵政治工作之重要性	[illegible]	[illegible]	日本資本主義之現階段	個別國語演講
第二週	[illegible]	進度	[illegible]	[illegible]	國內政治	各國經濟發展史略	[illegible]	中國革命史	[illegible]	仝	[illegible]	[illegible]	仝
第三週	[illegible]	進度	[illegible]	[illegible]	帝國主義論	中國經濟史	[illegible]	中國五四運動史	[illegible]	[illegible]	[illegible]	[illegible]	個別日語演講
第四週	[illegible]	進度	[illegible]	[illegible]	國家論	世界經濟現狀	[illegible]	[illegible]	[illegible]	仝	[illegible]	[illegible]	仝
第五週	[illegible]	進度	[illegible]	[illegible]	民族論	[illegible]	[illegible]	[illegible]	[illegible]	[illegible]	[illegible]	戰時日本財政	個別國語演講
第六週	[illegible]	進度	[illegible]	[illegible]	政黨與政府	[illegible]	[illegible]	[illegible]	[illegible]	仝	[illegible]	仝	仝
第七週	[illegible]	進度	軍人[illegible]	民權主義與民主政治	比較憲法	台灣經濟[illegible]	[illegible]	[illegible]	[illegible]	[illegible]	[illegible]	仝	個別日語演講
第八週	[illegible]	進度	[illegible]	[illegible]	民主政治	[illegible]	[illegible]	[illegible]	[illegible]	仝	[illegible]	戰時日本經濟問題	仝
第九週	[illegible]	進度	[illegible]	[illegible]	近代外交史	[illegible]	[illegible]	[illegible]	[illegible]	[illegible]	[illegible]	仝	[illegible]
第十週	[illegible]	進度	[illegible]	三民主義之[illegible]	[illegible]	[illegible]	[illegible]	[illegible]	[illegible]	仝	[illegible]	戰時日本人民生活	仝
第十一週	[illegible]	進度	[illegible]	[illegible]	政治進攻	[illegible]	[illegible]	[illegible]	[illegible]	[illegible]	[illegible]	仝	[illegible]
第十二週	[illegible]	進度	[illegible]	[illegible]	抗戰建國	[illegible]	[illegible]	[illegible]	[illegible]	仝	[illegible]	日本人民之反戰運動	仝
第十三週			測驗										

說明

(1) 每週上課時間分配：

一、精神講話，日語國語演講每週二小時

二、台灣革命運動史，對敵政治工作講話，日本研究每週六小時

政治講話，經濟講話，東方民族革命運動每週五小時

三、紀念週每週一小時上課時間為四十七小時

(2) 軍事訓練除學術科，故未將是項訓練列入進度表除正式上課每週四小時外，餘如晨操訓練長跑訓練，想到此皆均於每日早操時行之

(3) 進行瓦解敵軍工作，首賴語言之練習，故將「日語國語演講」單獨設一課目

（七）台灣義勇隊隊員預備訓練計劃

台灣義勇隊籌備委員會

臺灣義勇隊々員訓練計劃

一、訓練目的
二、訓練時期
三、訓練人員
四、訓練原則
五、訓練方法
六、訓練內容
七、訓練課程進度表
八、日常生活表
九、成績考核表

一训練目的

1. 在於使義勇隊々員徹底明瞭參加祖國抗戰之神聖意義徹底了解自身之任務

2. 在於使義勇隊々員知悉中華民族革命戰爭之理論及建設新中國之各種方畧內容

3. 在於使義勇隊々員獲得各種工作技術以實現協助祖國抗戰解放臺灣民衆之期望

4. 在於培養義勇隊々員之戰鬥精神革命情緒與單獨進行工作之能力

二訓練時間

三二八 二

第一次訓練以三月（約六百小時）為期

三 訓練人員

由籌備委員會聘請祖國各界先進人士充任講師

四 訓練原則

1. 養成自覺自動之學習精神務使受訓人員自覺其學習之必要並能自動作獵取各種知識技術之努力蓋如此始可獲事半功倍之効

2. 養成集體學習之習慣使受訓者不致自塞思路而各種疑難之解決悉出以集體形式此則一方面可以增易其閱讀一方面可使之認識集體力量而習慣於過集体生活

3. 知識技能等之授與不旦於書本中求之且必須由實際工作經驗中獲得故在訓練期中儘可能使受訓者得參加實際工作一方面以實際工作證明其已獲知識技術之正確與否一方面可由實際工作中學得更多知識技能

五 訓練方法

1. 自由閱讀 方法之一在能配合受訓者知識水準之高底及趣味之濃淡使之閱讀任一種有關工作需要之書籍而從旁個別指導之鼓勵之

2. 講演 方法之二即請各界學有專長者作有系統之講演舉凡問題較為重要較為專門或較為複雜者皆出之講

演方式

3、集体討論　方法之三即將各項問題之中心提出以會議形式研究之一方面藉此得知各人對此項問題了解程度之為如何一方面廣羅各人意見以期問題能達到更為圓滿之結論

4、實際工作　方法之四即使受訓者在受訓期内同時從事工作並特多方設法尋覓有益而適當之工作使為之以鍛練各人實際工作能力俾免有閉門造車之弊

六訓練内容

根據義勇隊々員工作之特殊需要訓練内容分為下列各門

1. 精神講話——領袖訓言
2. 總理遺教——三民主義建國方畧
3. 政治講話——國際國內政治
4. 軍事學科——兵器戰術戰史等
5. 軍事術科——班排等基本教練
6. 經濟講話——戰時經濟建設
7. 臺灣革命運動史—革命史實與教訓
8. 東方民族革命運動—中國朝鮮印度阿拉伯等
9. 對敵政治工作講話—理論與技術並重
10. 日語國語演講——

11，日本研究—、

（八）台灣義勇隊預備訓練期間工作概況

台灣義勇隊籌備委員會

台灣義勇隊實際工作概述

台灣義勇隊，自二月二十一日集中金華訓練以來，即本着做學合一理論與實踐並重的原則，一方面加緊訓練，藉以提高隊員政治之水準及對敵工作之技能；一方面儘量參加各項實際工作，使隊員從工作中，獲得活的經驗。茲將兩月來實際工作，概述於下：

(一)募捐慰勞傷兵：提高軍民抗敵情緒，及鼓勵前線將士殺敵的精神，慰勞前線負傷歸來的官兵，是抗戰中迫切需要的一件事。隊員初到金華，感急於要做實際的工作，於是聯合全國青年會軍人服務部，發起募捐慰勞前線歸來的傷兵。由全體男女隊員，少年團團員等，分成十小組，用吾各種不同的方式，分頭勸募，如化裝表演，街頭歌詠，演講，均以慷慨悲壯的抗戰史事為題材，激動觀衆的同情，使自動捐輸，結果良好。

(二)壁報，講報：壁報，講報，都是一般水準較低的民衆所需要的。本隊來全後，即定期出版壁報，以通俗淺顯的圖畫文字，暴露敵人的在台灣種種政治壓迫，經濟榨取，及台灣獨立革命活動的事實。講報多在晚上舉行，由全體隊員，輪流擔任，報告一日之國內外時事，以引起民衆對於時事之注意。

(三)參加當地政府主持之第二期抗戰宣傳：抗戰轉入第二期，我已由被動變為主動，形勢日趨有利，各地政府，各救亡團體，皆擴大宣傳，使民衆普遍明瞭抗敵之形勢，日趨好轉，更加奮發堅持到底。本隊全體隊員，亦自動參加，負責在近郊一帶，巡迴工作。

(四)參加獻金：持久抗戰，爭取最後勝利，「有錢出錢，有力出力」的原則，無疑是充實持久抗戰最主要的力量。浙省文化界事業委員會發起救亡獻金運動，本隊即首先響應，推動宣傳，不遺餘力，尤以隊員之自動獻金，竭其所有，影響於社會人士頗大。

(五)招待俘虜：瓦解敵軍，促使敵人內在的崩潰，普遍鼓動敵人的反戰情緒，削弱敵軍作戰的鬭志，優待俘虜，就是以上工作的重心。台灣獨立革命黨與台灣義勇隊籌備委員會，於三月三日，在金華舉行招待日、韓、台兄弟茶話會，本隊隊員，多善操日語、韓語，是日隊員皆參加茶話會任招待員，曾與日、韓俘虜，作親切之談話，結果甚為圓滿。此後教育俘虜，感化俘虜的工作，相信可能順利進展。

（六）義務醫療傷民：敵機狂炸金華，在城區鬧市，投彈數十枚，燒燬房屋數百棟，民衆受傷頗多，被難同胞，身體既受創傷，而又無家可歸，情殊可憫。本隊隊員業醫者佔三分之二，皆長於救護治療，是日出動大批隊員，協同防護團，為被難傷民，義務治療，現已籌組義務醫療隊，擴大此項工作。

(七)製造樟腦：本隊隊員，會製樟腦者頗多，樟腦為軍需之主要品，閩浙內地，多產樟樹，閩建廳擬在閩北各地，製造樟腦；浙建廳亦擬在雲和、麗水一帶，製造樟腦，由本隊隊員，對於製造樟腦經驗豐富者，代擬具體計劃，併已幫助進行矣。

(八)參加討論會：金華各救亡團體，對於抗敵工作，極為活躍，為理論與實踐一致起見，每團體於工作之餘，必邀集參加工作的同志，開討論會，以檢討工作之得失，為工作更進一步之依據。本隊隊員，參加各團體工作者，在討論會，均能充献工作经验，以供参考。至於本隊發動的工作，同樣的由本隊召集各團體參加的工作同志，來互相研討，以期工作效率，得以增高。

(九)少年團招待金華各界：台灣少年團，由台灣義勇隊籌備委員會領導，於三月二十五日開會，招待金華各團體，由少年團的隊長王正南（十三歲）主席，演述台灣獨立、祖國抗戰問題，並指揮全場參加人士歌詠，並與金華兒童團開聯歡會，給予各團體很深的印象。

(十)少年團公演話劇：抗戰中發動兒童宣傳，寔為宣傳最好方式。少年團來金華後，於課餘參加各項工作外，並於四月一日，在抗敵劇場，公演話劇。劇目：「最後一課」「小戰士」觀衆千餘人，獲得很好的效果。現少年團的訓練，於話劇一項，特加注意，以期利用此宣傳利器—話劇做更深入的宣傳。

十(八)少年團參加兒童節：兒童是國家未來的主人翁，在抗戰中，兒童也表現了他的力量。他能夠做各種的抗敵工作，他的力量很大，是不容忽視的。兒童節是國家所特定的，也就是兒童給社會人士重視的一個節日。兒童尤宜於此日，多多活動，台灣少年團，於是日舉行大規摸宣傳工作及慰問傷兵，並發「告祖國小朋友書」。

以上所列的幾項為本隊實際工作活動的一般，亦為隊員在預備訓練中之工作實習。此後工作方針，仍以做學合一為原則，並注意工作效率，及擴大工作範圍，務使每個隊員均能個別活動，自發自動的深入敵人隊伍中，以政治打擊敵人，達到最後勝利。

（完）

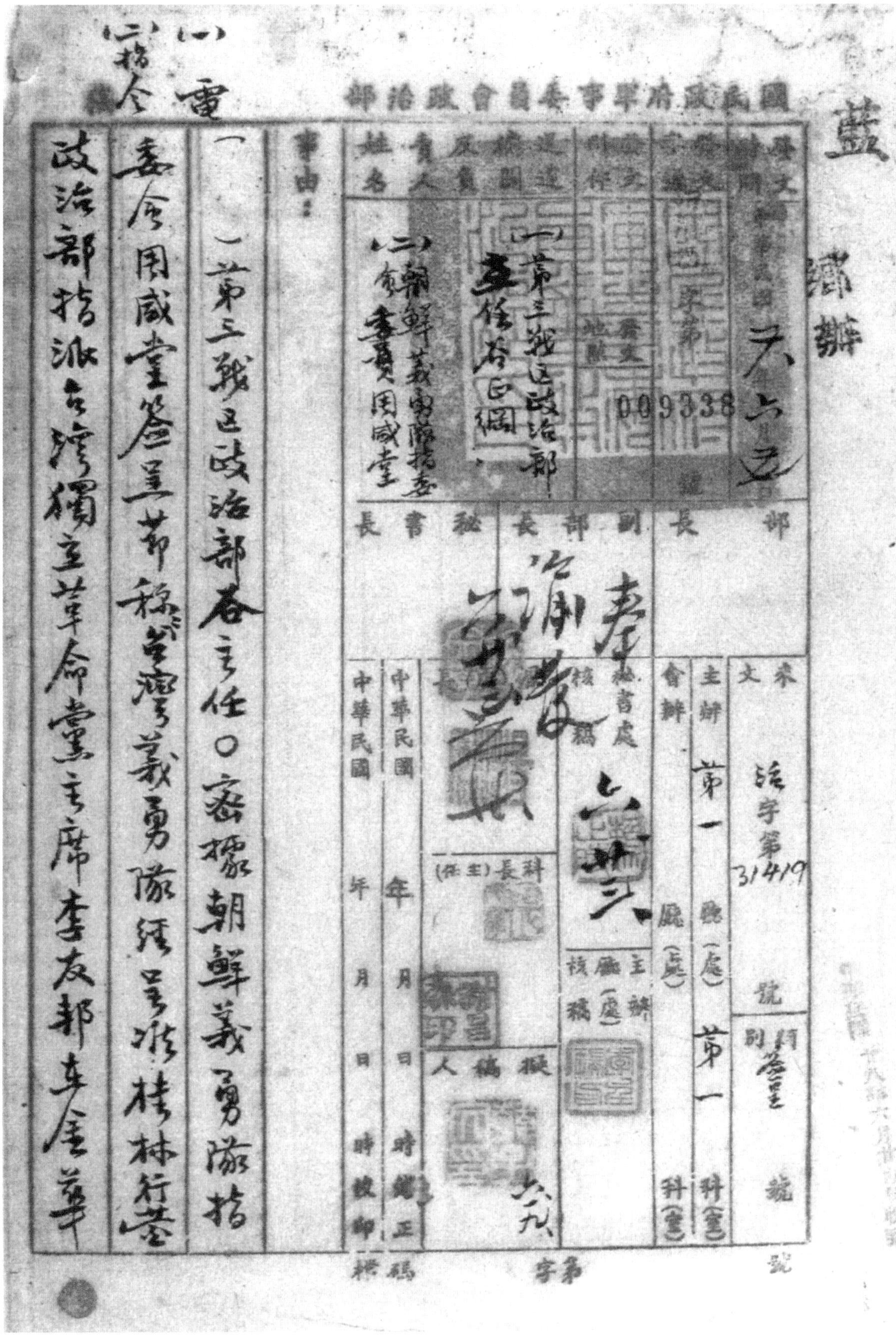
國民政府軍事委員會政治部
電令
事由：
部長　副部長　秘書長
来文　主辦　會辦
中華民國　年　月　日　時

军委会政治部关于台湾义勇队筹备成立事宜给第三战区政治部、朝鲜义勇队指导委员会的电令

一九三九年七月一日

负责筹备，由朝鲜义勇队经常费项下每月津贴筹备费五百元，且已于一月正式成立筹委会，以李友邦、张一之、郭汝侯、林心平、张应璋等五人为委员，先后由闽浙皖等省召集台胞二批，计六十三名，集中金华，并加以三个月预备，现已期满，拟准予追认正式组织成立台湾义勇队等情，并附组织计划到部。除指复外，闻该队组织系奉节着由该主任就近核办，并饬毋庸组织国际义勇军指委会，所有核办情形，仰呈复。已陈〇(军)(运)治队印

事由：

据该员李友邦五月六日签呈，为前将台湾义勇队筹组

經過及組織計劃簡歷考核等表並擬具意見備案請裁核示遵，等情，指復知照！

說明：一、着毋庸組織國際義勇軍指委會。

二、關於台灣義勇隊組織各節，已電第三戰區政治部谷主任就近核辦，仰飭知照。

一

附註：件存案。

部長陳○

中華民國　年　月　日

監印

校對

稿

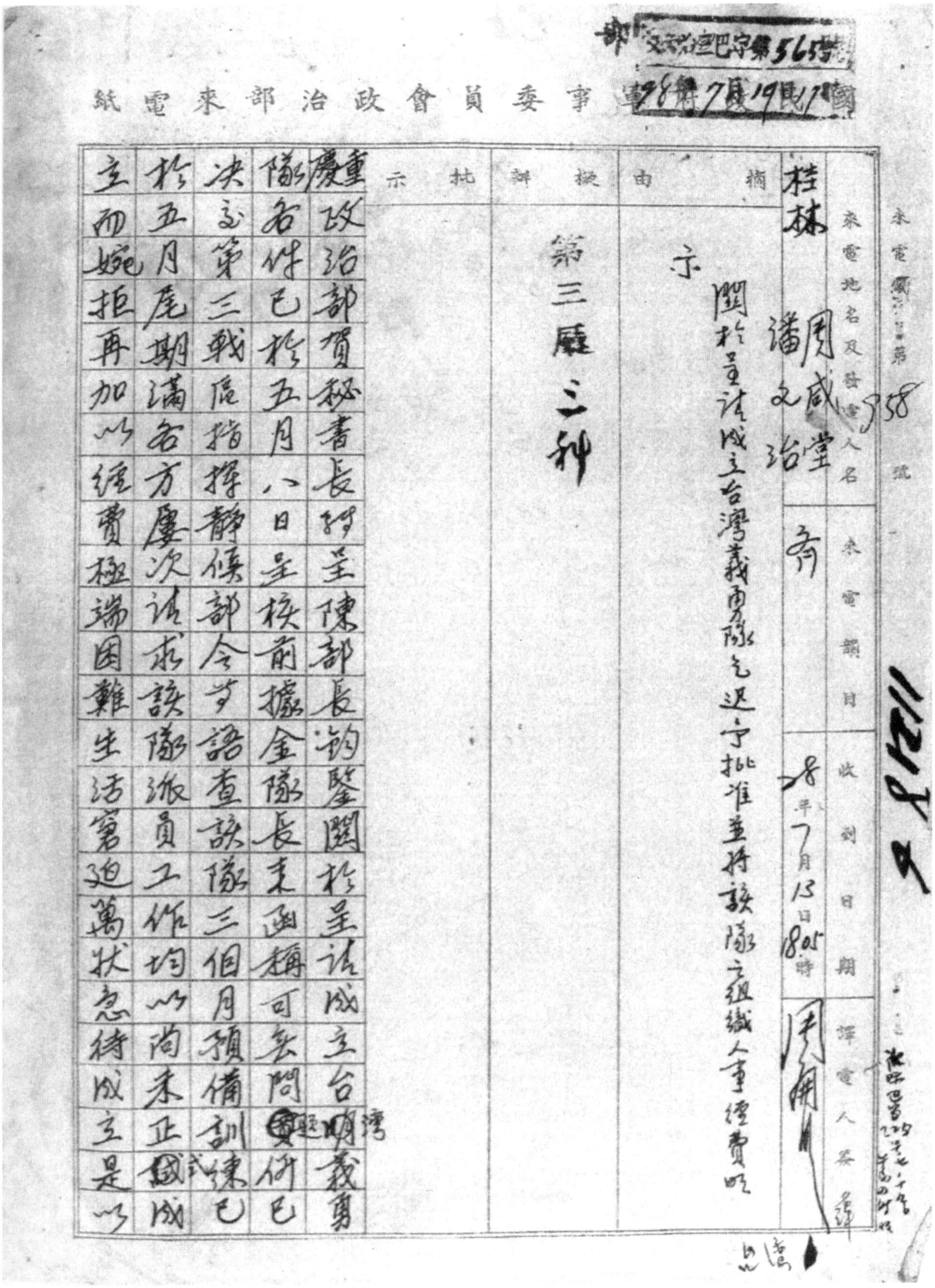

朝鲜义勇队指导委员会周咸堂、潘文治关于请批准成立台湾义勇队并明示组织人事并经费给军委会政治部的呈

一九三九年七月八日

國民政府軍事委員會政治部來電紙

第二頁

懇乞鈞座從速批准俾將該隊之組織人事經費等明示祇遵職

周咸堂潘文治謹呈齊印

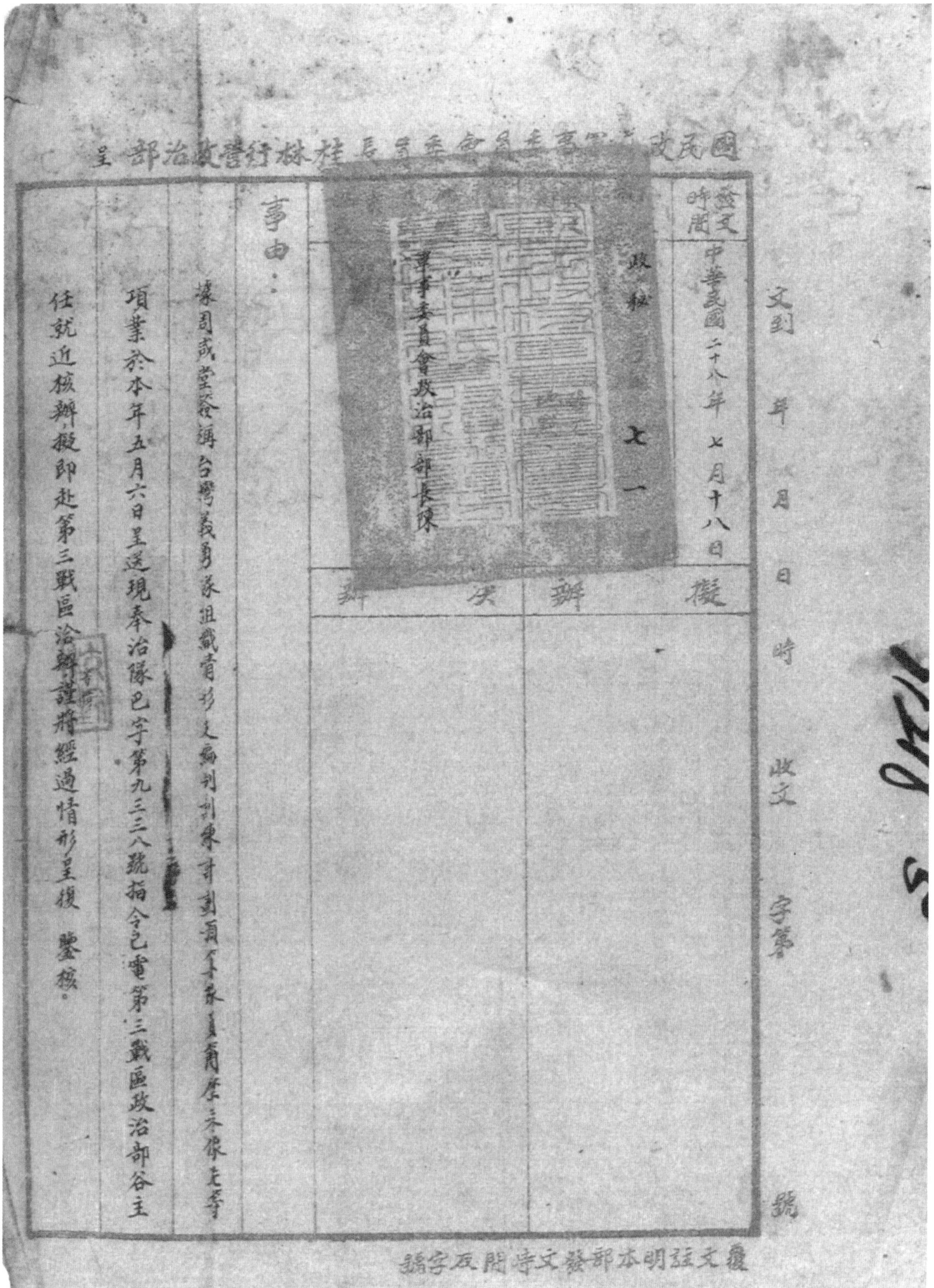

國民政府軍事委員會委員長桂林行營政治部 呈

軍事委員會政治部部長陳

發文時間 中華民國二十八年七月十八日

政秘 七一

事由：

據司政堂發還台灣義勇隊組織情形文稿刊到東計劃預算及隊員簡歷表等項業於本年五月六日呈送現奉治隊已字第九三三八號指令已電第三戰區政治部谷主任就近核辦擬即赴第三戰區洽辦謹將經過情形呈複 鑒核。

擬辦

批示

文到 年 月 日 時

收文 字第 號

覆文請註明本部發文時間原字號

桂林行营政治部关于台湾义勇队事宜已电第三战区政治部就近核办给军委会政治部的呈

一九三九年七月十八日

說明：

奉 鈞部二十八年七月八日治人巳字第三零五七一號代電辦理

辦法：

懇併治隊巳字業迅電第三戰區政治部從速核辦

委員長桂林行營政治部主任 梁寒操

副主任 魯宗敬

監印陳志[illegible]

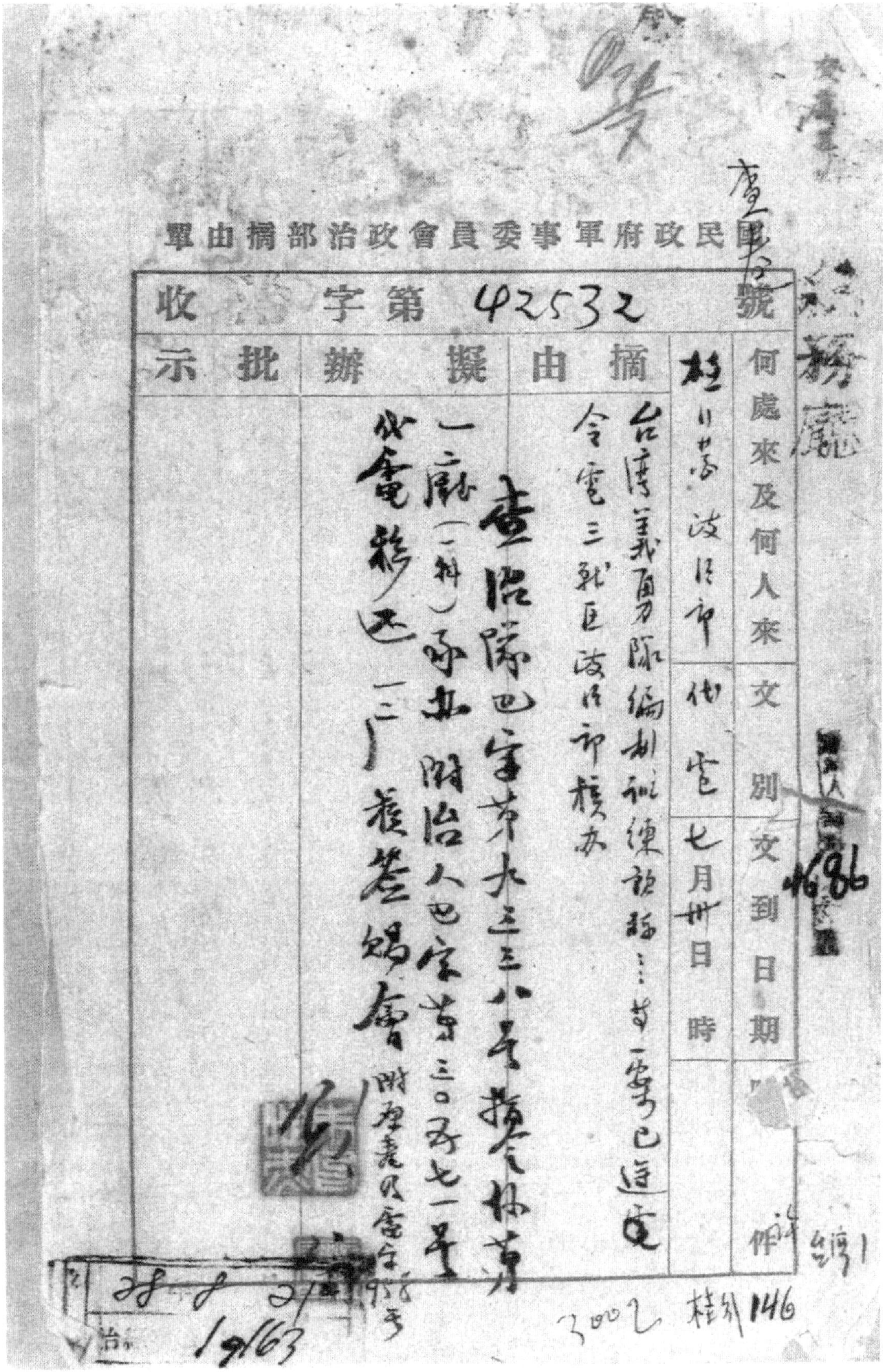

军委会政治部关于台湾义勇队编制训练预算事宜收桂林行营政治部代电摘由单

一九三九年七月三十日

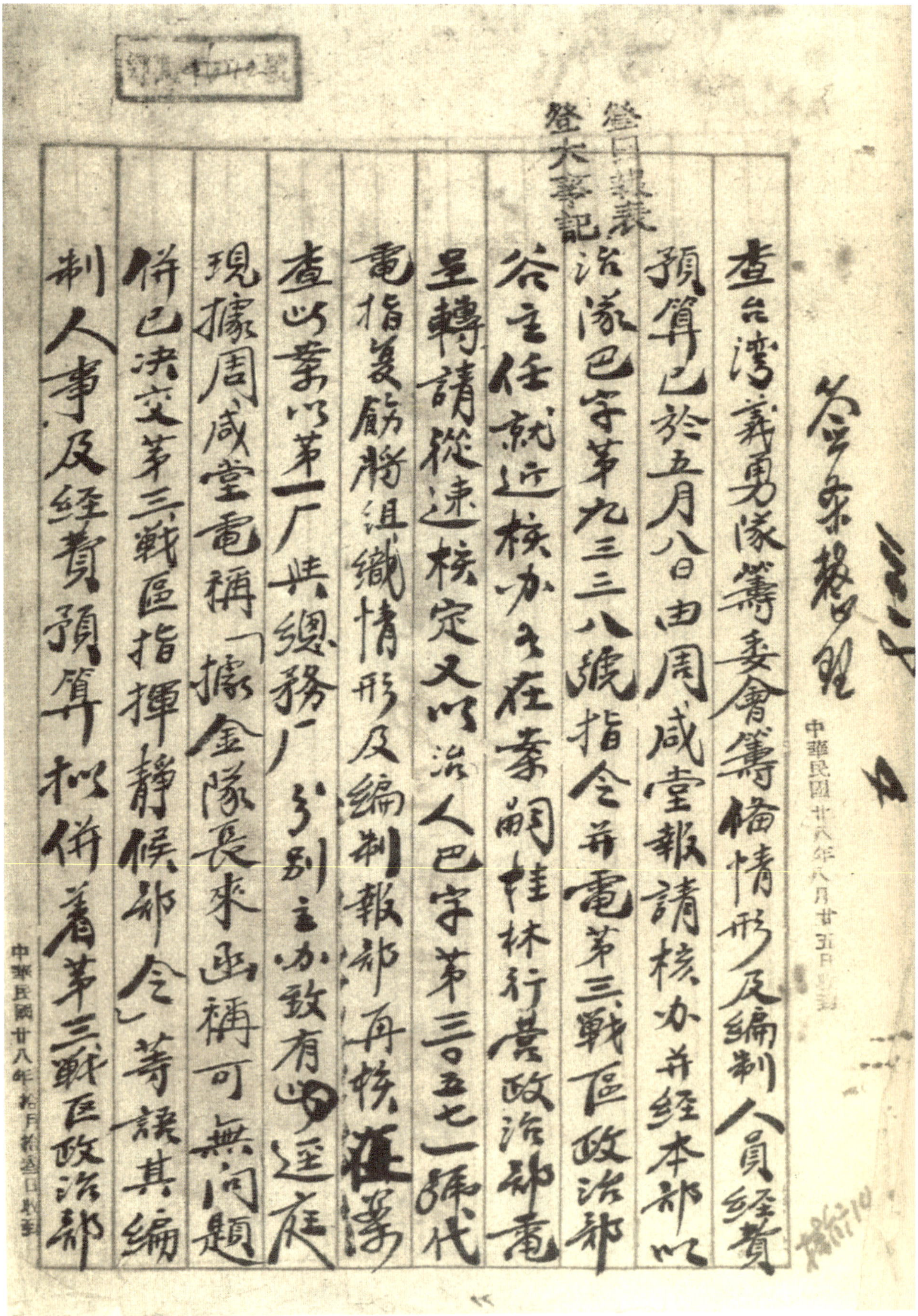
签条整理

中華民國廿八年八月廿五日到

登日報錄
登大事記

查台灣義勇隊籌委會籌備情形及编制人員經費預算，已於五月八日由周咸堂報請核办，并经本部以治滲巴字第九三三八號指令并電第三戰區政治部谷主任就近核办，在案。嗣桂林行营政治部電呈轉請從速核定，又以治人巴字第三三五七一號代電指复，飭將組織情形及编制報部再核，在案。查此案以第一厂、總務厂分别主办，致有逕庭。現據周咸堂電稱「據金隊長來函稱可無問題，併已決交第三戰區指揮，靜候部令」等語，其编制人事及經費預算，擬併着第三戰區政治部

中華民國廿八年拾月拾叁日收到

军委会政治部关于处理台湾义勇队筹办事宜的签条整理(附:签条)　　一九三九年八月二十三日

按事實需要編造呈憑核办當否乞
示

總務科
整理

又擬電第三戰區政治部

速辦 十、十二

政治部簽條

廣特元：

四閩干讀境經費一項，擬歸總處寫據，

兵隊員生活照常存轉。

民十六

年 月 日

政治部簽條

第四科

文書科科員

查關於設立台灣義勇隊事，向由第六廳辦理，此件擬轉送第六廳核奪

思穆

七、廿八

七、廿九

中華民國廿七年七月廿二日 發

年　月　日

4164

政治部簽條

查台灣義勇隊據閩區交第三戰區兵站經
桂林行營並派周咸堂前往上饒接洽
擬移總務[illegible]查案核簽[illegible]會

照移

乙 卅

[illegible]光

年 月 日

治簽移第1351號

政治部簽條

查本件係仍第一科主辦擬仍移第一科核簽編會

第一科

全

年　月　日

政治部簽條

关于该问题，你已决定交第三战区指挥部令第三战区静候部令等语，其组织人马，拟仍由第三战区核办，至经费一节，拟准将该队（见该队计划书第四项）经常费八の千五百十五元，及临时费二千三百九十の元，拨汇第三战区政治部核发，并复。当否乞示！

经费部份拟俟看由第三战区政治部
事实需要编列预算呈送核。万立

八、二十
八、十一

年 月 日

政治部簽條

查台湾义勇队筹委会筹备情形及编制、人员、经费预算，已于五月六日由周咸堂拟订报来，并经本部以治队已字第九三三八号指令并电第三战区长官部就近核办各在案。嗣据林秋兰政治部电呈拟请从速核定，又以治人已字第三〇五七一号代电指复饬将组织情形及编制报部备核在案。查此案以第一厅与总务厅分别主办，致有此逕庭。顷据周咸堂电称：「拟令队长来渝请示」

會二科

中華民國 年 月 日

廿八年八月拾九日收到

治 字第 号 12/8

秘第一处签

拟办 不必

政治部签条

一、该会为谋工作指挥便利计，拟组国际工农勇军指导委员会，并对本部直属人员工作一切之责，可否准予成立，乞示！

二、应秘密派遣干员至东南沿海各省，调查台湾侨胞、网罗有特种技能及智识青年，协助抗敌工作。

三、工作志愿青年，应予训练完毕后，参加工作，以

第二廳賜會

收文第3856號

台湾义勇队组织系第一审第三战区长官主任指示办理 二、十六

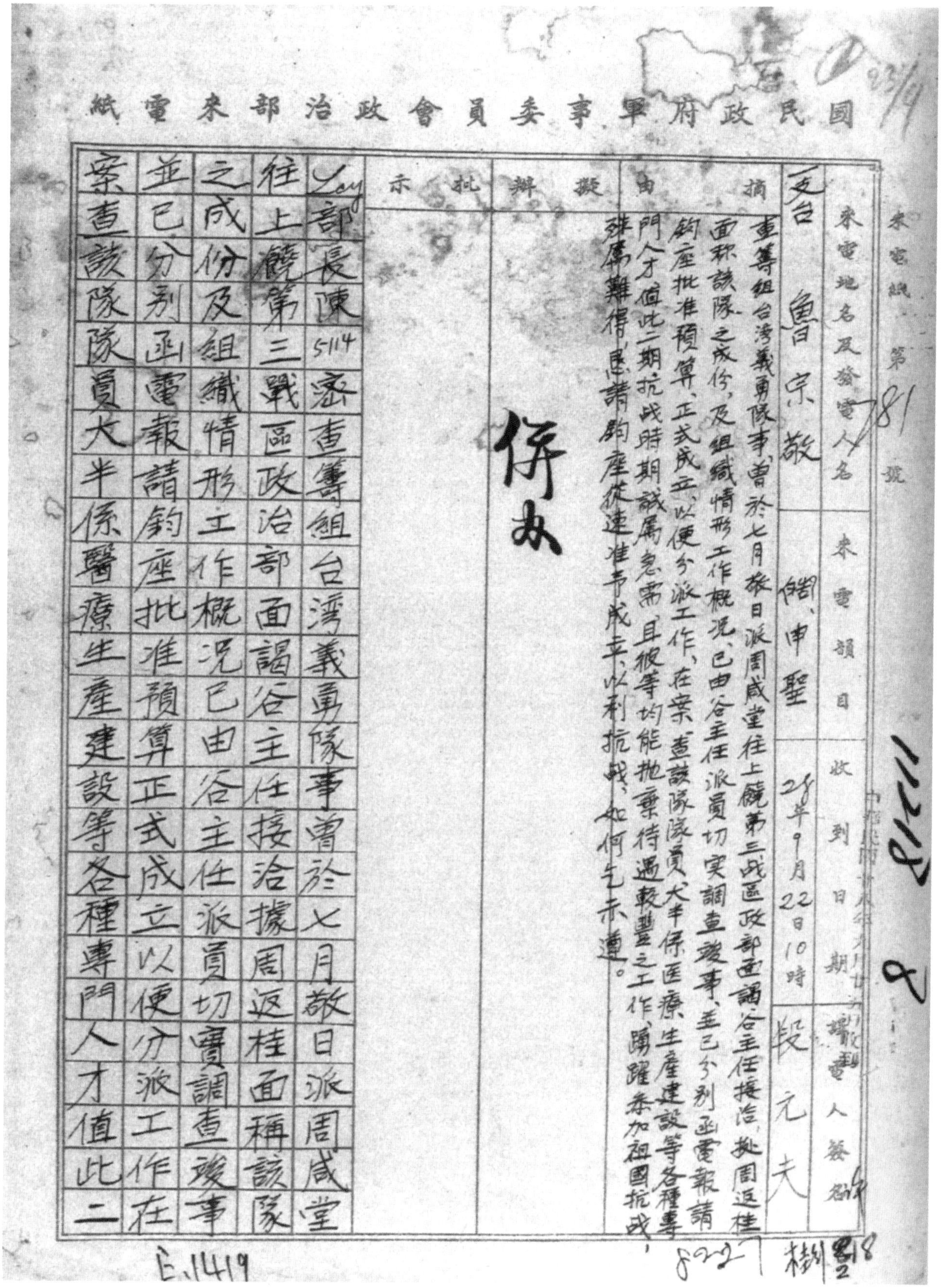
國民政府軍事委員會政治部來電紙

來電紙第781號

來電地名及發電人名：魯宗敬

來電類目：銑申 聖

收到日期：28年9月22日10時

譯電人簽名：段元夫

摘由：查籌組台灣義勇隊事，曾於七月敬日派周咸堂往上饒第三戰區政部面謁谷主任接洽，據周返桂面稱該隊之成份，及組織情形工作概況，已由谷主任派員切实調查竣事，並已分別函電報請鈞座批准預算，正式成立，以便分派工作，在案。查該隊隊員大半係医療生產建設等各種專門人才，值此二期抗战時期，誠屬急需，且彼等均能拋棄待遇較豐之工作，踴躍參加祖國抗战，殊屬難得，懇請鈞座從速准予成立，以利抗戰，如何乞示遵。

擬辦：侨办

批示：

部長陳 5114 密 查籌組台灣義勇隊事曾於七月敬日派周咸堂往上饒第三戰區政治部面謁谷主任接洽據周返桂面稱該隊之成份及組織情形工作概況已由谷主任派員切實調查竣事並已分別函電報請鈞座批准預算正式成立以便分派工作在案查該隊隊員大半係醫療生產建設等各種專門人才值此二

E.1419 8227

桂林行营政治部副主任鲁宗敬为从速批准成立台湾义勇队给军委会政治部的电

一九三九年九月十九日

国民政府军事委员会政治部来电纸

期抗战时期诚属急需且彼等均能抛弃待遇较丰之工作踊跃参加祖国抗战殊属难得恳请钧座从速准予成立以利抗战如何乞示遵职鲁宗敬叩皓申圣印

第二页

1121 89

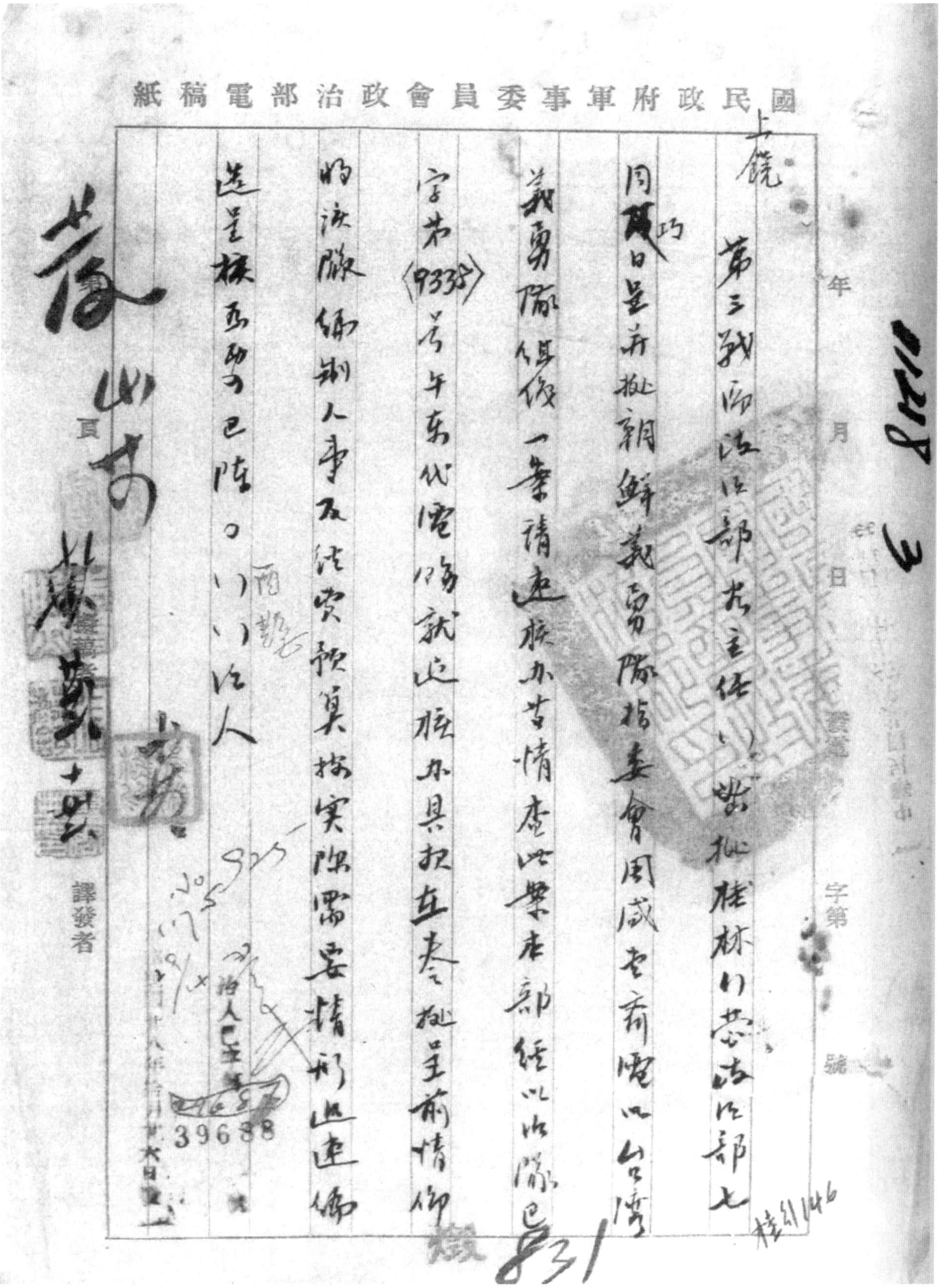

國民政府軍事委員會政治部電稿紙

上饒
第三戰區政治部主任并轉桂林政治部七
月艾日呈并批朝鮮義勇隊指委會周咸堂齊電以台灣
義勇隊組織一案請速核辦等情查此案本部經以冶隊已
字第〈9338〉號午東代電飭就近核辦具報在案據呈前情仰
將該隊編制人事及經費預算按實際需要情形迅速編
造呈核為要部治人

军委会政治部关于加速编造台湾义勇队编制人事及经费预算给第三战区政治部的电

一九三九年十月二十六日

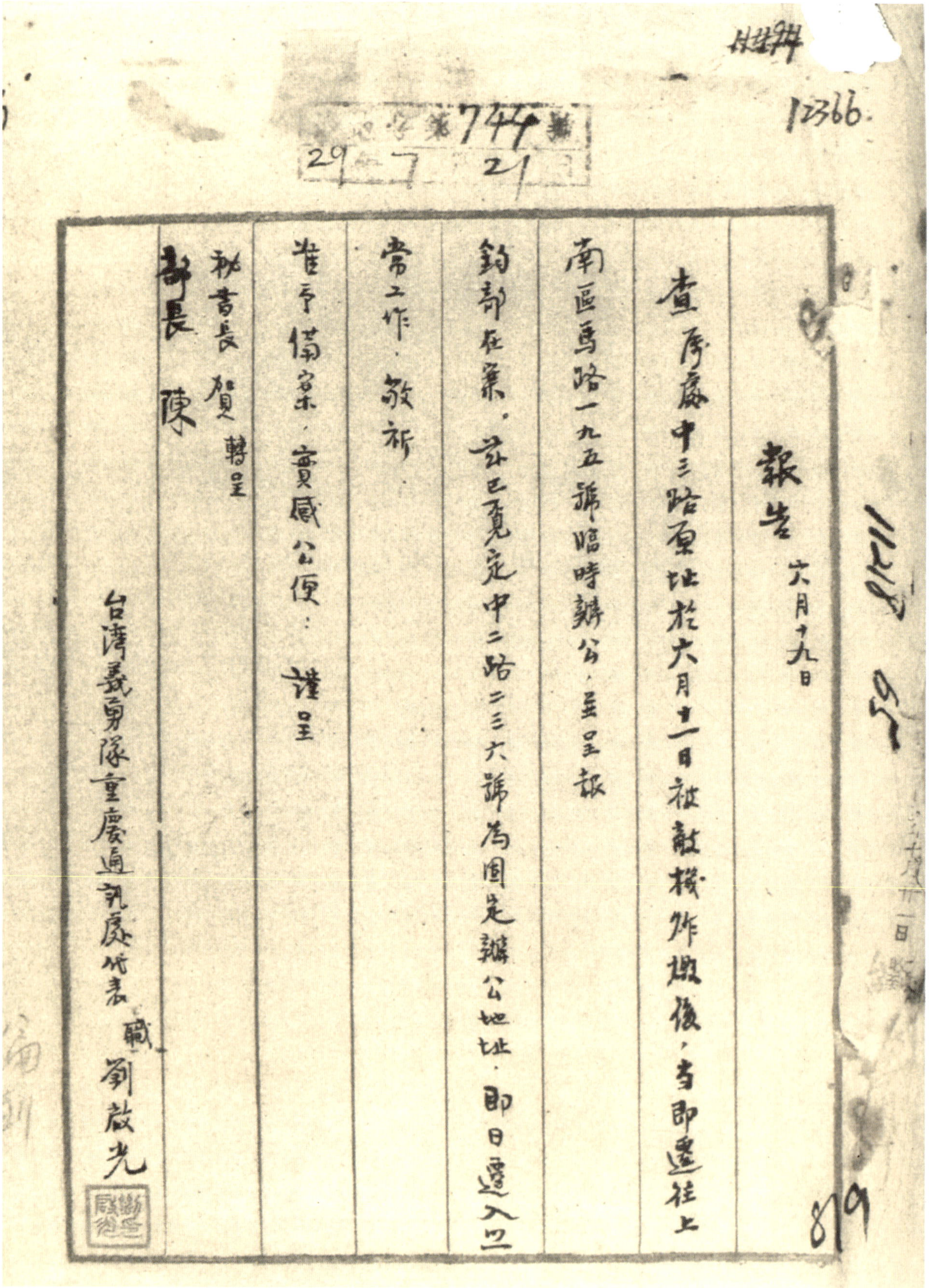

報告 六月十九日

查本處中三路原址於六月十一日被敵機炸燬後，當即遷往上南區馬路一九五號臨時辦公，並呈報鈞部在案。茲已覓定中二路二三六號為固定辦公地址，即日遷入照常工作。敬祈

准予備案，實感公便。謹呈

秘書長 賀 轉呈

部長 陳

台灣義勇隊重慶通訊處代表 職 劉啟光

台湾义勇队重庆通讯处代表刘启光关于原址被敌机炸毁并迁址给军委会政治部的报告及政治部签条

一九四〇年六月十九日

收文治室　字第9907號
29年8月2日

二二八　29渝

簽文第4004號

政治部簽條

查台灣義勇隊重慶通訊處本科無存
案該隊名冊送來敝部劉啟光在該隊
任何職務該隊現駐何處有無詳細名冊
抄錄第三廳查復

七、廿九

七、廿九

年　月　日

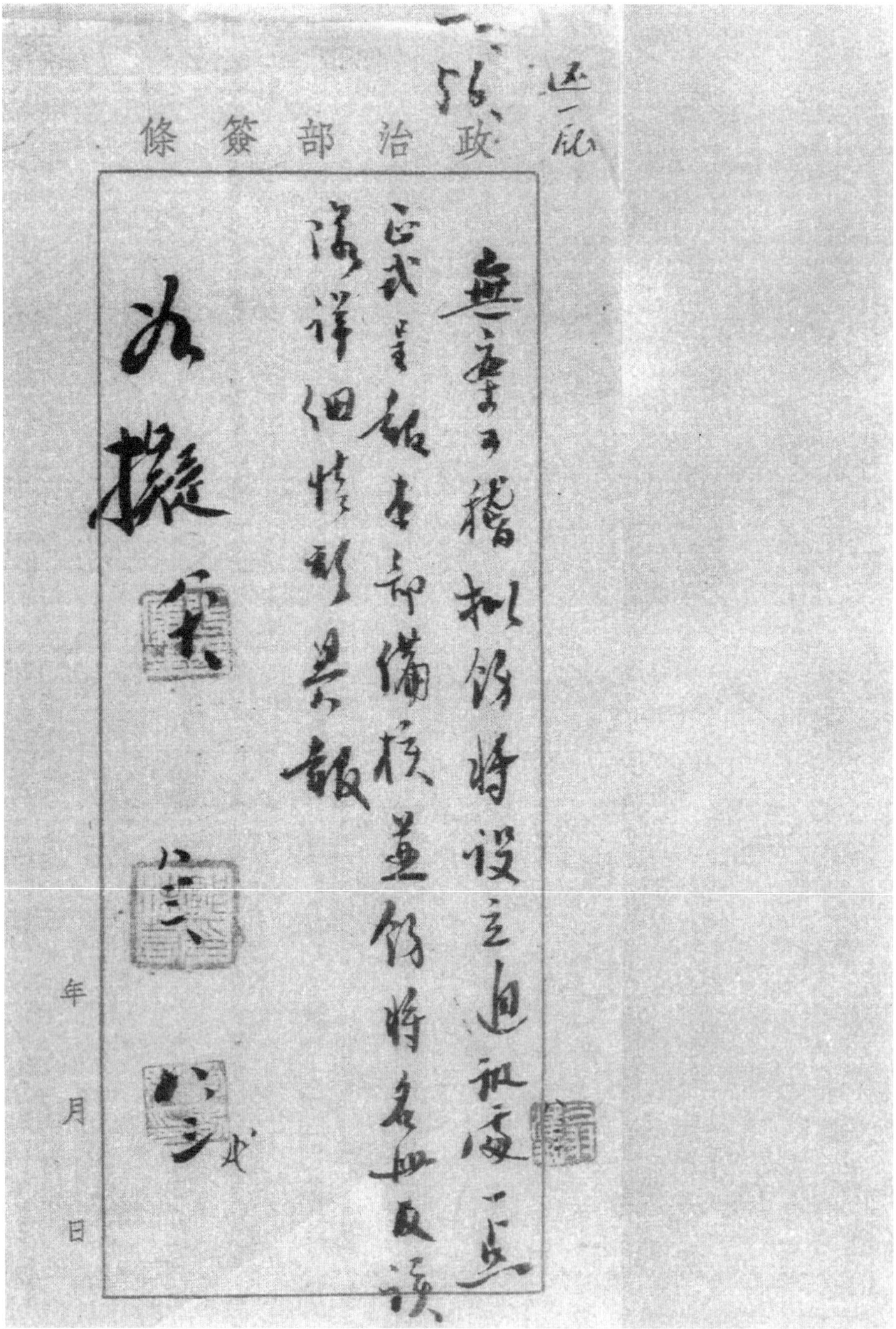

政治部簽條

無案可稽擬將設立通訊處一所並
正式呈請本部備核並飭將名稱及該
處詳細情形具報

如擬

年　月　日

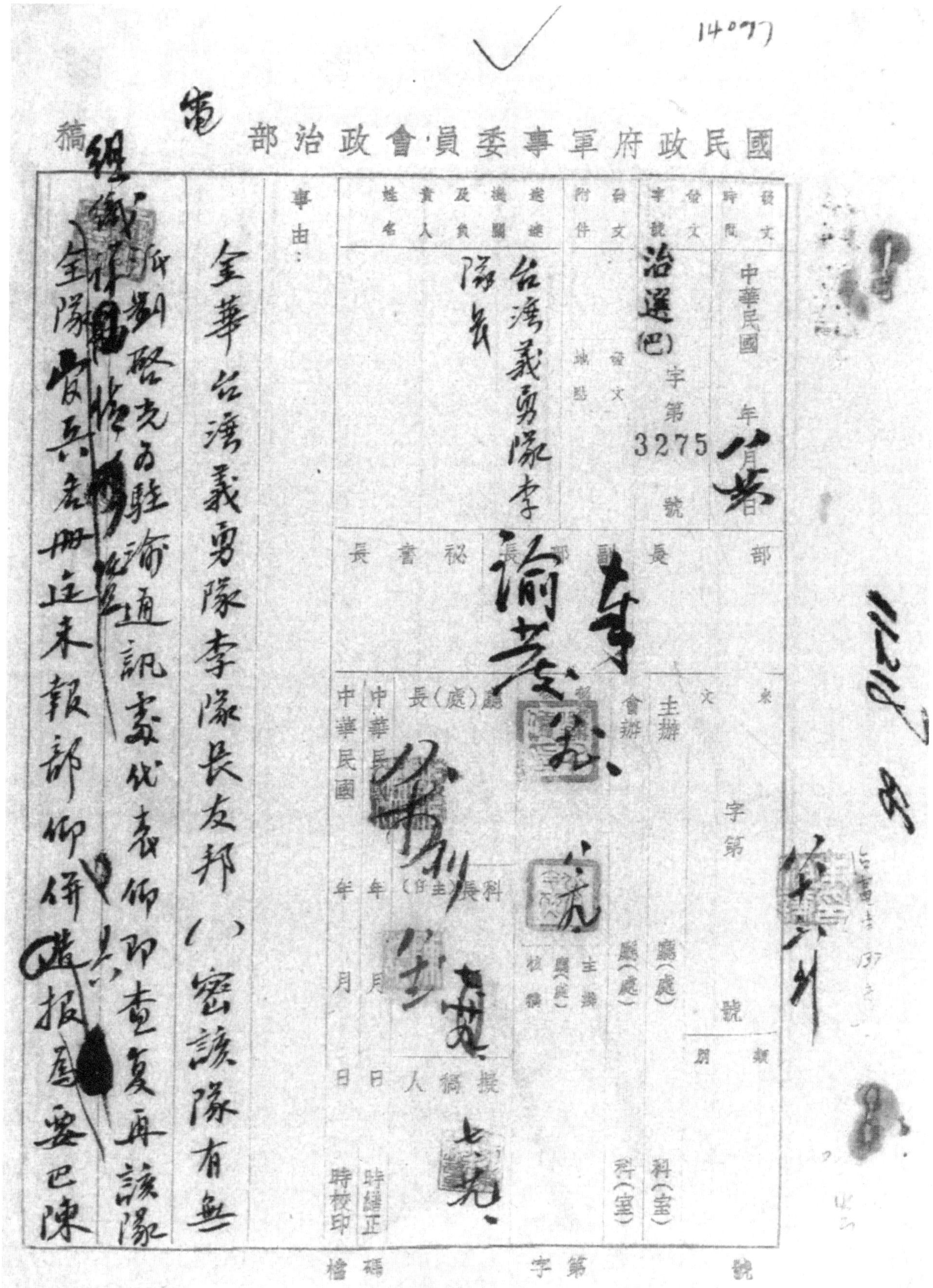

國民政府軍事委員會政治部 稿

發文時間：中華民國 年 八月廿五日

發文字號：治選(巴)字第3275號

受文機關及負責人姓名：台灣義勇隊李隊長

事由：

金華台灣義勇隊李隊長友邦（〈）密該隊有無劉啓光為駐渝通訊處代表仰即查復再該隊全隊官兵名冊迄未報部仰併遵報為要巴陳

部長 副部長 秘書長

廳（處）長 科長（主任） 擬稿人

軍委会政治部关于刘启光是否为驻渝通讯处代表及具报全队官兵名册给台湾义勇队的电

一九四〇年八月二十五日

○宋甯治透印

72485

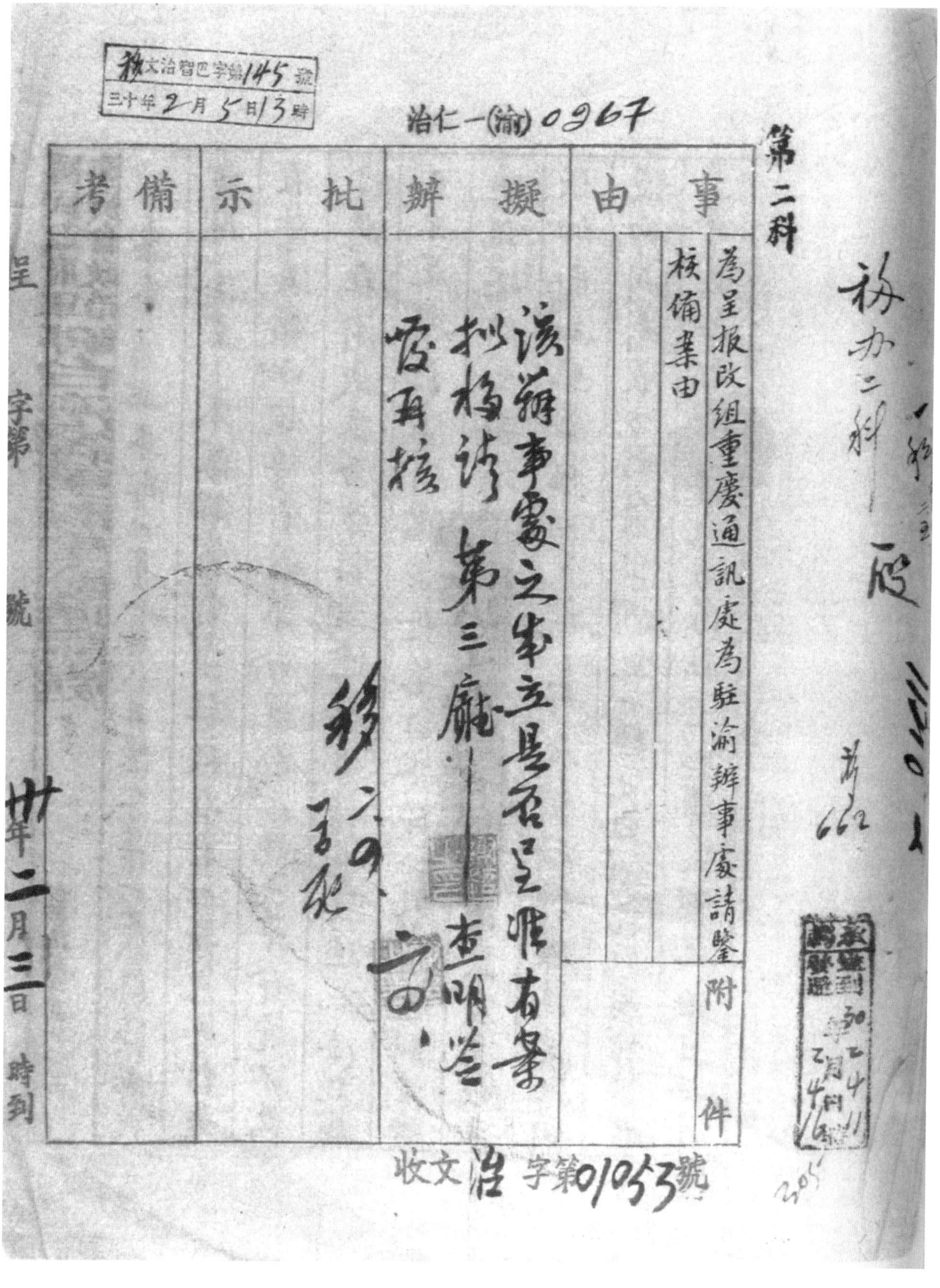

務文治智巴字第145號
三十年2月5日13時

治仁一(渝)0967

第二科

事由	擬辦	批示	備考
為呈報改組重慶通訊處為駐渝辦事處請鑒核備案由 附件	該辦事處之成立是否呈准有案 抄稿請第三廳查明簽覆再核 穆 二月四日		

呈 字第 號
卅年二月三日 時到

收文治字第01053號

务办二科

刘启光关于改组台湾义勇队重庆通讯处为驻渝办事处给军委会政治部的呈及政治部签条

一九四一年一月三十日

國民政府軍事委員會政治部台灣義勇隊重慶通訊處 呈

台義渝政字第十二號

案奉 屬隊本部卅年一月八日隊字第一七八號快郵代電開「衡署—本隊經常費業經獲准自卅年元月份起在渝具領，而領導台灣革命運動之統一革命党不久亦將在渝成立，各方接洽連絡事務日繁，通訊處規模已不足應付當前需要，爰着自本年二月一日起將重慶通訊處改称駐渝辦事處，擴充組織，仍由該員充任主任，仰即知照並就近呈請 部座鑒核備案為要」等因，遵即刊刻長方形篆字圖記一顆，文曰「國民政府軍事委員會政治部台灣義勇隊駐渝辦事處圖記」，擬自二月

一日起改称啟用事關更改名称理合報請

鑒核備案

謹呈

辦公廳主任滕轉呈

部長張

副部長梁　王

職劉啟光

中華民國三十年一月卅日

地址：中華路一五〇號附一號

辦 10/2 貳

治信秘第21121號
30年2月13日發會

國民政府軍事委員會政治部第三廳摘由單

文移 字第145號

本件移四所 卅年二月十二日發治信秘第一二六八六號

何處來及何人來	文別	文到日期	附件
台灣義勇隊重慶通訊處	呈	二月五日十三時	

摘由	擬辦	批示
為呈報改組重慶通訊處為駐渝辦事處請鑒核備案由	查該隊改組重慶通訊處為辦事處一節，未據呈報，本所無案可查。又據該隊通訊處呈內所稱「本隊經常費業經獲准自卅年元月份起在渝具領」，究竟何時經本部批准，辦事處之經費是否即在該隊經常費內開支，請由第四所查明。	

移四所 卓 湘

年2月12日收到
治信渝31530號

台灣 1

渝參0267

字第　　號

國　　年　　月　　日

民政府軍事委員會政治部簽條

移還辦公所

查台灣義勇隊經常費叁仟元，特別費叁千元，其經常費自三十年元月份起改由本部（前後勤部政治部）逕發，特別費仍撥由三戰區部轉發，經本部治信二巴字第769號代電核准。至由本部需要經費在該隊經費內開支，不另發款。簽請

第三廳查照

姚杕　三十二、一、十八

政治部簽條

查台灣義勇隊既係本部附屬機關，其印信應由本部刊發，擬刊發縱七公分橫四公分之鈐記一顆，文曰「軍事委員會政治部台灣義勇隊駐滬辦事處鈐記」，并飭將自刊圖記繳銷

函訊以改為办了欵狀來

二、十八

經核准簡章便錄呈

鈐記請三號併發

年　月　日

二、二九

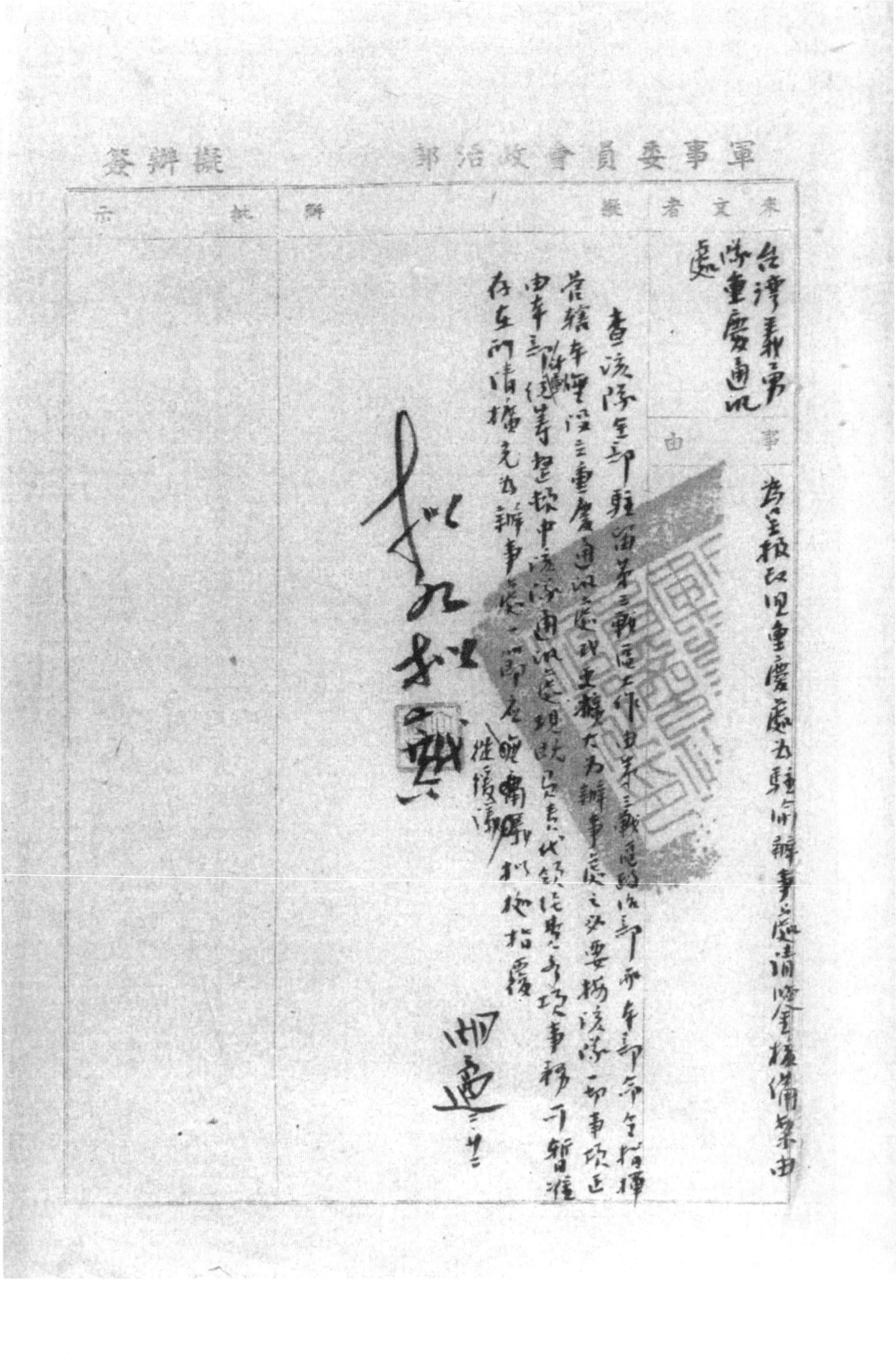

軍事委員會政治部 擬辦簽

來文者：台灣義勇隊重慶通訊處

事由：為呈報改組重慶處為駐渝辦事處請鑒核備案由

擬辦：查該隊奉部令駐浙第三戰區工作，由第三戰區政治部承本部命令指揮管轄，本隊並無設立重慶通訊處改設辦事處之必要，擬飭該隊一部事項正由本部三廳統籌辦理中，該隊通訊處現既已奏代辦該隊在渝一部分事項，可暫准存在，所請擴充為辦事處之一節應毋庸議，擬准備案，擬仍指覆。

世遠 三.廿二

批示：如擬

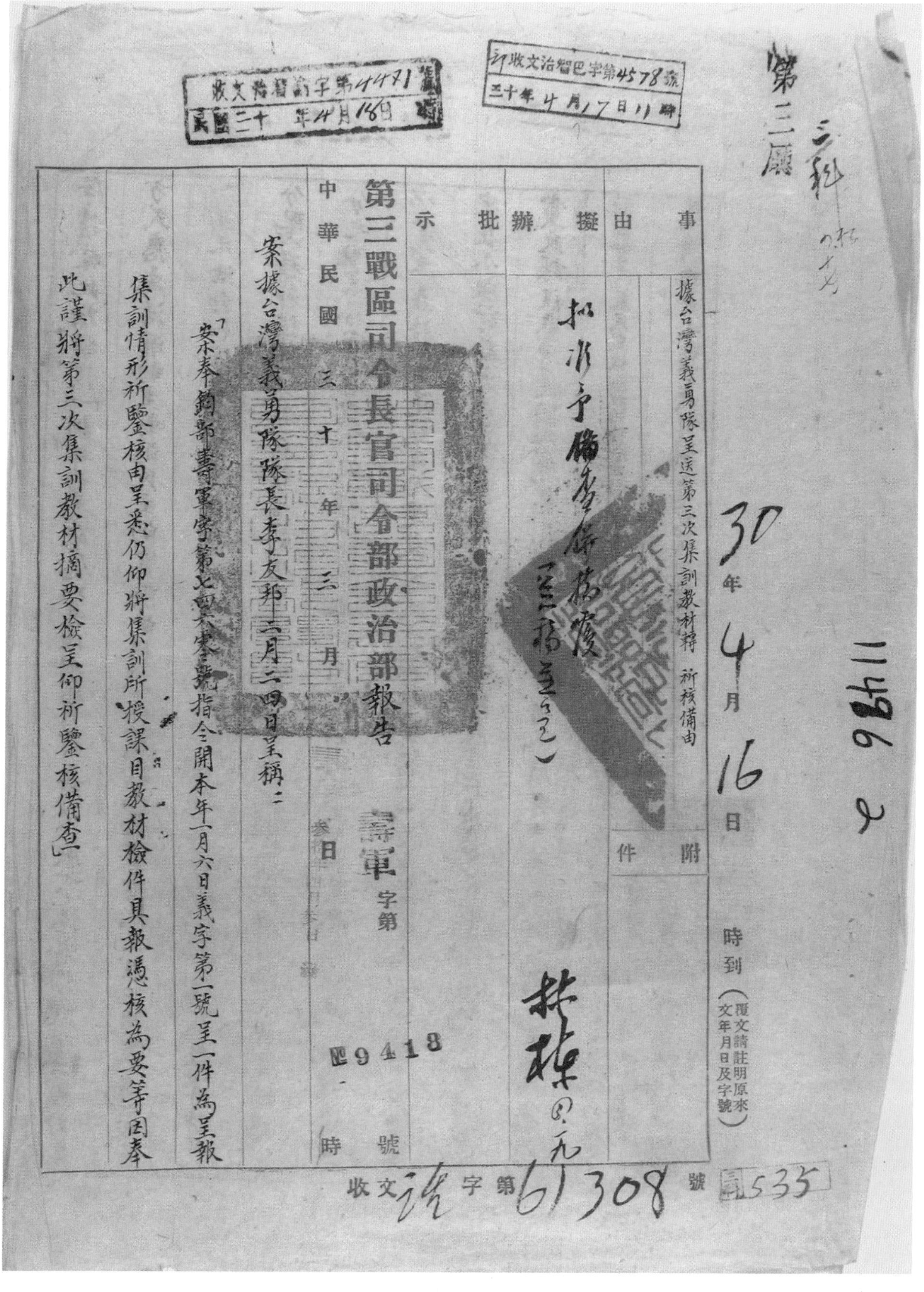
收文編號□字第4471號
民國三十年4月16日

收文治智巴字第4578號
三十年4月17日11時

第三廳 三組

事由：據台灣義勇隊呈送第三次集訓教材轉祈核備由

擬辦：擬存參備查

批示：

第三戰區司令長官司令部政治部報告

中華民國三十年三月　日　壽軍字第　號

案據台灣義勇隊隊長李友邦二月二四日呈稱：「案奉鈞部壽軍字第七四〇六號指令開本年一月六日義字第一號呈一件為呈報集訓情形祈鑒核由呈悉仍仰將集訓所授課目教材檢件具報憑核為要等因奉此謹將第三次集訓教材摘要檢呈仰祈鑒核備查」

附件

到時（覆文請註明原來文年月日及字號）

30年4月16日

收文　字第61308號

第三战区政治部关于台湾义勇队呈送第三次集训教材给军委会政治部的呈（附：台湾义勇队第三次集训教材摘要）

一九四一年三月

等情據此除指復(一)訓練的要訣應以身作則實行五到不厭不倦潛移默化(二)訓練的方式應為活潑的生動的民主的實際的科學的現代化教育方式(三)在正規教育之外另加課外活動如演說壁報娛樂等項以啟發受訓人員之活動技能(四)各項教學時數分配以精神講話或特別講演約佔十分之一軍事學術科佔十分之二黨政學科佔十分之四業務實習與小組討論約佔十分之三為原則(五)三民主義應改授為 總理遺教以三民主義精神建設政治建設為正式課程以物質社會建設兩部及中國國民黨黨史在小組討論或政治講話時內講授之(六)總裁言行應將傳略與言論思想擇授(七)黨政課程應增授國際現勢抗戰建國綱領日本研究中華民族發展史國防地理戰時社會政策民眾組訓政治偵探與諜報勤務(八)精神總動員為國家總動員之一部為使明瞭軍事政治經濟文化整個動員之意義計嗣後應改授國家總動員(九)軍事學科應加授交通爆破兩教程(十)每期結訓後仰匯[illegible]頒

報告書式造報憑核外理合備文報請
鑒核
謹呈
部長張
附呈台灣義勇隊第三次集訓教材摘要一份
第三戰區司令長官司令部政治部主任李壽雍

國民政府軍事委員會政治部台灣義勇隊第三次集訓教材摘要

国民政府军事委员会政治部台湾义勇队第三次集训教材目录

甲、党义

一、三民主义

乙、总裁言论

丙、军事学

一、战术学

二、防毒教范

三、步兵典范令

四、简易测图

五、兵器学

11496 5

六、步兵基本教練
七、陣中勤務
八、夜間演習
丁、對敵工作
一、怎樣瓦解敵僞軍
戊、世界經濟地理
己、東方民族革命運動史
庚、台灣史略
辛、國文
一、寫作法

一、日本統治下之台灣革命運動
一、日本帝國主義鐵蹄下之台灣
一、中國革命與台灣革命之相關性

國文教材摘要

一、寫作法
一、古文選讀
一、修辭學

日語教材摘要

一、十品詞之區別
一、文章概說

一、修飾語
一、動詞
一、形容詞與形容動詞
一、助動詞
英文教材摘要
一、字母發音
一、母音
一、變音
其他、歌詠，話劇

軍事學術科訓練教材摘要

A、學科

一、戰術學、——採用中央軍校基本戰術講義講授之

一、防毒教範、使熟知各防毒法

一、步兵典範令、(1)步兵操典——採用訓練總監部出版之步兵操典(2)陣中要務令——使明瞭部隊各種勤務

一、簡易測圖、使明悉地形在軍事上之重要性養成簡易測繪地圖之技能

一、兵器學、使明悉各類輕重武器之性能及其使用

法

B、術科

一、步兵基本教練

一、陣中勤務

一、應用演習

對敵工作教材摘要

一、怎樣瓦解敵偽軍：①對敵偽宣傳工作之概說②對敵偽宣傳工作人員之任務③對敵工作的根本意義與原則④瓦解敵偽軍之可能性⑤對敵宣傳戰略⑥對敵宣傳戰術⑦對敵宣傳之遞送技術⑧宣傳品內容之注意及活用⑨使用署名之方法⑩對韓台旅征壯丁之宣傳內容與作法⑪俘虜訊問法與優待法⑫教育俘虜與利用俘虜法⑬敵情調查與偵察⑭教授士兵與群众做瓦解敵僞軍工作⑮組織群众成立對敵僞宣傳隊⑯怎樣聯絡對敵機關部隊班……等

世界經濟地理教材摘要

一、什麼是經濟地理學

一、殖民地與殖民地的分割

一、戰後的世界

一、現階段世界經濟的特徵與經濟地理

一、世界諸國的分類

東方民族革命運動史教材摘要 一

一、研究運動史的意義

一、滿清入主中夏的畧述

一、三民主義是救國救民的主義

一、甲午戰後至歐戰期間的中日關係

一、歐洲大戰中的中日關係

台灣史略教材摘要

一、台灣史略

一、台灣革命運動史之分期

一、研究時須用科學方法分析演繹歸納

一、三民主義的原理

一、民生為歷史的中心

一、天下為公

一、倡導民族民權民生主義

一、總理以民生哲學做基礎

一、力行三民主義

一、充實黨的力量

一、認識什麼是實行國民革命的程序

一、訓政時期

一、心理建設　倫理建設　社會建設　政治建設　經濟建設

一、依據三民主義一貫理論加緊完成抗戰必勝建國必成

丙、領導全國精神總動員以盡抗戰建國所負之使命

二十八年二月二十日國民參政會開會詞

一、在兩次大會期間有最可欣慰欽佩的兩件事

一、領導全國精神總動員應為本屆大會的工作重心

一、根據共同道德觀念建國信念而努力奮鬥犧牲

一、希望充分表現積極的精神及發揚真誠純一互信共信的精神

一、願與共患難榮辱一心一德以盡抗戰建國所負之使命

（附記：本教材每週上課不時重在講述）

三民主義講授進度摘要(每週輪講)

一、三民主義的內容及其涵義
二、三民主義的哲學基礎
三、民族主義的特質
四、中華民族的危機及復興民族的要点
五、民權思想與民權運動
六、民權主義的特質

總裁言論講授教材摘要

甲、革命哲學的重要
一、立國的精神

一、中华民族性之发展

一、总理知难行易的学说

一、革命之道理

一、知止两字的效用

一、总理学说的渊深

一、科学及组织的意义

一、致格诚正修齐治平的意义

一、没有革命哲学基础的危险

乙、三民主义之体系及其实行程序

一、研究三民主义就可以立即建设一个新中国

二、古文選讀
壬、英語
癸、日語
其他、歌詠、話劇

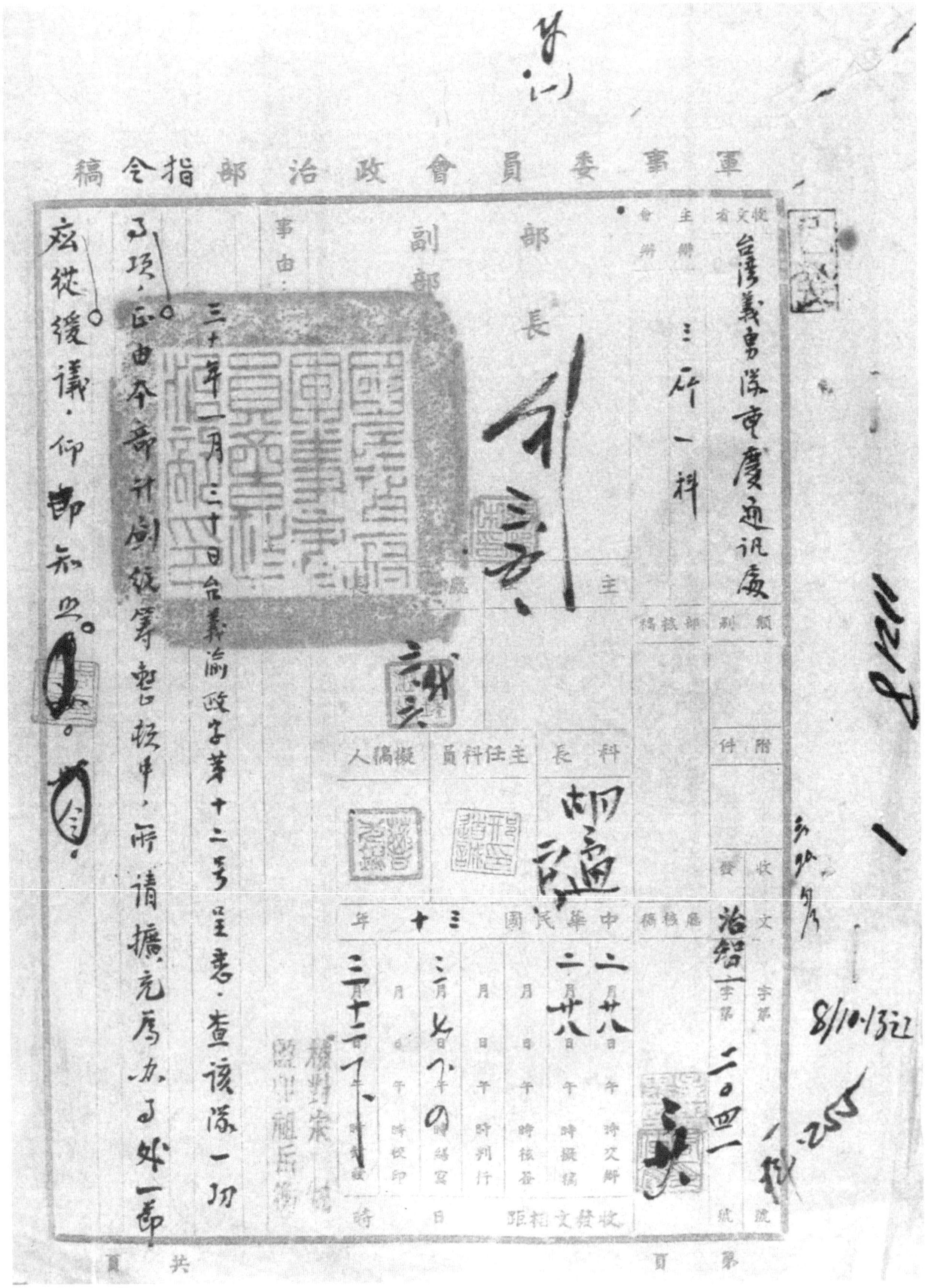
軍事委員會政治部指令稿

收文者：台灣義勇隊重慶通訊處

主辦：三廳一科

部長

副部長

事由：

三十年一月三十日台義渝政字第十二号呈悉。查該隊一切工作暨經費，向由本部計劃統籌辦理中，所請擴充為辦事處一節，應從緩議。仰即知照。此令。

中華民國三十年

二月廿八日 擬稿

二月廿八日 核簽

三月十二日下午 繕寫

三月十二日下午 封發

發文 治詔字第二〇四一號

第 頁 共 頁

军委会政治部关于通讯处暂缓扩充为办事处给台湾义勇队重庆通讯处的指令

一九四一年三月十二日

部長展○」

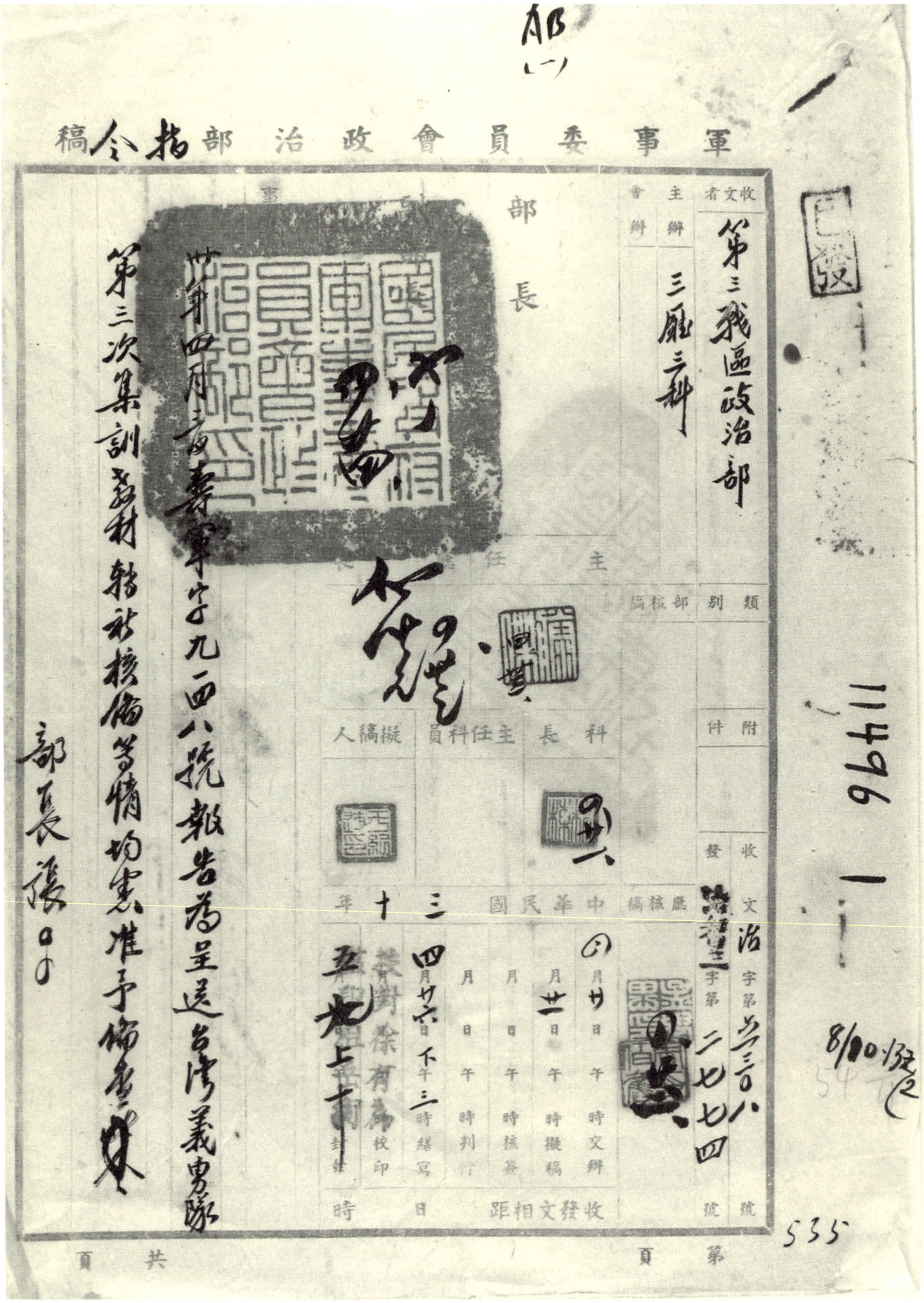
軍事委員會政治部指令稿

收文者：第三戰區政治部

主辦：三廳二科

卅年四月廿三日寿军字九一四八號報告爲呈送台湾義勇隊第三次集訓教材祈核備等情均悉准予備查此令

部長 張〇〇

中華民國三十年 月 日

文治字第二七七四號

共 頁 第 頁

军委会政治部关于台湾义勇队第三次集训教材准予备查给第三战区政治部的指令

一九四一年五月九日

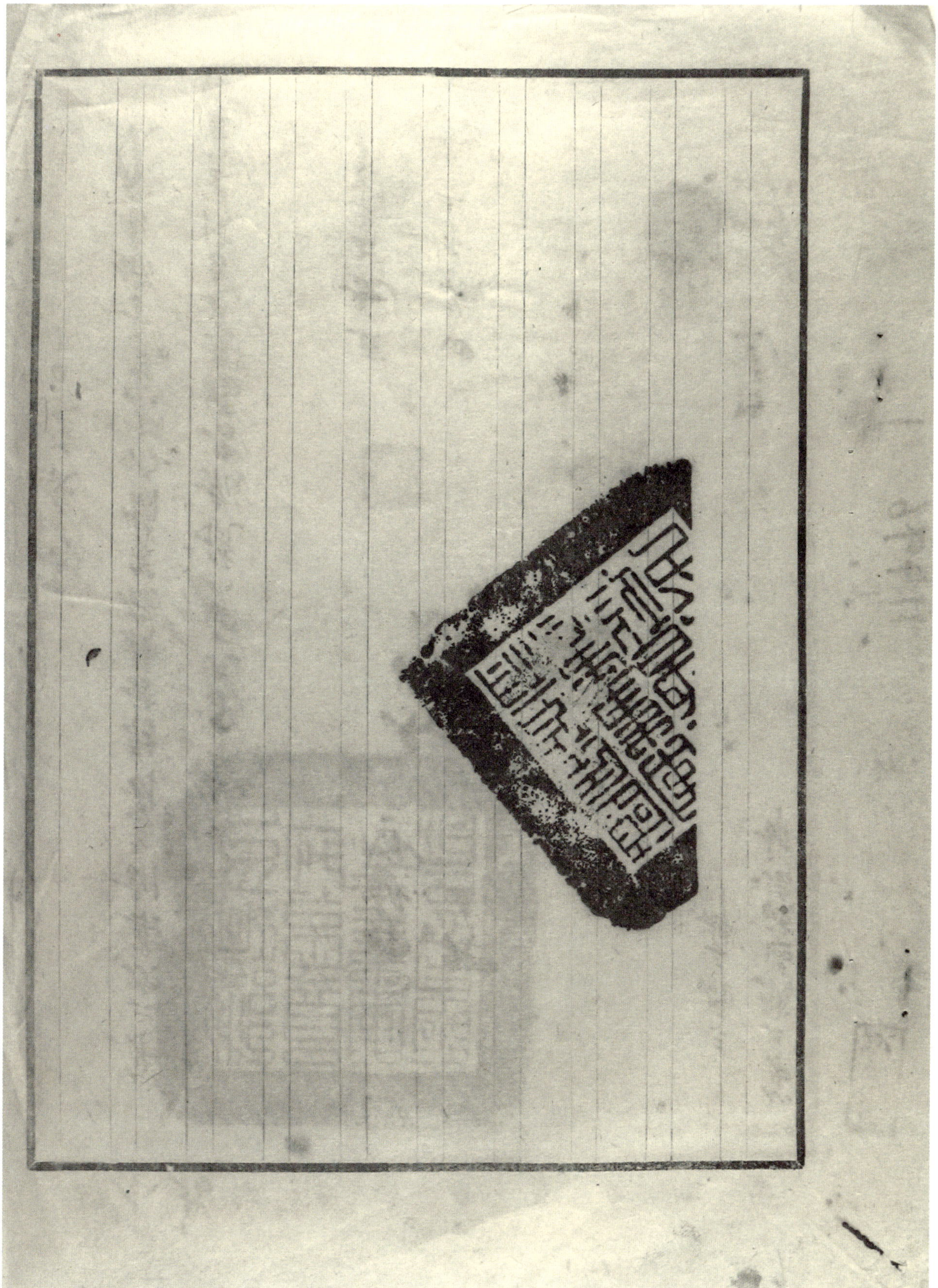

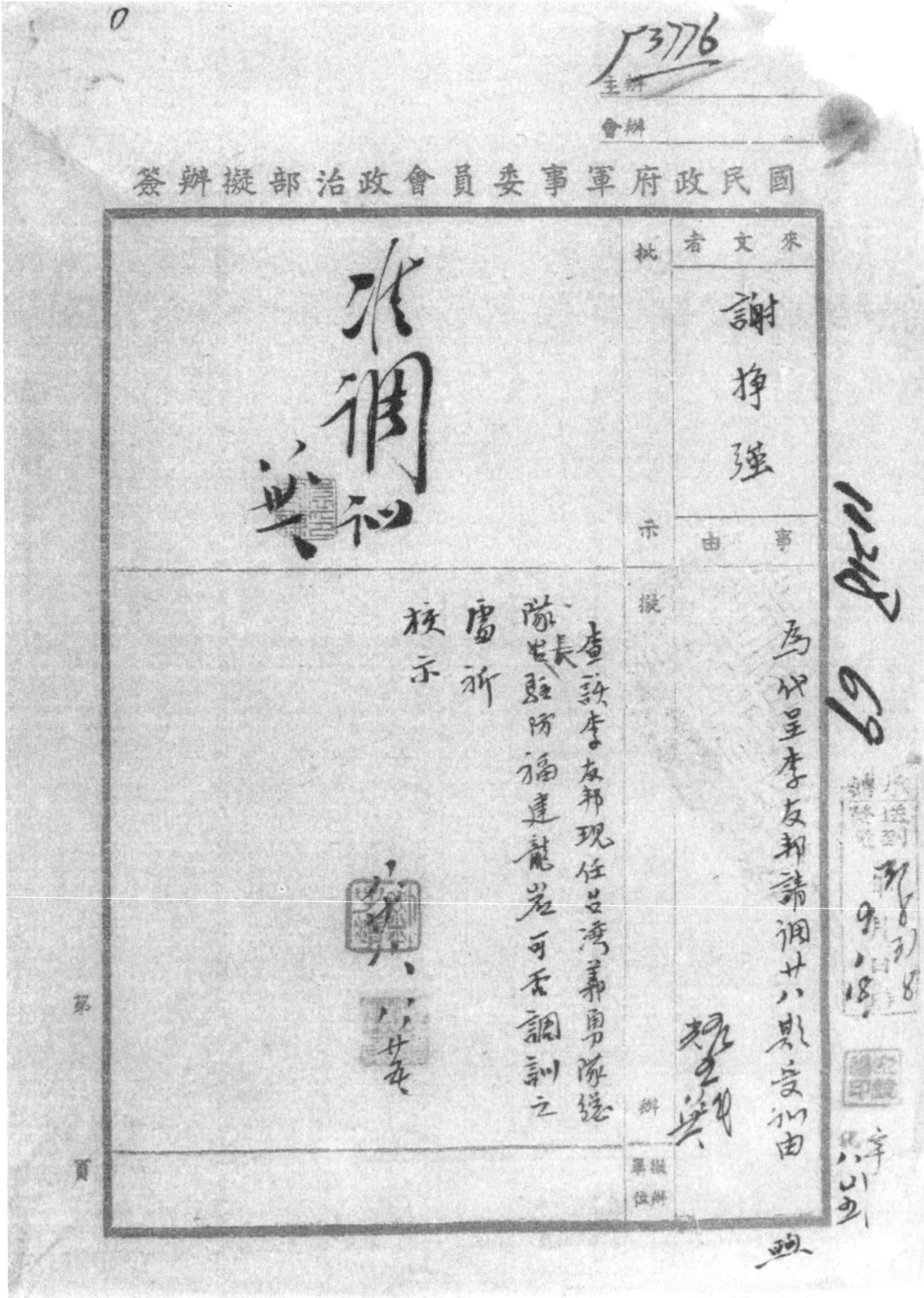
國民政府軍事委員會政治部擬辦簽

主辦

會辦

來文者	謝掙強
事由	為代呈李友邦請調廿八期受訓由
擬辦	查該李友邦現任台湾義勇隊總隊長駐防福建龍岩可否調訓之處祈核示
批示	准調訓

謝掙強关于请调中训团二十八期受训代李友邦给军委会政治部的呈及政治部签条

一九四二年七月二十九日

台灣義勇隊重慶通訊處用箋

第 頁

2218 70

曹科長兄鑒之勛鑒：

日前所托之事，可承蒙

照辦，謝謝之至。茲有一事奉託，

今接李隊長友邦來電，謂其願與本

部中訓團廿八期受訓兄之名代為再發

第二部長予以調訓。其已發出之五員

已蒙批下，如何希示

一字手覆 即頌

勛祺

中華民國　年　月　日　時

弟 梓張 七．廿九

主辦：
會辦：

國民政府軍事委員會政治部擬辦簽

來文者：謝掙強

事由：為李隊長友邦來處所參加中訓團黨政班廿八期受訓由

批示：

擬：查李隊長友邦領導台胞革命二十餘年，抗戰軍興，該隊長複率領台胞從事政治工作，頗著勞績，茲擬參加黨政班廿八期受訓，應予照准，俾鼓勵其精神，益堅其志氣，使之對本黨主義及領袖加深認識與信仰，可否敬乞
核示

曹先錕

發一文第6384號

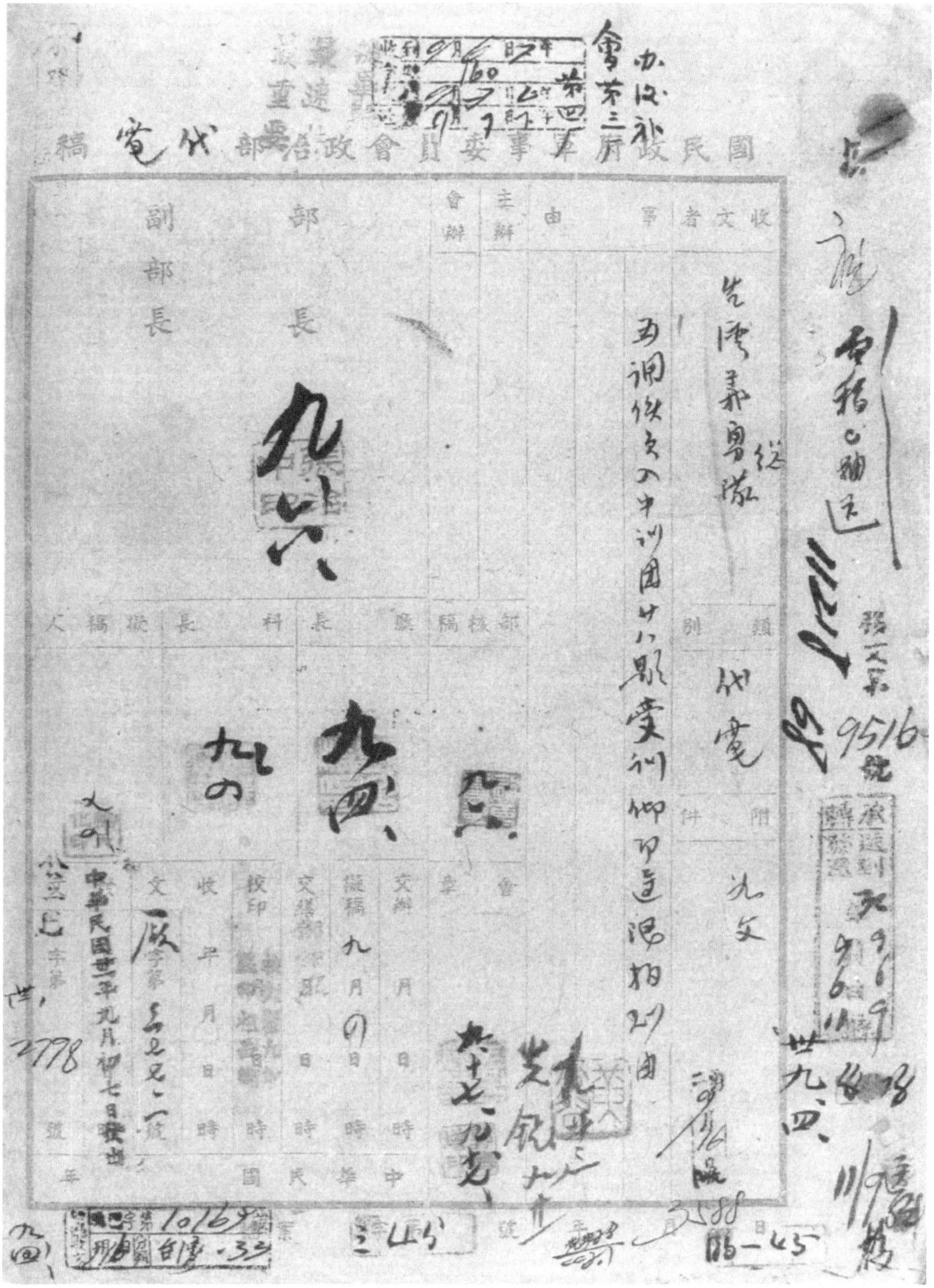
國民政府軍事委員會政治部代電稿

收文者	事由	主辦	會辦	部長	副部長
台灣義勇總隊	為調李友邦入中訓團廿八期受訓仰即遵照報到由			九、六	

類別	部核稿	廳長	科長	擬稿人
代電		九、六	九、四	九、四

附件	會辛	交辦	擬稿	交繕	校印	收	文
無		月 日 時	九月四日 時	月 日 時		年 月 日 時	字第 號

中華民國卅一年九月初七日發出

军委会政治部关于调李友邦入中训团二十八期受训给台湾义勇总队的代电

一九四二年九月七日

軍事委員會政治部電稿紙

主管官：九四、

擬稿人

事由：九四 三巳

台灣義勇總隊李總隊長友邦：

調該員入中訓團卅八期受訓，仰即遵限於戌東到渝報到。

部長張〇〇 申 公二印

李友邦

譯發 九只

公二印

2778

6462

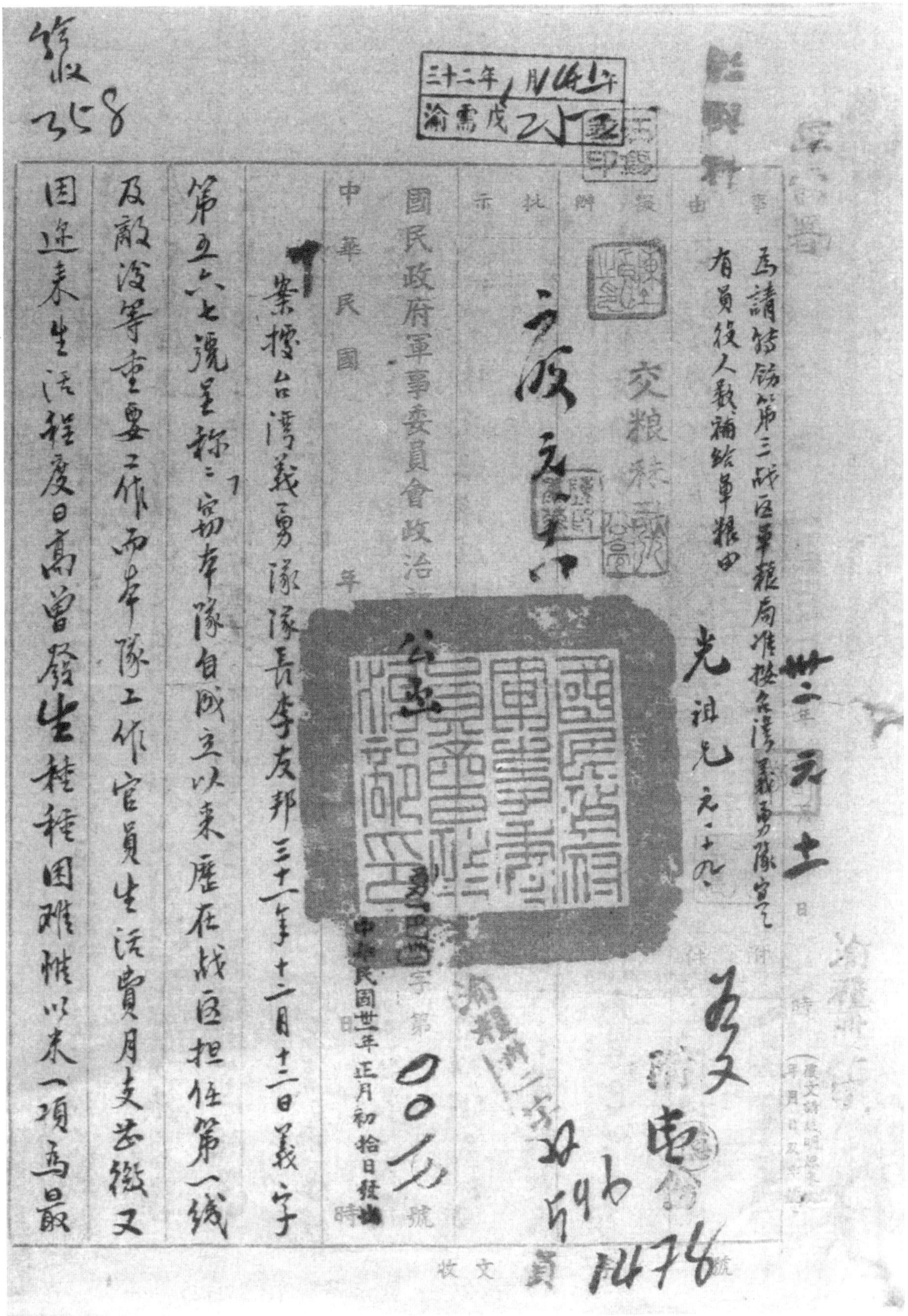

军委会政治部关于台湾义勇队呈请按实有员役补给军粮给行政院军政部的公函(附:台湾义勇队一九四二年度名册)

一九四三年一月十日

飭經呈請鈞部，業蒙批示指飭第三戰區軍糧局洽領現品或代金在案。但每月所領給之數量（陸仟斤）僅可供原有兩區隊官員（一百五十名）之給養，其本年度本年今新增加一區隊及少年團之隊團員（隊團員一百三十名，伕役十名，共一百四十名）所需米食未蒙照發，際此物價昂貴之時，一百多名隊團員米食咸直接向市場採購，除價格高貴外，一時或缺乏無可購辦，影響工作實非淺鮮，為此備文檢同新舊官員名冊一份，呈請鈞部迅准特請軍政部軍糧總局飭第三戰區軍糧局逕自撥本隊備制以內實有人數所需全額軍米，免價照發，以維生計而利抗戰。」等情，據此並附名冊一份。據此，查所稱確屬實在，除

指覆外相應檢同原名册函請

查照轉飭第三戰區軍糧局准據該隊實有員役人數補

給并希

見覆為荷

此致

軍政部

附台灣義勇隊員役名册一份

部長張治中

國民政府軍事委員會政治部台湾義勇隊民國卅年度名冊

国民政府軍事委員會政治部台灣義勇隊中華民國廿二年度名冊

級職	姓名	備攷
隊長	李友邦	
副隊長	李祝三	
總務組長	楊純青	
組員	徐去非	
	郭汝俟	
指導訓練組副組長	洪石柱	
組員	陳守青	
	黃志義	

編輯通訊組組長	王正西
組員	唐澤明
	潘華
駐渝通訊處主任	謝掙強
通訊員	林海濤
駐閩通訊處主任	牛光祖
通訊員	陳一鳴
	李哲仁
第一區隊區隊長	蔡人龍
區隊副	朱炎

第一分隊分隊長	鄧東光
隊員	楊振東
	黃授傑
	莊德三
	李昇平
	黃錫侯
	李玉麟
	李逸仁
	曾健齡
	黃志旋

	林青雲
	袁荃
	施美德
	施彩蓮
	沈昭中
	林秋蓮
第二分隊分隊長	鄧東介
隊員	柯志雄
	石志英
	王德民

王正東
吳文秀
陳步雲
蔡炳林
李志忠
吳有三
楊子濤
翁鵬飛
王　輝
施士平

	李文
	翁敬忠
	朱明
第三分隊分隊長	郭裕民
隊員	林祖德
	趙銘三
	曹强男
	邵芝
	張步瀛
	鄧致忠

	連城
	陳成
	梁致遠
	薩毅
	李嚴
	錢敢先
	周致祥
第二區隊區隊長	李明法
區隊副	刘新民
第四分隊分隊長	周文欽

隊員 李煒

凃金城

刘祖光

蔡振坚

吴振之

朱榮皇

林光復

陳依清

方林

梁世昌

							第五分隊分隊長	隊員	
李挺	柯谷苓	何炎	黃月英	曾炳達	鍾天嘯	沈定山	洪一鳴	郭念台	何文良

林如龍
莊玉梅
曾千里
呂德声
王　敏
林長松
邹伯奇
林紅英
嚴秀峰
卓伯輝

	楊特峯
	蔡福全
	陳治
第六分隊分隊長	曾溪水
隊員	洪鴻瑞
	楊朝先
	王幼玲
	王昭慧
	李春田
	彭金源

陳錫金
楊柏梧
石玉堂
朱吞芳
葉奇
陳志成
楊光
李敏
刘逸
第三區隊區隊長 馬士德

區隊副	李復
第七分隊分隊長	刘敏夫
隊員	莊康
	林慧
	簡亮
	林竹鈞
	謝培勛
	高泓
	張飛中
一	鄭書冰

	范雪英
	曾慧英
	吳麗霞
	陳進發
	梁嵏
	陳啟三
	陳滄洲
第八分隊分隊長	翁祖基
隊員	曾惠女
	楊勝

洪金木
洪土木
蔡　綉
林江龍
陳建東
石金根
楊子江
刘　斌
邹仲欣
简　素

	俞尚
	陳伯淵
	張欽
第九分隊分隊長	張健民
隊員	翁嘉賓
	梁巨昌
	王祺麟
	周金玉
	江榮宗
	駱子健

林飛濱

梁鴻

莊思疚

洪火灶

孫可大

李成龍

李漢

張振襄

許存仁

少年團小隊長 王正南

隊員黄月華
曾玉芳
徐光
王正北
李廣
黄國俊
郭輔義
黄鍾霊
曾啟章
朱梓

高聰明
林長金
鄧揚秋
郭蔗治
高木生
謝天立
陳水華
許文清
陳水月
王金樽

鄧令宜
林長梅
刘惠敏
石来来
黄月仙
郭昆海
蔡攀鳌
黄月娟
曾雅華
廖月英

曾珠華
李金福
盧為平
朱炳源
楊德榮
石淑貞
王生
林其銓
林超
王義方

林琴芽
柯妙珠
林其昌
卓炳仁
曾華民
王宝康
鄧新穎
黄穆元
楊建元
徐積棠

黄宏輝
陳志堅
蔡秀琴
盧秀月
曾玉珠
林金梯
林秀錦
刘燕秋
陳木蘭
陳寶蘭

吳淑貞
陳水琴
潘正德
吳春林
吳洪煦
石根基
黃蓮香
許其美
郭紅綢
周妹治

曾慈華
鄧基碩
陳崇基
潘錦緞
盧招治
王素華
王礼祥
吳洪煥
傅依土
王愛治

黄慧凤
徐秀英
林阿贵
黄玉燕
林银美
简文玉
蔡佩琼
黄钟亮
陈依廉
陈依达

郭崑岳
周神建
翁振元
黄宏仁
翁裕元
鄧高頌
李永華
王朝崇
吳秀琴
許其巧

黄亜桂
林青山
林翠英
翁成瑛
翁成珠
翁成勲
翁成埍
莊道樑
馬鏗鏘
陳伯清

工役

楊德華
陳俊傑
王子意
鮑文宝
錢勇祥
吴賢亮
韓禹文
陳奎成
李銀宝
李　生

周水生

曾永塗

以上計弍佰玖拾員名

隊長　李友邦

中華民國三十一年十二月　日

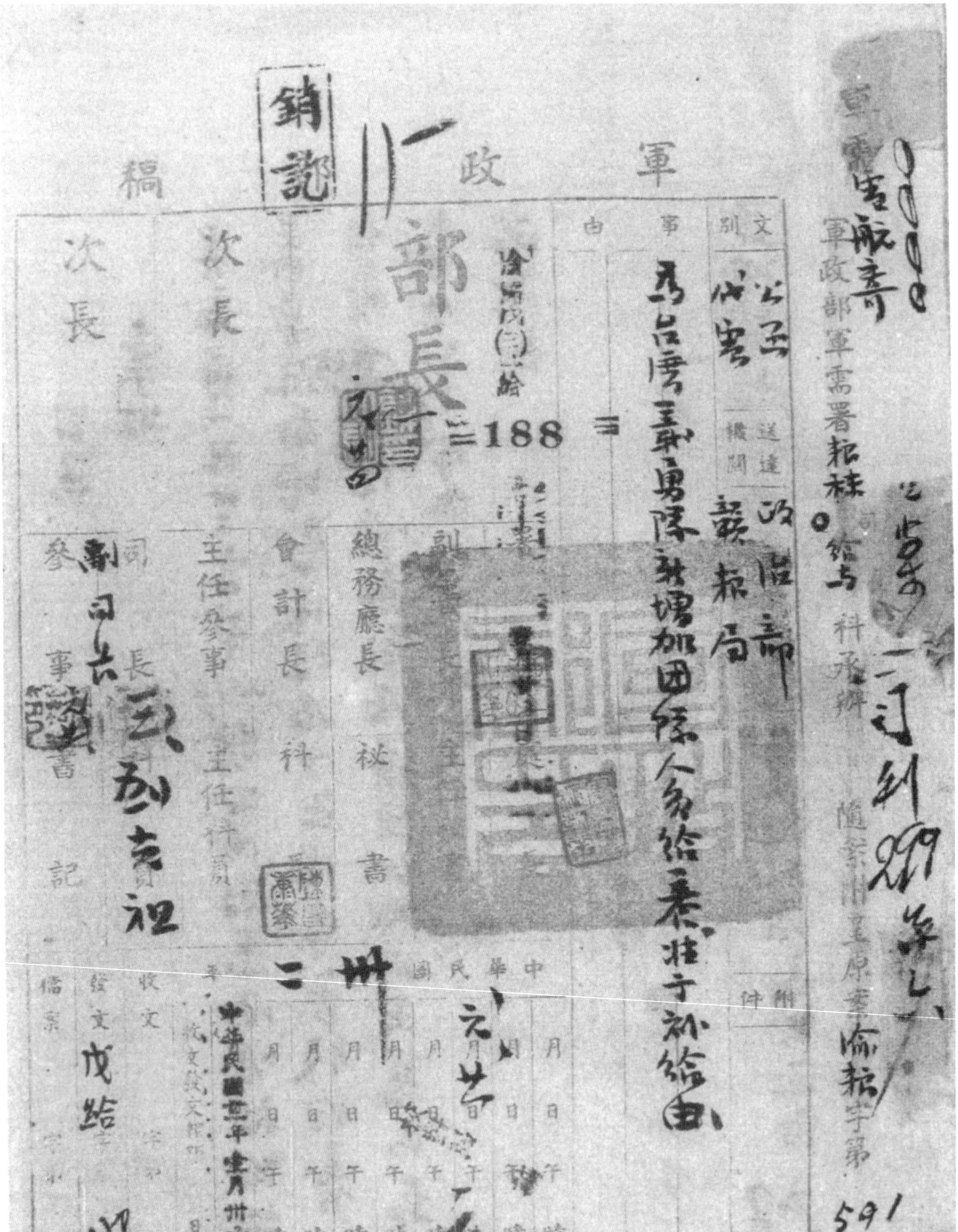

行政院军政部关于补给台湾义勇队新增队员给养补助等给军委会政治部及赣粮局的函、电

一九四三年一月三十一日

公函

章桂

貴部勇一巴（卅二）字第0017號公函敬悉承囑補給台灣義勇隊新增加一百隊員及少年團等各項給養一節，自應照辦除飭贛糧局遵照外相應函復即希查照轉飭洽辦為荷此致

政治部

部長何〇〇

代電

建陽軍糧局第四分局長鑒章桂政治部部亥函開云云〇〇〇

等由除呈复外，兹抄附名册一份，希速查照核实补

给为要。渝何○○子（世）需给 附名册一本

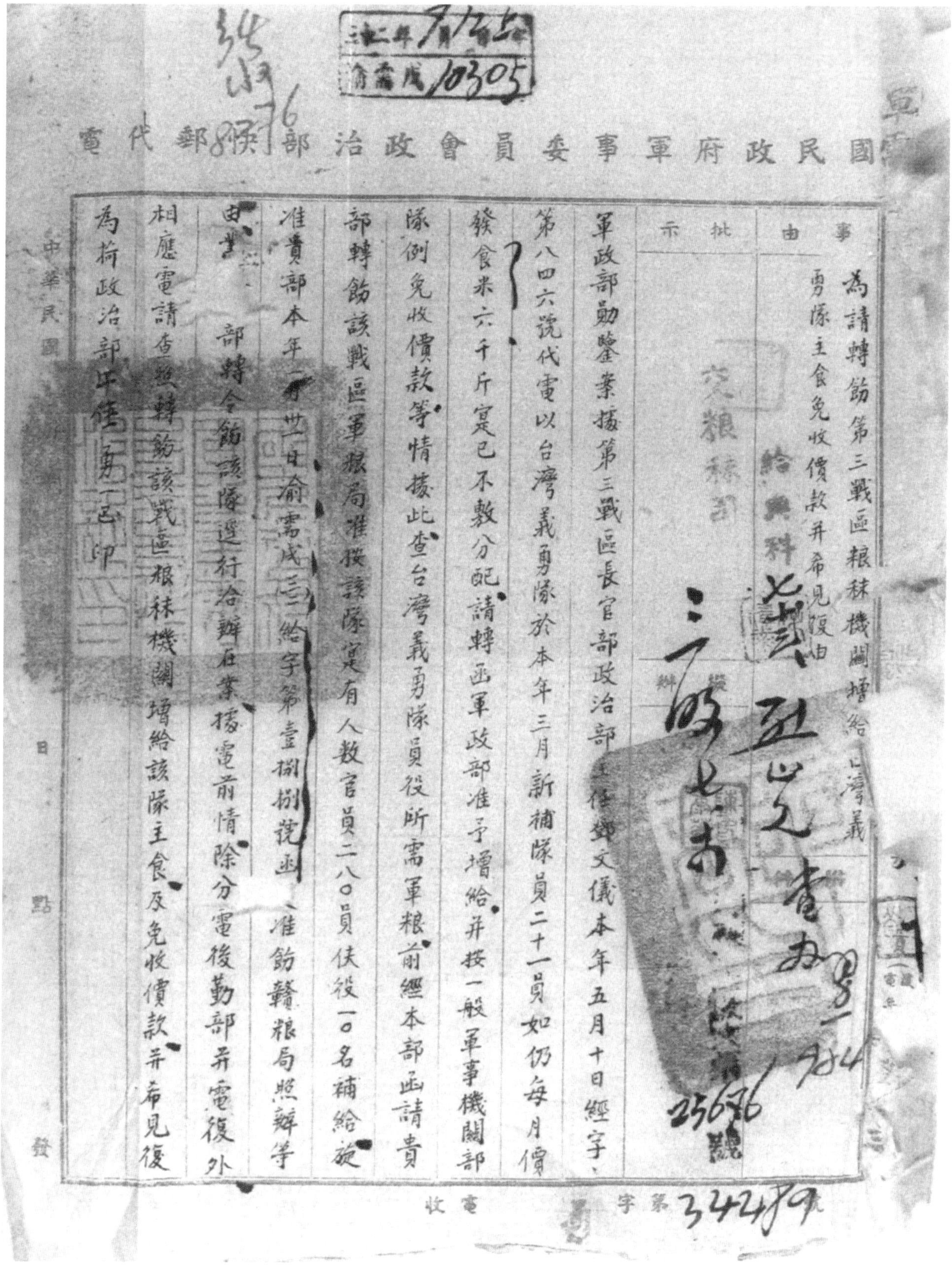

國民政府軍事委員會政治部快郵代電

事由：為請轉飭第三戰區糧秣機關增給台灣義勇隊主食免收價款并希見復由

批示：

軍政部勛鑒：案據第三戰區長官部政治部主任鄧文儀本年五月十日經字第八四六號代電以台灣義勇隊於本年三月新補隊員二十一員，如仍每月價發食米六千斤，實已不敷分配，請轉函軍政部准予增給，并按一般軍事機關部隊例免收價款等情。據此，查台灣義勇隊員役所需軍糧，前經本部函請貴部轉飭該戰區軍糧局准按該隊實有人數官員二八〇員、伕役一〇名補給，旋准貴部本年二月廿一日渝需戌三給字第壹捌捌號函，准飭贛糧局照辦等由；部轉令飭該隊遵行合辦在案。據電前情，除分電後勤部并電復外，相應電請查照轉飭該戰區糧秣機關增給該隊主食及免收價款，并希見復為荷。政治部午佳勇一區印

中華民國　年　月　日　點發

電收　字第34289號

军委会政治部关于转饬第三战区增给台湾义勇队主食并免收价款给行政院军政部的快邮代电

一九四三年七月九日

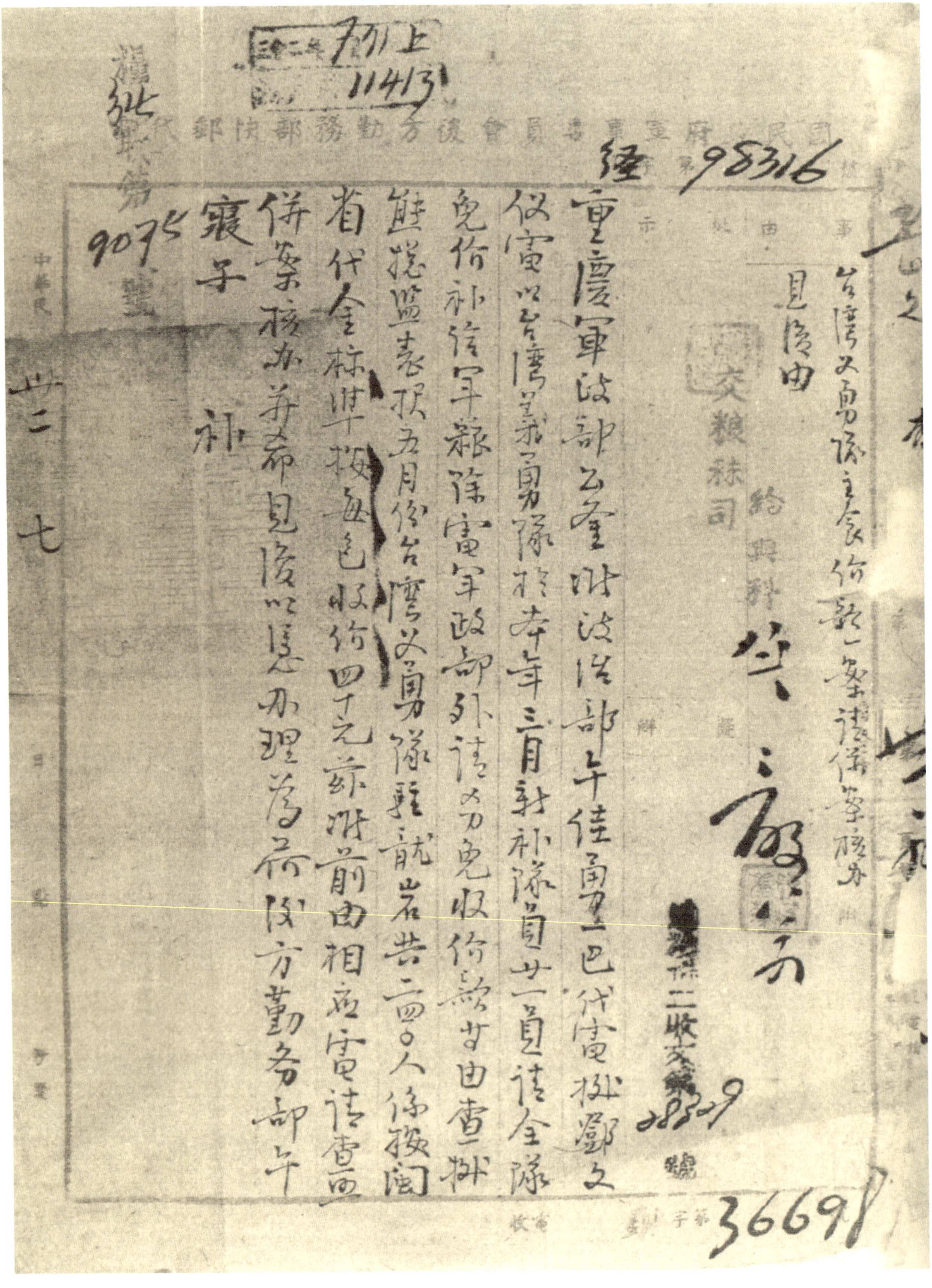

军委会后勤部关于增给台湾义勇队主食价款给行政院军政部的代电

一九四三年七月二十六日

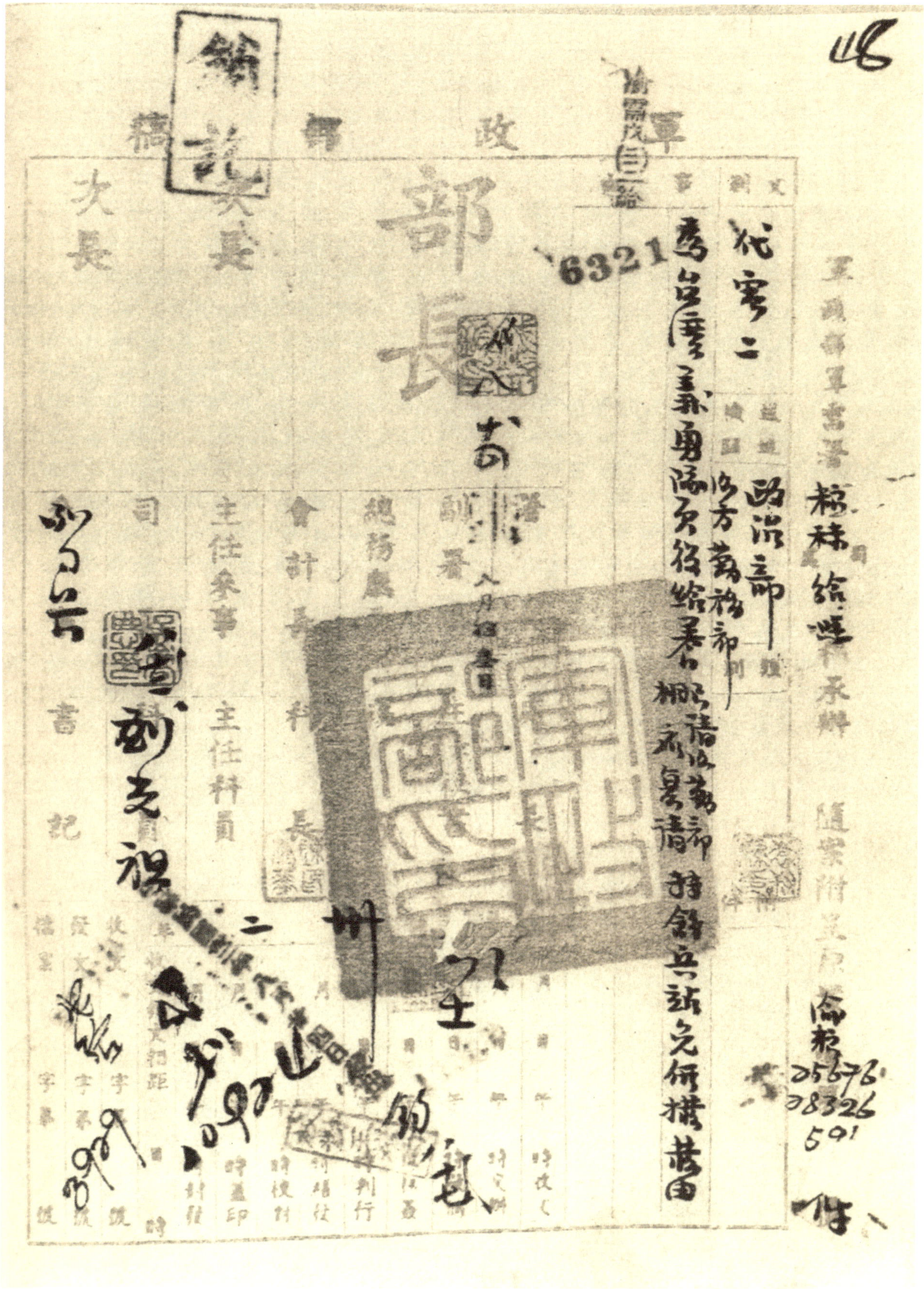

行政院军政部关于台湾义勇队队员役给养已请后勤部转饬兵站按实免价拨发给军委会政治部、后勤部的代电

一九四三年八月二十四日

代電

政治部勛鑒：年佳勇已代電敬悉。台灣義勇隊員役給養已請後勤部轉飭兵站按實免價撥發，相應復請查照轉飭遵照為荷。軍政部未（印）寅印

給印

代電

後方勤務部命令部長勛鑒：經字第9836號年年寢代電敬悉。查台灣義勇隊員役給養前據政治部呈請免價按實撥發到部，經隨電有案，相應復請查照轉飭為荷。何〇〇手（印）寅給印

并電覆轉政治部局知照

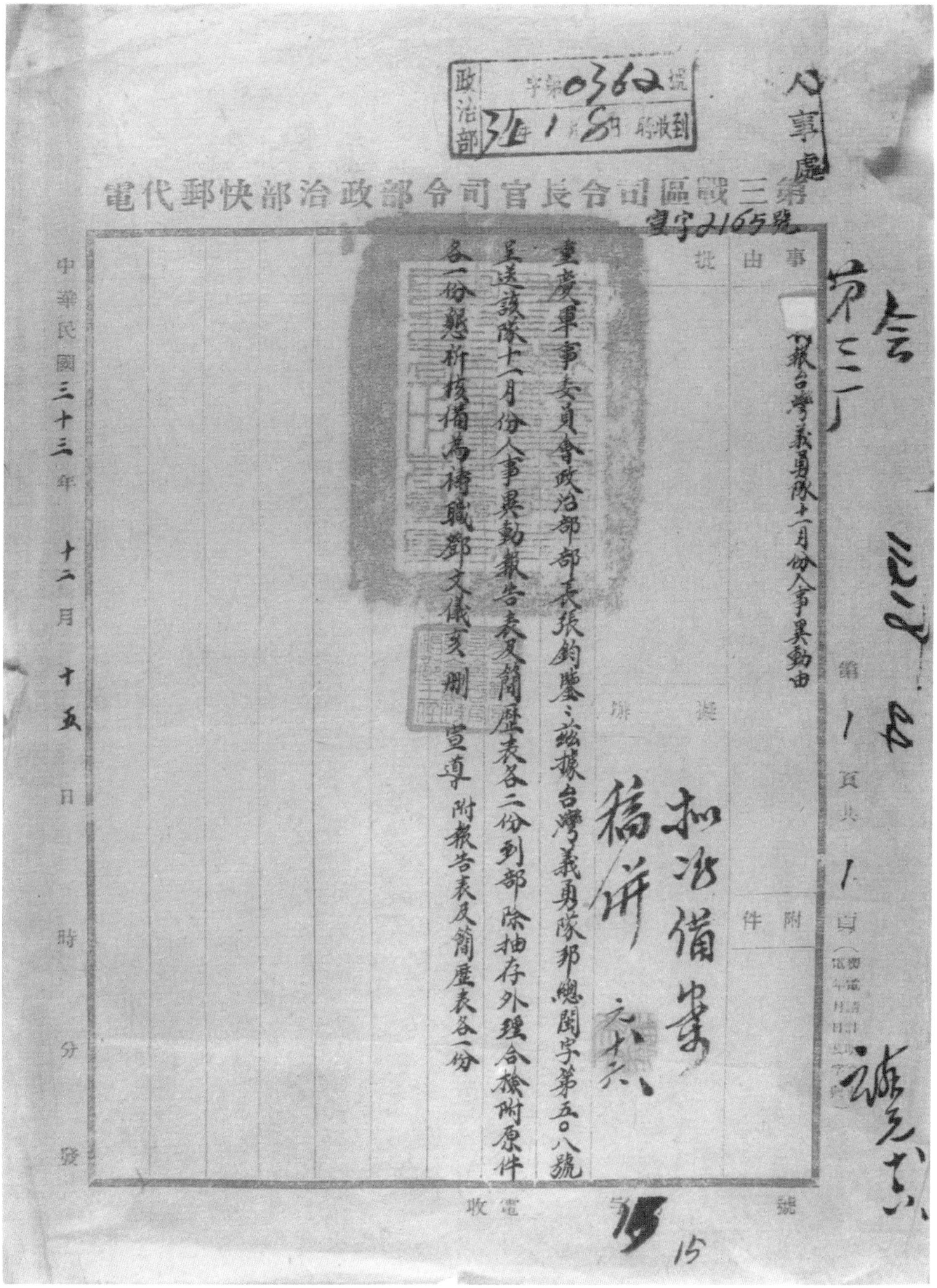

第三戰區司令長官司令部政治部快郵代電

政治部 字第0362號

宣字2165號

事由：呈報台灣義勇隊十一月份人事異動由

重慶軍事委員會政治部部長張鈞鑒：茲據台灣義勇隊邦總隊字第五〇八號呈送該隊十一月份人事異動報告表及簡歷表各二份到部，除抽存外，理合檢附原件各一份，懇祈核備為禱。職鄧文儀亥刪宣導 附報告表及簡歷表各一份

擬准備案

稿併

中華民國三十三年十二月十五日 時 分發

第三战区政治部关于台湾义勇队报送人事异动表给军委会政治部的代电（附：台湾义勇队一九四四年十一月人事异动表）

一九四四年十二月十五日

军事委员会政治部台湾义勇队队本部人事异动报告表 民国卅三年十二月十五日 於[illegible]

級職	姓名	到離日期	到離原因	備攷
指訓組組長	黃志義	33年11月 日到離	因病辭職	
隊員	林耀南	33年11月 日到離	久假不歸	
	莊月山	33年11月 日到離	違犯規律予以開除	
	余金城	33年11月 日到離	仝右	
	楊時峰	33年11月 日到離	仝右	
	葉哥	33年11月 日到離	因病離隊	
	莊巖	33年11月 日到離	久假不歸	
	簡亮	33年11月 日到離	學識能力薄弱予以免職	
	鄭吉冰	33年11月 日到離	仝右	

附註

一、本表須在到離人員到離之日即行填報

二、限兵役期間者須在備攷欄內註明

三、到離日期到者與離者分別註明

報告人 李友邦

軍事委員會政治部台灣義勇隊隊本部人事異動報告表 民國卅三年十二月十五日

級職	姓名	到離日期	到離原因	備考
隊員	范雪英	33年11月 日到離	久假不歸	
	楊德華	33年11月 日到離	因病離隊	
	林樹勳	33年11月 日到離		
	何㵑	33年11月 日到離		
	李騰	33年11月 日到離		
	張文星	33年11月 日到離		
	陳金澤	33年11月 日到離		
	林水全	33年11月 日到離		
	顏其山	33年11月 日到離		

附註：一、本表須在到離人員到離之日即行填報
二、限定期間者須在備考欄內註明
三、到離日期列者將應到去離者類推

報告人 李友邦

軍事委員會政治部台灣義勇隊隊員簡歷表

中華民國卅三年十一月十五日於

級職	姓名	性別	年齡	籍貫	出身	經歷	備考
隊員	顏尤龍	男	18	台灣	小學畢業		
	郭嘉珍	女	18	台灣	小學畢業		
	林少山	男	17	台灣	小學畢業		
	張秀鄉	女	16	台灣	小學畢業		一

1218

1248　47

軍事委員會政治部台灣義勇隊隊本部人事異動報告表

民國卅年十二月十五日　於隊本部

級職	姓名	到離日期	到離原因	備攷
隊員	顏元龍	33年11月日到離		
	郭嘉玲	33年11月日到離		
	林少山	33年11月日到離		
	張秀卿	33年11月日到離		
		年月日到離		
		年月日到離		
		年月日到離		
		年月日到離		
		年月日到離		

附註：（一）本表須在到離人員到離之日即行填報
（二）限定時間者須在備攷欄內註明
（三）到離日期到者將離字劃去離者類推

報告人李友邦

軍事委員會政治部台灣義勇隊隊員簡歷表

中華民國卅二年十一月十五日 隊本部

職級	姓名	性別	年齡	籍貫	出身	經歷	備攷
隊員	林樹勛	男	34	台灣	廈門大學法律系肄業 福建省縣政人員訓練所兵役系畢業	曾任金門中學教員 縣政府兵役科科長	
〃	何儉為	男	22	江蘇上海	上海國光中學肄業	曾任浙江兒童報社編輯 南方日報記者	
〃	李騰	男	16	台灣	小學畢業		
〃	張文呈	男	18	福建龍溪	小學畢業		
〃	陳金澤	男	18	台灣	小學畢業		
〃	林水金	男	15	台灣	小學畢業		
〃	顏其山	男	17	台灣	小學畢業		

2218 45

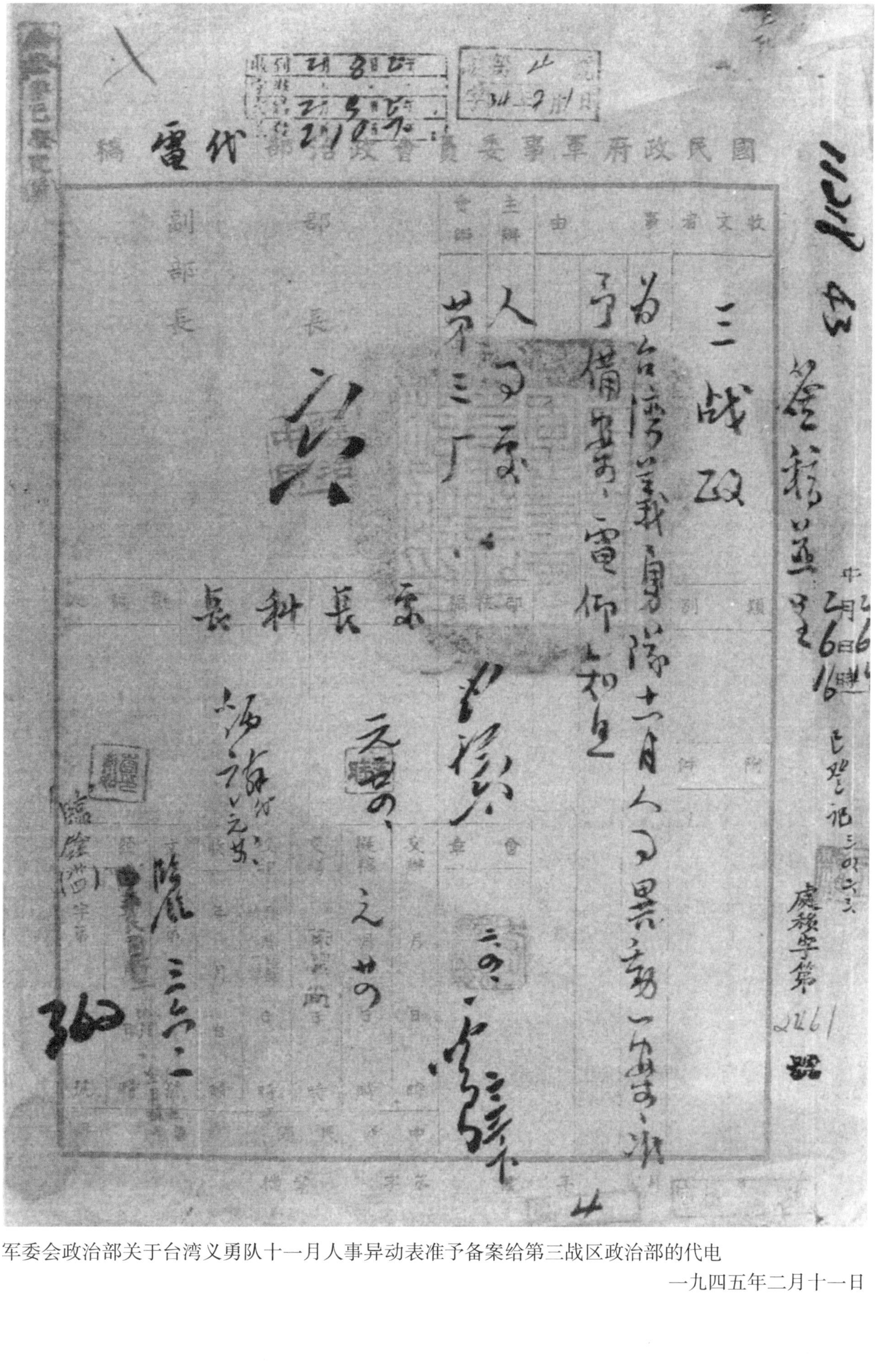

军委会政治部关于台湾义勇队十一月人事异动表准予备案给第三战区政治部的代电

一九四五年二月十一日

（全衔）代電　字第　號

第三战区政治部鄧主任文剛：宣呈等代電暨

附表均悉。准予備案。電仰知照。部長

陳〇〇子丑真人一印

115

該隊番號已改為台灣義勇　3018 記

總隊 特誌 思 卅一．十 宣 外 工號

紀 乙 二 年 外 4號